神은 없다
그러나 …

솔잎 **신 경 용** 씀

한림당

은 없다

그러나 …

초판발행	2013년 11월 20일
개정판 발행	2023년 09월 18일
지은이	신 경 용
발행인	鄭 明 子
북디자인	박 성 혜
펴 낸 곳	도서출판 한림당
주 소	04559 서울시 중구 마른내로12길 7-4, 1002호
전 화	010 6537 6869
팩 스	031 474 6868
E-mail	938437@naver.com
등 록	514-92-07448
I S B N	979-11-92116-08-2 13230
정 가	18,000원

- 이 책의 저작권은 책 저자에게 있으며 무단 전재 및 복제를 금합니다.
  이 책을 무단 전재 또는 복제하면 「저작권법」 제136조에 의거 처벌을 받습니다.
- 파본은 구입하신 서점에서 교환하여 드립니다.

神은 없다
그러나 …

솔잎 **신 경 용** 씀

개정판을 내면서

이 책은 2013년에 출판한 나의 졸저 「그러므로 神은 없다」의 개정판이다.

10년이 지났지만 그동안 神은 없다는 내 생각은 조금도 변하지 않았다.

그런데 세상은 놀라울 정도로 달라져서 인공지능이 많은 분야의 일을 사람 대신하게 되었고, Chat GPT 라는 앱이 보편화 되고 James Web 망원경을 태양 궤도에 올려놓고 우주가 시작되던 때의 비밀을 탐색하는 시대가 되었다.

기독교 국가로 알려져 있던 유럽의 여러 나라에서 교회에 나가는 사람이 없어서 교회가 문을 닫고 책방이나 극장, 호텔이 되기도 하고 심지어 술집이나 서커스 공연장이 되기도 한다는 얘기다. 한동안 그렇게도 무섭던 神은 이제 슬그머니 무대에서 내려오고 있는 모양이다

이제 신이 있다거나 없다거나 하는 문제는 사람들의 관심거리가 아닌 것 같다. 인류 역사를 통 털어서 있지도 않은 神 때문에 엄청나게 많은 사람들이 죽거나 감옥에 갇히고 엄청난 액수의 재물이 약탈 또는 헌납되었다. 글쎄, 인류 역사상 전쟁으로 죽은 사람과 神 때문에 죽은

사람 중에 어느 것이 더 많을까 궁금하다.

 그럼에도 불구하고 오랫동안, 실로 수 천년 동안, 神을 앞세운 종교는 가난과 질병과 핍박에서 고통당하는 힘없는 백성들에게 神이 정의를 실현한다고, 병을 낫게 해준다고, 아니면 죽어서라도 천국으로 인도해 준다고 하며 위로를 했고 그 백성들은 그렇게 믿고 위로를 받았다. 한 마디로 속은 것이다.

 神은 본래부터 없었다. 그러나 이제야 神이 없다고 판명이 되고 있는 것 같다. 그렇다고 가난하고 병들고 핍박받는 힘없는 백성들이 없어진 것은 아니다. 이제 이 사람들을 무슨 말로 위로를 할 것인가? 神은 없지만, 그 神 대신 무엇으로 이 불쌍한 사람들을 위로할 것인가?

2023년 7월

솔잎 **신 경 용**

추천하는 글

　오랜 세월 동안 헌신적인 가톨릭 신자였던 저자가 노년에 이르러 神은 존재하지 않는다는 결론을 내리기까지의 사유와 성찰의 과정을 이 책은 담고 있다. 저자는 사람들이 신의 존재에 대한 토론을 하면서 불필요하게 위축되고 경건한 자세를 취함으로써 토론의 본질에서 벗어나는 어리석음을 피하고 神이 존재하느냐, 존재하지 않느냐는 질문에 동서고금의 축적된 자료를 섭렵하고 얻게 된 자신의 결론을 애매한 말로 호도하지 않고 명확하고 구체적인 언어로 정리한다. 神의 존재라는 오래된 명제를 주관적 경험이나 직관이 아니고, 실증적이고 논리적인 차원에서 다루고자 하는 저자의 자세는 고통스러울 정도로 정직하며, 神은 존재하지 않는다고 결론을 내리고 용감하게 다시 벌판으로 나서는 그에게는 다른 차원의 경건함이 있다.

김 영 곤

(토론토 대학 교수)

머리말

서양의 역사를 보면 로마 제국 말엽에 국교로 지정이 되어 온 유럽의 종교로 자리 잡은 기독교가 상당히 오랜 기간 세력을 떨치다가 문예 부흥, 계몽주의의 대두, 종교개혁, 프랑스 혁명 등을 거치면서 역사의 고비 고비마다 위기를 맞는다. 교황의 권위가 흔들리기도 하고 절대적인 힘을 행사하던 교리가 무력해지기도 한다. 그러나 19세기 말엽 니체Fredrich Nietzsche(1844~1900)가 나타날 때까지는 神의 존재에 대하여 눈에 띄게 도전을 하는 사람은 별로 없었다. 데카르트나 뉴턴과 같은 과학자도 지동설을 주장한 코페르니쿠스나 갈릴레오 같은 천문학자들도 神의 존재에 대하여 왈가왈부한 적은 없었다.

20세기에 들어오면서 소위 무신론자들이 표면으로 나타나기 시작했지만, 이때 와서는 기독교는 기독교인이 아닌 사람들에게는 이미 관심의 대상이 아니기 때문에 神의 유무가 크게 문제가 되지 않고 있는 것 같다. 神이 있다고 믿는 사람들 중에도 유태교나 기독교 또는 이슬람교에서 말하는 인격신이 있다고 믿는 사람보다는 이 우주 배경에 실재하는 어떤 초월적인 존재가 있을지도 모른다는 생각을 하는 사람들이 더 많은 것 같다. 특히 지성인들 가운데 그런 사람이 많다. 인격을 갖춘 절대적인 유일신, 특히 인간의 역사에 간섭하는 그런 神은 있을 것 같지 않다고 생각하는 사람들이 점점 많아지면서 종교계는 위기를 맞고 있는 것 같다.

특히 기독교는 하느님의 아들이라고 하는 예수의 정체正體문제와 더불어 기독교 체제 그 자체도 문제가 되고 있지 않은가 생각된다. 그러나 기독교의 위기는 기독교 내부의 문제일 뿐이지 더 이상 온 세상의 문제가 되지는 않게 될 것이다. 다른 사람들에게 영향을 주는 것이 아니라면 기독교의 내부 문제나 구조상 또는 교리상의 문제를 가지고 기독교인이 아닌 사람들이 이러쿵저러쿵 이야기하는 사람은 아무도 없다. 어떤 특정 교파가, 자기 교회가 아니면 구원을 받을 수 없다고 엉뚱한 소리를 해도 그 말을 반박하거나 비난하지도 않는다. 또 기독교 안에 안주하고 있는 사람들은 팔이 안으로 굽듯이, 기독교에 위기가 닥쳐왔다고 생각하지 않으려고 하는 경향이 있다. 아마 이것이 기독교의 진짜 위기일지도 모른다.

나는 50여 년 동안을 천주교 신자로 살았으며, 따라서 천주교를 포함해서 기독교 전반에 대하여 비교적 자세하게 알게 되었다. 생각을 좀 할 줄 아는 사람에게는 당연한 일이겠지만, 하느님 말씀을 기록했다는 기독교의 경전이라는 신, 구약이나 교리상에 모순이 되는 문제가 많이 있는 것을 알고 좀 당황했던 것이 사실이다. 그러나 신앙은 학문이 아니니까 따지면서 믿는 것이 아니라 그냥 무조건 믿어야 한다는 신부님의 말을 듣고 그대로 해 보려고 애를 써 보았다. 그러나 그게 나에게는 그렇게 잘 안 되었다.

나는 내 나름대로 진실을 알아보기 위해서 그 방면의 책들을 읽어보기 시작했다. 여러 책을 읽어가면서 가끔 神의 존재에 관해서 의문이 들 때가 있었지만 그래도 나는 하느님이 계시기를 간절히 바랐다. 그러나 무신론자들의 이야기에도 편견을 가지지 않으려고 애를 쓰면서 귀를 기울여 보았다. 얼마 동안 그렇게 하다 보니 내 나름대로 생각이 정리되어 가기 시작했다. 여기에는 유신론자들의 의견은 물론이고 무신론자들의 의견도 대표적인 것을 대충 소개하였다.

이름난 기독교의 신학자들이 예수의 동정녀 탄생, 부활과 승천 등, 기독교 교리의 가장 핵심이 되는 기적들이 결코 역사적 사실이 아니라고 밝히는 것을 읽었을 때는 나도 깜짝 놀라지 않을 수가 없었다. 많은 사람이, 특히 기독교 신자들이 이런 내용을 읽으면 놀랄 것이 틀림없다고 생각한다. 그 신학자들의 의견들도 물론 여기에 소개하였다.

내 나이가 이제는 70을 넘어섰다. 나는 생각하기를, "이제는 남의 책만 읽을 것이 아니라 죽기 전에 내 생각을 정리해서 발표하는 것도 나쁘지는 않겠다"라는 생각을 했다. 그래서 이 책을 썼다. 어쩌면 神에 관하여 확신을 가지지 못하고 방황하고 있는 사람들에게는 이 책이 어떤 길잡이가 되어 줄지도 모르겠다.

오랜 방황과 탐구, 사색思索 끝에 이제 나는 神이 없다는 결론에 다다랐다. 이 책을 읽는 사람들은 내가 50년이 넘도록 교회에 열심히 다녔으면서도 왜 끝내 神이 없다고 결론을 내리게 되었는지 그 이유를 알게 될 것이다.

내가 사랑하고 존경하는 많은 사람이 나와 다른 의견을 가지고 있는 것을 나는 잘 안다. 그러나 나는 그분들의 의견을 존중할 뿐만 아니라 비록 의견은 다를지라도 내가 그분들을 존경하고 사랑하는 데에는 아무 문제가 되지 않는다. 그분들 역시 내가 다른 의견을 가졌다고 해서 나를 멀리하지 않기를 진심으로 바란다. 神이 있느냐 없느냐 하는 것도 결코 작은 문제는 아니겠지만 우리의 우정과 사랑도 그만 못지않게 중요한 일이기 때문이다.

적다고는 할 수 없는 분량의 원고를 꼼꼼하게 끝까지 읽으시고, 오자 탈자들을 일일이 지적해 주시고 서문을 써 주신 오강남 박사님과 처음부터 마지막 순간까지 원고를 보시면서 마디마디마다 조언과 격려를 해 주신 토론토대학의 김영곤 교수님께 이 자리를 빌려서 감사를 드린다.

서울에 있는 다정한 친구들, 남정현, 한용호, 김태준 등, 동창 친구들이, 내가 책을 쓰기 시작하던 때부터 오늘까지 가끔 전화를 걸어 궁금해 하면서 끊임없이 격려를 보내준 소중한 우정에 대해서는 무슨 말로 그 고마움을 다 표해야 할는지 마땅한 말이 생각나지 않는다. 이 친구들의 격려가 없었던들 이 책은 세상 구경을 못하고 말았을지도 모른다.

일러두기

신구약에 나오는 이름이나 용어들은 천주교와 개신교가 공동으로 번역한 「공동번역 성서」에 따랐음.

차 례

개정판을 내면서 솔잎 신경용 ·································· 4
추천하는 글 김영곤 박사 ·································· 6
머리말 ·· 7

제 1 장
방황의 시작

1. 천주교와의 인연 ·································· 15
2. 첫사랑 이야기 ····································· 18
3. 하느님을 찾아서 ·································· 29
4. 결혼, 그리고 캐나다로 이민 ················ 36
5. 토론토 한인 천주교회 ························· 44
6. 로사의 질문 ·· 54
7. 나의 의문들 ·· 57
   (1) 전능하신 하느님, 악을 막을 수 없다? ········· 57
   (2) 인간의 원죄와 예수의 죽음 ··················· 58
   (3) 동정녀 몸에서 낳은 아브라함, 모세, 다윗의 자손 예수 59
   (4) 예수는 하느님의 아들인가? ··················· 59
   (5) 마리아는 평생 동정인가? ····················· 60
   (6) 밀떡과 포도주의 변화 ·························· 61
   (7) 마리아의 승천 ·································· 63

11

제 2 장 탐 색

1. **유신론자들의 의견** ········· 76
   - (1) 아우구스티누스 ········· 76
   - (2) 토마스 아퀴나스 ········· 79
   - (3) 기초신학적 의견 ········· 82
   - (4) 데카르트 ········· 88
   - (5) 톨스토이 ········· 90
   - (6) 한스 퀑 ········· 94
   - (7) 폴 데이비스 ········· 96

2. **무신론자들의 의견** ········· 97
   - (1) 바뤼흐 스피노자 ········· 100
   - (2) 프리드리히 니체 ········· 103
   - (3) 아놀드 토인비 ········· 107
   - (4) 알베르트 아인슈타인 ········· 108
   - (5) 버트란드 러셀 ········· 110
   - (6) 디트리히 본회퍼 ········· 112
   - (7) 스티븐 호킹 ········· 113
   - (8) 솔잎의 생각 – 진리와 이념의 차이 ········· 117

3. **맨 처음 우주가 생기던 이야기** ········· 128
   - (1) 대폭발 ········· 128
   - (2) 태양과 지구, 생명의 시작 ········· 132

4. **동양의 神, 서양의 神** ········· 138

5. **예수의 생애와 신약의 기록** ········· 152
   - (1) 예수의 탄생 ········· 154
   - (2) 예수의 부활 ········· 158

6. **예수 그리스도의 정체正體** ········· 163

제 3 장

神의 실체實體와 종교의 만행蠻行

1. 神의 속성屬性에 대한 고찰考察 ……………… 172
   (1) 전능 …………………………………………… 173
   (2) 전지 …………………………………………… 175
   (3) 전선 …………………………………………… 177
2. 神은 진화한다 …………………………………… 182
3. 종교의 만행蠻行 ………………………………… 200
   (1) 자살 테러리스트 …………………………… 200
   (2) 십자군 전쟁 ………………………………… 203
   (3) 마녀사냥 ……………………………………… 206
   (4) 카하마르카의 대학살 ……………………… 211
   (5) 파괴와 은폐隱蔽 – 기독교 ………………… 218

제 4 장

정직한 성직자들

1. 정직한 성직자 …………………………………… 223
2. 애비 피에르 신부 ……………………………… 225
3. 마더 테레사 수녀 ……………………………… 227
4. 찰스 템플턴 ……………………………………… 231

제 5 장

눈을 뜨고 보다

1. 神은 없고 에너지가 있다 …………………… 239
2. 생명의 신비에 관하여 ………………………… 247
3. 그러므로 神은 없다 …………………………… 253
4. 神은 없다. 그러나 … …………………………… 261

제 1 장 방황의 시작

1. 천주교와의 인연

6·25 난리가 한창이던 1950년대 초엽, 우리는 목포로 피난을 가서 살았다. 이때 아버지는 목포 시청의 도움을 받아 길거리를 헤매고 다니는 고아들을 모아서 고아원을 만들었다. 약 백 명 정도의 원아들이 있었다. 두 누님과 나는 난리 통에 공부를 제대로 하지 못한 아이들을 제 나이에 맞는 학년에 입학시키기 위해서 학교 공부를 도와주는 한편 천주교에 다니기 시작하는 원아들에게 세례 준비를 시키는 공부도 가르쳤다. 우리 집안 식구 가운데 그때 군인이던 맏형이 전쟁 중에, 어느 시골 성당에서 세례를 받고 천주교 신자가 되었노라고 알려 와서 아버지는 원아들을 천주교회에 다니도록 하셨다. 그래서 우리 삼 남매는 교리 공부 선생 노릇도 하게 되었으며 특히, 나는 원아들 틈에 끼어 같이 먹고 자며 지냈다.

선생인 우리 삼 남매가 먼저 세례를 받는 것이 우선 급한 일이었다. 물론 그때 나이가 어렸으니까 세례를 받기 전에 종교에 대한 생각을 깊이 해 볼 나이도 아니었지만 엉겁결에 그렇게 해서 우리 집안 식구들은 모두 천주교 신자가 되었다. 내가 중학교 3학년 때다. 세례를 받았다고 해서 크게 기뻐한 것 같지도 않고 그렇다고 부끄럽게 생각하지도 않았다. 누가 물으면 사실대로 말을 할 뿐 감추거나 자랑스럽게 생각하지도 않았다. 다만 아버지께서 하시는 고아원 일을 도와드린다는 생각은 했던 것 같다.

맨 먼저 세례를 받기 위한 교리시험에 합격한 큰 누님이 나를 붙들고 예비 시험을 실시했다. 큰 누님이 여기저기를 들쳐가며 이것저것을 물어보더니, "그만하면 될 것 같기는 한데 신부님이 워낙 까다롭게 시험을 보시니까 어떨는지 나도 모르겠다. 아무튼 한번 가보자." 하고 바로 그 길로 교회에 가서 신부님께 찰고察考를 받고 나도 합격이 되었다. 그렇게 해서 나는 세례를 받고 천주교 신자가 되었다. 요리 문답 가운데 맨 첫 질문이,
《문》 "사람이 무엇을 위해서 세상에 났느뇨?"
《답》 "사람이 천주를 알아 공경하고 자기 영혼을 구하기 위해서 세상에 났느니라."
하는 항목에서 "사람이 태어나기도 전에 어떻게 영혼 구하는 걱정을 한단 말인가?" 하는 의문이 들기는 했으나 누구에게 물어본 일도 없고 그냥 그 의문은 묵살한 채 세례를 받았던 것이 지금도 생각이 난다.

세례를 받고 나서 나는 신앙적으로 다른 사람들보다 한 단계 위에 있는 듯 착각을 하고 원아들에게 좀 건방지게 굴지 않았나 싶다. 자기 전에 모두 한방에 모여 저녁 기도를 드렸는데 나이가 어린 아이들은 무슨 소리인지 알아듣지도 못하는 어려운 기도문에 싫증을 내고 꾸벅꾸벅 졸기가 일쑤였다. 그때마다 나는 눈을 부라리고 야단을 쳤던 것 같다. 그 아이들이 지금은 다 커서 어른이 되어 어디선가 살고 있을 텐데 그때 생각이 나면 아마 지금도 나를 비웃고 있을는지도 모를 일이다.

아무튼 나는, 나 자신이 철없는 상태에서 원아들에게 모범이 되어야 하고 항상 그들을 가르쳐야 했으므로 그것이 내 분수에는 좀 넘치는 일이었다. 그러나, 그렇기 때문에 나는 교회 일에도 아주 열심이었고 그래서 신부님이나 수녀 님들한테도 귀염을 받았다.

이렇게 아무 생각 없이 세례를 받고 거의 맹목적으로 따라가던 내 신앙생활은, 글쎄, 그것도 신앙생활이라고 할 수가 있을지 모르겠지만, 고등학교를 졸업할 때까지 계속되었다. 고3이 되면서부터 대학 진학이 코앞에 닥친 큰일이었음으로 다른 일에는 신경을 쓸 여유가 없었다. 교회도 일요일 날 미사에 참석하는 일 외에는 아무 일에도 관여하지 않았다. 고아원에서도 물러나 입시 준비를 위해서 집으로 돌아왔다. 이때쯤에는 원아들 중에서 나이가 많은 아이들이 많이 커서 저희들끼리 잘해 나가고 있었다. 교회 일에 직접으로 관여하는 일은 없었지만 이 기간 동안 내 마음속에, "천주교회는 우리 교회"라는 생각이 굳어가고 있었다. "내가 다니는 교회"라는 이유 하나만으로 특별한 애착이 싹 트기 시작한 것이다. 이 한 동아리 정신이 자칫하면 엉뚱한 편견으로 빠지기 쉬운 것인 줄을 그때는 짐작조차 하지 못했다.

아무런 특별한 동기나 어떤 감동을 경험한 일 없이 그냥 필요에 따라 시작된 나의 신앙생활은 물에 물 탄 듯, 술에 술 탄 듯, 그냥 아무렇지도 않게 계속되었다. 어떤 때는 열심이다가도 또 어떤 때는 그저 심드렁한 상태로 지내기도 했다. 아마 대학 2학년 때의 충격이 없었더라면 나도 여니 사람들처럼 神의 존재에 대하여 그렇게 심각하게 고민하지 않고 덤덤하게 별 탈 없이 신앙생활을 해나가고 있었을 것이다. 가끔 神을 부정하는 친구들을 적당히 달래가며 내 종교를 변호하려고 애를 쓰면서.

2. 첫사랑 이야기

그러나 대학교 2학년 때, 나의 신앙생활에는 결정적인 변화가 있었다. 우리 집은 생활이 넉넉지 못해서 나는 대학 1학년 때부터 가정교사 노릇을 하며 학비를 벌어야 했다. 2학년 되던 해에 아버지와 가깝게 지내시던 어떤 신부님의 소개로 들어간 집에서 일이 일어나고 말았다. 내가 공부를 도와주고 있던 학생은 고등학교 3학년이었다. 내 학교 공부를 마치고 바로 그 집으로 가서 저녁을 먹고 나서 우리는 공부를 시작하곤 했다. 그 집은 아들 4형제, 딸 4형제의 대 가족이었다. 그 집 딸 셋이 모두 대학 재학 중이고 내 나이는 그중 아무와도 연분이 생길 수 있는 나이였으니까 그 집안에 낯선 젊은이가 드나들게 되었으니 문제가 생기는 것은 시간문제였을 것이다. 그러나 나는 아버지와의 약속, '결코 어떤 불미스러운 일이 절대로 일어나지 않도록 하겠다.'는 약속을 생각해서 그 딸들 아무에게도 관심을 두지 않으려고 애를 썼다. 어쩌다 딸들과 복도에서 마주치는 경우에도 나는 얼굴을 쳐다본 일이 전혀 없었다. 그때 내 나이가 한창 이성에 관심을 가질 때였으니까 아마 내 말이 잘 믿어지지 않겠지만 그것은 맹세코 사실이다. 다음 일화를 들어보면 내 말이 사실이라는 것을 이해하게 되리라고 생각한다.

그때 내 작은 누님은 벨기에 출신의 수녀한테 불어를 배우기로 되어 있었는데 수녀님 말씀이 혼자 배우는 것보다는 서넛이 같이 배우는 것이 좋겠다면서 관심 있는 친구들을 데리고 오라고 하더란다. 내가 가정교사로 다니는 집 딸들은 모두가 음악을 전공하고 있었으며, 그중에 맨 맏이와 둘째가 프랑스 유학을 준비하고 있다는 이야기를 들은 적이 있어서 그 딸들과 같이 배우면 좋겠다고 누님에게 제의를 했더니 누님은 물론 좋다고 찬성하고 나더러 그 집 딸들이 과연 관심이 있는지 물어보라고 했다. 우리 집에는 전화가 없었으니까 한참을 걸어 나가서 공중전화로 내가 공부를 도와주던 그 집 아들 석이에게 전화를 했다. 그랬더니 그의 두 누님도 좋다고 해서 그 주 일요일에 명동성당에서 만나 그 집 누이들을 우리 누님에게 소개해 주기로 했다. 그때는 이미 내가 반년 넘게 그 집을 드나든 뒤였는데도 가만히 생각을 해 보니까 나는 도저히 그 누이들을 사람 많은 데서 찾아낼 자신이 없었다. 한 번도 얼굴을 똑바로 쳐다본 적이 없으니 길에서 만나더라도 알아볼 수가 없었다.

어느 여름날이었다. 우리가 공부하는 방은 2층에 있었고 둘째 딸 원의 방도 2층이었다. 공부를 시작하려고 하는데 원의 방에서 전축 소리가 요란하게 울려 나오는 것이었다. 너무 시끄러워서 석이더러 누님한테 가서 좀 소리를 낮추어 달라고 부탁을 하게 했다. 그랬더니 석이가 하는 말이, "작은 누나는 지금 웁니다. 우는소리 안 들리게 하려고 저럽니다." 나는 이 말이 그때 왜 그렇게 큰 충격으로 나에게 부딪혀 왔는지 지금도 알 수가 없다. 그렇다. 그 말은 들린 것이 아니라 나에게 부딪혀 왔다. 나는 마치 큰 망치로 가슴 한복판을 세게 두들겨 맞은 것 같은 충격을 받았다. 나중에 알게 된 일이지만 원이는 몸이 아파서 학교에 가는 날보다 못 가는 날이 더 많고 그래서 형제자매들이 모두 서울대학에 진학했지만 원이만 2류 대학을 다닌다는 것이었다. 그 말을 들었을 때 내 가슴은 찬바람이 휩쓸고 지나가는 듯 싸하고 몹시 아픈 느낌이 들었다.

그때 나는 이미 그 아가씨를 사랑하고 있었던 것일까? 나는 지금도 이것을 이해할 수가 없다. 얼굴조차 잘 모르고, 사실 원이에 대해서 아무것도 모르는데 사랑이 가능했을까? 그때 원이가 안됐다는 생각, 좀 애처롭다는 생각이 들었던 것은 사실이다. 그러나 그것이 사랑이었을 것이라고는 도무지 생각할 수가 없다. 어쨌든 그 일이 있은 뒤로 내 마음속에서는 원이에 대한 관심이 점점 자라고 있었던 것 같다. 마주 앉아 이야기를 나눈 적은 물론, 여러 사람과 같이 한자리에 앉아 있어 본 적도 없다. 어쩌다 집안에서 마주칠 때 보면 원이는 안색이 늘 창백했고 잠을 설친 듯 눈은 붉게 충혈되어 있기가 일쑤였다. 이것도 내 마음을 아프게 하는 이유가 되었다. 그렇지만 그 이상 아무 일도 일어나지 않고 몇 달이 지나갔다.

계간季刊으로 발행되는 공대 학보 〈불암산〉에 내가 쓴 수필 한 편이 실린 것이 서로 이야기를 시작하게 된 실마리가 되었다. 아마 "글을 쓴다"는 제목의 수필이었던 것 같다.

학보 편집실에서는 글이 실린 사람한테는 다섯 권쯤 여벌을 주었는데 그중에 한 권을 가정교사를 하는 집에 갖다 주었다. 그 집에 대학생이 셋이나 있었으니 아마 인쇄된 내 글을 자랑하고 싶은 생각도 있었을 것이다. 며칠이 지난 뒤, 복도에서 원이는 나와 마주치자, "공대생들도 글을 쓰나요?" 하고 묻는 것이었다. 그때 내가 뭐라고 대답했는지는 기억이 나질 않지만, 그 질문으로 해서 우리는 서로 말을 나누기 시작하는 계기가 되었다. 그렇다고 시간을 내어 조용한 장소에서 마주 앉아 오랫동안 이야기를 해 본 적은 없고 그저 서로 지나치다가 몇 마디 인사말 정도를 주고받는 것이 고작이었다. 그러면서도 지금 생각하면 내 마음속에서는 원이를 사랑하는 마음이 아무도 모르게, 나 자신도 모르게 조금씩 조금씩 자라고 있었던 모양이다. 늘 몸이 성치 않아서 우울한 얼굴을 보게 될 때마다 짠하고 안쓰러운 생각이 들고 "내가 대신 아파 줄 수 있었으면 …" 하는 마음이 들었으니까.

보통 때는 그 집에 가서 공부를 도와주고 밤늦게 집으로 돌아오곤 했는데 석이의 시험 때가 되면 늦게까지 같이 있어야 하기 때문에 그 집에서 자지 않을 수가 없었다. 그때는 밤 열 두시에 통행금지가 실시되고 있는 시절이었다. 그 날도 석이 시험 때였으니까 밤 열 두시까지 석이 공부를 보아주고 그때부터는 내 공부도 좀 해 볼 생각으로 책상에 앉아 있는데 "똑, 똑" 하고 노크 소리가 났다. 나는 심부름하는 아이가 과일이라도 갖다 주는 줄 알고 그냥 "예" 하고 대답을 했더니, 문을 열고 들어오는 사람은 천만 뜻밖에도 원이가 아닌가. 일생을 살면서 너무 기뻐서 숨이 막힐 지경이 되는 경우가 아주 드물게 있는데, 이때 내 마음이 바로 그랬다. 그래도 나는 그 기쁨을 내색하지 못하고 엉거주춤 일어서면서, "웬일이세요, 밤늦게?" 하고 묻는 것이 고작이었.

원이는 가볍게 미소를 띠면서, "놀래셨죠. 어머니한테 허락을 받았으니 걱정하지 마세요. 오늘은 제 공부도 좀 도와주세요."
원이는 형식적으로 국문과에 적을 두고 있지만, 바이올린을 전공으로 배우고 있었다. 무슨 공부를 도와 달라는 것인지 알 수가 없어,
"무슨 과목인데요?"
"자연과학 개론, 내일 시험이라는데 무슨 소린지 하나도 모르겠어요."
"글쎄, 내가 뭘 도와드릴 수가 있을지 모르겠네요."

그러나 책상에 마주 앉아 책을 펴놓더니 원이는 엉뚱한 질문만 하는

것이었다. 신석정, 정지용, 이육사, 김소월 등 시인 이야기를 꺼냈고, 아마 나는 아무것도 모르면서 그때 좀 아는 체를 했던 것 같다. 이름만이라도 국문과 학생 앞에서 공대생이 문학에 대하여 알면 얼마나 안다고 아는 체를 했을까? 지금 생각하면 참으로 부끄럽다. 난들 좋아하는 아가씨에게 잘 보이고 싶은 생각이 왜 없었을까 마는 그렇더라도 좀 더 솔직하고 겸손하게 굴지 못한 것 같아 지금도 그때 생각을 하면 부끄러워 얼굴이 붉어진다. 아무튼 우리가 얼마나 이야기에 정신이 팔렸던지 시간이 가는 줄도 몰랐는데 어느덧 창문이 훤하게 밝아 오고 있었다. 밤을 꼬박 새운 것이다. 그러나 조금도 졸리지도 않았고 피곤하지도 않았다. 오히려 성급하게 밝아 오는 새벽이 원망스러울 뿐이었다. 내 마음속의 기쁨은 감격이라고 해도 모자랄 지경이었지만 원이를 생각하면 몸도 성하지 않은 사람을 밤을 꼬박 새우게 만들었으니, 나는 미안하기 짝이 없었다.

반공이 국가의 기본적인 정치이념이던 자유당 시절, 월북 작가라고 해서 정지용이나 김기림의 작품은 읽을 수가 없는 시절이었다. 그러나 원이가 정지용 시인의 작품을 좋아하는 것을 알고는 어찌어찌 애를 써서 정 지용의 시집을 구해 주었다. 『백록담』, 『난초』 등 그때는 구하기가 매우 어려운 시집들을 나는 원이를 위해서 찾아내었다. 특히 『난초』는 책이 별로 크지 않아서 책 주인에게 돌려주기 전에 몽땅 내 손으로 베껴서 시집 사본을 한 권 만들어 주었다. 그것도 그냥 공책에 아무렇게나 적어 준 게 아니라 건축 제도용 고급 종이로 노트를 만들어서 제도할 때 쓰는 특수 펜으로, 먹물을 묻혀 한 자, 한 자, 정성을 다해서 썼다. 건축과 학생이라는 점을 십분 활용한 셈이다.

책 이야기가 나온 김에 한 가지 이야기를 더 해야겠다. 『이양하 수필집』을 구해다 준 이야기다.

우리가 고등학교 다닐 때는 고2 국어책에, "신록 예찬"이라는 수필이 소개되어 있었고, 고3 국어책에는 "베에이따의 산문"이라는 수필이 있었는데 둘 다 『이양하 수필집』에서 뽑아 온 것임을 밝히고 있었다. 나는 그때 이 두 편의 수필을 아주 감명 깊게 읽고 참 좋다고 생각하면서, 이렇게 좋은 글이 많이 실려 있는 『이양하 수필집』을 꼭 좀 구해서 읽어보아야겠다고 벼르고 있었다. 그러나 시골에 살고 있던 나는 그 책을 구할 수가 없었다. 중 고등학교 국어 선생님들한테는 거의 다 물어 보았지만, 그 책을 가지고 있는 사람은 없었다. 대학에 진학을 해서 서울에 있으면서도 노력을 게을리하지 않았다. 그러나 그 책은 도무지 찾아낼 수가 없었다. 나로서는 포기하는 길밖에 다른 방도가 없다고 생각하고 있던 어느 날, 원이가 나한테 묻는 것이었다.

"혹시 『이양하 수필집』을 가지고 있습니까?"라고.

"아, 그 책을 찾으시는군요. 나도 그 책을 찾으려고 꽤 오래 애를 썼지만, 아직 구하지 못했습니다. 그러나 한 번 더 찾아보지요."

나는 전쟁터로 싸우러 나가는 병사와 같은 각오를 가지고 다시 그 책을 찾아 나섰다. 몇 년을 찾아도 찾지 못한 책이 원이가 부탁한다고 해서 금방 어디서 갑자기 튀어나올 리는 없었다. 동대문 근처에 있는 헌책방에는 틈만 나면 가보았고 대학 1학년 때 국어선생을 비롯해서 그런 책을 가지고 있을 만한 사람은 거의 모두 문의를 해 보았지만 허사였다. 분명히 한국 땅에서 출판된 책인데 이렇게 한 권도 종적을 알 수가 없으니 도대체 이럴 수가 있단 말인가 하고 실의에 빠져 있다가 하루는 "옳지. 이양하 선생님에게 직접 한번 찾아 가 보자. 적어도 저자는 한 권쯤 가지고 있을 게 아닌가." 하는 생각이 번쩍 떠올라 그때 문리대 학장으로 계시던 이양하 선생님을 학장실로 찾아갔다.

그때 공대는 양주군 신공덕면 상계리(지금의 노원구 상계동)에 있었고, 대학 2학년 때이니까 하루 종일 수업이 꽉 차 있었지만 나는 오후 시간을 빼 먹고 버스를 세 번이나 갈아타며 동숭동에 있는 문리대로 갔다. 그런데 가는 날이 장날이더라고 그날 이양하 교수는 출장 중이라고 한다. 그때 내가 얼마나 몹시 실망하는 모습을 보였던지 학장 비서가 놀라서 왜 그러느냐고 물었다. 나는 『이양하 수필집』이 보고 싶어서 찾아온 길이라고 밝히고 막 돌아서려고 하는데 그 비서 아가씨가 나를 불러 세워 놓고는 말하기를, 학장 선생님은 지금 막 출장에서 돌아오셔서 댁에 계신다고 하면서 친절하게도 학장 사택 약도까지 자세히 그려 주었다.

나는, 나는 듯이 달려서 학장 댁으로 찾아갔다. 이양하 교수는, 같은 대학 학생이라고는 하지만 한 번도 본 적이 없는 나에게 그 책을 빌려 주셨다. 이 교수는 문제의 그 책을 내어 주면서, "이 책은 해방 직후에 한 3백 부 찍어서 아는 분들한테 나누어 주었는데 6·25사변을 거치면서 모두들 잃어버려서 가지고 있는 사람이 아무도 없구먼. 나도 재판再版을 찍으려고 백방으로 수소문해서 겨우 이걸 구했다네. 그러니까 이 책은 이 세상에 하나밖에 없는 책이니 잘 보고 꼭 가지고 오게."라고 하면서 그 책이 귀한 책인 것을 강조하는 것이었다.

나는 오랫동안 찾아 헤매던 책을 마침내 손에 넣었다는 기쁨도 기쁨이려니와 그보다는 원이에게 그 책을 보여 줄 수가 있게 되어서 온 세상을 다 얻은 것보다 더 기뻤다. 원이도 그 책을 받아들고는 기쁘고 고마워서 나한테 맑은 미소로 대답해 주었다. 원이도 내가 얼마나 애를 써서 그 책을 구했는지를 잘 알고 있었다. 나는 더 없는 행복감으로 온몸이 녹아드는 것 같았다. 지금 그때 일을 돌이켜 생각을 해 보면, 그때 느낀 행복감만으로도 나는 이 세상을 보람 있게 살았다고 자부할 수가 있을 것 같다. 어느 누가 일생 중에 그만한 행복을 경험한단 말인가. 나는 원이가 달나라에 가서 계수나무 가지를 꺾어 오라고 부탁을 해도 그것을 해낼 것 같았다.

원이를 향하는 내 사랑은 이렇게 무르익어 갔다. 그러나 우리는 서로 마음속으로만 사랑을 간직하고 있었을 뿐, 사랑한다는 말 한 마디조차 입 밖에 내 본 일이 없었다. 사실대로 말을 하자면 원이가 나를 정말로 사랑하기는 할까 하는 불안한 의구심은 그칠 날이 없었고 그래서 나는 늘 애를 태우고 매일 밤 쉽게 잠을 이룰 수가 없었다. 어쩌다 한 번씩 얼굴을 대하게 될 때, 그 표정으로 보아서는 사랑을 의심할 여지가 없었지만 나 혼자 있을 때는 그 표정이 잘 기억나지도 않았고 그래서 불안한 마음을 잠재울 수가 없었다. 이때는, 매일 밤 집으로 돌아가는 일이 너무 번거로워 그 집 부모님의 호의로 아주 그 집에서 먹고 자며 지내고 있었다.

1950년대 말, 아주 개방적인 젊은이가 아니면 길거리에서 남녀 대학생이 나란히 걸어가는 일조차 조심스런 시절이었다. 속된 말로 우리는 연애하는 사이라고 할 수 있었지만 한 번도 다방이나 음식점 같은 데서 마주 앉아 이야기를 나누어 본 적이 없다. 우선 내가 학교 공부가 끝나면 바로 밤늦게 까지 가정교사 노릇을 해야 했으니 시간을 낼 수도 없었을 뿐만 아니라 원이는 부자 집 딸인데 나는 가난한 학생이라는 점도 아마 내가 용기를 낼 수 없었던 이유가 되었을지도 모른다. 어쩌다 한번씩, 매우 드문 일이었지만 밤늦게 원이가 내 방으로 와서 이야기를 나눈 적은 있었다. 그러나 우리는 손을 잡아 본 일 조차 한 번도 없었다. 다만 한 가지 기억나는 일은, 어느 일요일 오후 모처럼 한가하게 둘이서 이야기를 하고 있을 때, 원이가 자기 왼손 가운데 손가락을 내보이며, "한 번 만져 보세요. 얼마나 딱딱한지" 하고 바이올린 연습하느라고 굳은살이 박인 손가락을 내밀어 그 손가락 끝을 살짝 만져 본 것이 내가 원이의 몸에 손을 대 본 유일한 일이었다.

시간이 가면서 원이도 하루하루 사랑으로 열병을 앓는 눈치가 완연했다. 눈자위가 붉게 충혈되는 날이 많았으며, 나를 보는 눈매에는 어떤 원망 같은 것이 맺혀 있는 듯이 보였다. 나는 어떻게 하면 원이를 기쁘게 해 줄 수가 있을까 하고 궁리를 해 보았지만 뾰족한 생각이 떠오르지를 않았다. 그저 안타까운 마음으로 원이의 불안해하는 표정을 보고만 있을 뿐이었다. 그렇게 세월만 보내고 있던 어느 날이었다. 밤중에 원이가 내 방으로 들어와서 이런저런 이야기를 하던 끝에 원이는, "혹시 신부가 될 생각은 없으세요? 신부가 되시면 아마 훌륭한 신부님이 되실 것 같은데…" 하고 묻는 것이었다. 나로서는 전혀 예상하지 못했던 질문일 뿐만 아니라 한 번도 생각해 본 일이 없는 일이라 금방 대답할 수가 없었다. 나는 한참을 생각한 끝에, "한 번 깊이 생각해 보겠습니다. 지금은 뭐라고 대답을 할 수가 없네요."라고 일단 대답을 미루어 놓았다.

그 질문이 있은 뒤로 나는 그 질문의 원래 의미하는 바가 무엇일까를 오랫동안 골똘히 생각해 보았다. 흔히 이루어질 수 없는 사랑이니 이루지 못한 사랑이니 하는 말들을 한다. 여기에서 이룬다는 말은 결국 결혼을 한다는 말이거나 아니면 적어도 육체적인 결합을 한다는 말이 아닌가 한다. 그러나 사랑은 그저 사랑하기만 하면 사랑은 이루어진 것이지 달리 또 어떻게 이루어야 할 일이 남아 있는 것은 아니다. 물론 나의 사랑도, 젊은 남자인 내가 젊고 아름다운 여자인 원이를 사랑하는 것은 근본적으로 이성에 대한 매력이 그 사랑의 뿌리라고 할 수 있겠지만 그때 내가 가지고 있던 원이에 대한 사랑은 육체적인 욕망과는 조금도 관련이 없었다고 단언한다. 나는 원이를 그리워하면서 한 순간도 육체적 욕망을 느껴 본 적이 없었다.

며칠 동안 생각을 해 본 끝에 내린 결론은, 원이는 나를 사랑하지만 몸이 아파 결혼은 할 수가 없는 사정이고, 그렇다면 나는 언젠가는 결국 다른 사람과 결혼하게 될 텐데, 그것을 막으면서도 나를 오래오래 혼자 사랑할 수 있는 길은 내가 신부가 되면 가능하다고 원이가 생각하고 있는 것이 아닐까 하고 생각했다. 우리는 사랑하는 사이이었지만 누구도 사랑한다는 말을 입 밖에 내 본 적이 한 번도 없었다. 그러나 사람은 입으로만 말을 하는 것이 아니고 눈으로, 표정으로 더 많은 말을 한다. 얼마 동안 그렇게 지내면서 살펴본 바로는 내 생각에 틀림이 없다는 확신이 오기 시작했다. 그렇다면 무엇을 더 망설인단 말인가. 내 심장을 달라고 한들 나는 한순간도 주저하지 않을 텐데 신부가 되는 것이 아무리 힘이 드는 일이라고 해도 심장을 꺼내주는 일에 비하면 아무것도 아니지 않은가. 나는 며칠이 지나서 원이에게 신부가 되겠다고 약속을 했다. 그 약속은 말하자면 사랑의 고백이요 일생을 서로 사랑하면서 살기로 약속하는, 우리들로써는 결혼과도 같은 의식이었다.

내가 신부가 된다고 결심을 하고 나니 원이의 고민은 없어진 것 같았다. 한결 표정이 밝아지고 나한테 고마워하는 태도가 눈에 보일 만큼 뚜렷했다. 이제 한 남자와 한 여자로서의 관계가 아니라 인생을 함께 살아가는 동료로서, 반려로서의 관계가 시작된 것이다. 나도 그렇게 맺어진 관계가 매우 좋았고 그렇게 서로 허물없이 이해하게 된 것을 매우 고맙게 생각했다.

그런데 거기에는 커다란 문제가 감추어져 있다는 것을 나는 처음에는 짐작조차 하지 못했다. 솔직히 말해서 그때까지 나한테는 하느님에 대한 확신이 없었다. 아무리 내가 원이를 사랑하는 마음으로 신부가 된다고 할지라도 하느님에 대한 확신이 없다면 온전히 신부 노릇을 하기가 힘들 것은 물론이려니와 그 길고 긴 인생의 여정에서 무슨 일이 일어날는지 아무도 장담을 할 수가 없는 노릇이 아닌가. 무엇보다도 우선 나는 하느님에 대한 확신을 갖지 않으면 안 되리라는 생각이 들었다. 지금 생각하면 이것이 얼마나 엄청나게 큰 문제인지를 그때는 전혀 알지를 못했다. 철학책 몇 권과 신학책 몇 권만 읽으면 그 문제가 금방 해결될 줄 알았다. 그만큼 나는 기존의 기독교에 대한 믿음이 컸던 것이다. 이 세상 어느 누구도 하느님의 존재에 대하여 확신할 수 있는 증거를 갖고 있지 않다는 것을, 그때 스무 살을 겨우 넘긴 내가 어찌 알 수가 있었으랴.

3. 하느님을 찾아서

철학이나 신학에 관해서는 전혀 아는 것이 없었지만 내가 하느님을 찾아 떠나는 여행은 아주 기쁘고 편안한 마음으로 시작되었다. 그것은 원이의 사랑을 아무 방해도 없이 오래오래 영원히 간직하는 길이요, 또 내가 원이를 영원히 사랑할 수 있는 유일한 길이라고도 생각되었기 때문이다. 그리고 신부가 되는 길은 마음만 먹으면 아무 문제가 될 것이 없다는 생각을 하고 있었다. 내가 몰라서 그렇지 이 세상에 그렇게 확실하고 당당한 교회가, 특히 2,000년의 역사를 자랑하는 거대한 조직의 천주교가 내 마음 하나 확신시킬만한 자료가 왜 없으랴 하는 느긋한 생각이었다. 역사상 위대한 성인들의 이야기, 또 지금 살아 있는 수많은 수도자와 성직자들, 그들이 神의 존재에 대한 확신 없이는 일생을 독신으로 신앙에만 의지해서 살아갈 수는 없을 것이었다.

처음에는 이렇게 쉽게 생각하고 교회에서 발행한 책들을 주로 보기 시작했다. 그러나 교회에서 펴낸 책은, 거의 다 일단 하느님은 존재하는 것으로 인정하고 설명이 시작되고 있어서 하느님의 존재를 확인하려는 내 목적에는 큰 도움이 되지 못했다. 교회에서 발간된 출판물들에서 하느님의 존재를 확인할 수 없었던 나는 좀 당황하기 시작했다. 아니, 교회의 출판물이 이렇게 빈약하단 말인가 하고 도무지 믿어지지가 않았다. 물론 그때 교회에서 발행한 모든 책을 다 읽어 본 것은 아니겠지만 내가 마음만 먹으면 쉽게 해결될 줄 알았던 생각에 비해서는 아무튼 일이 그리 쉽지가 않다는 것을 알게 되었다.

다음으로 접근해 볼 데는, 철학 분야라는 생각이 들어 내 전공과는 거리가 먼 철학 쪽을 기웃거리기 시작했다. 고등학교에서 철학 개론이라는 것을 배웠지만 사실대로 말을 하자면 철학이 과연 무엇을 공부하는 학문인지도 잘 모를 때였다. 더구나 내 전공이 공학(건축)이니까 철학 쪽으로 접근하는 것이 쉽지가 않았다. 아마 1958년 경이라고 생각된다. 월간 잡지 사상계가 서양 철학 사상사思想史 특집을 내면서 소크라테스로부터 플라톤, 아리스토텔레스 하는 식으로 서양 철학 사상에 영향을 끼친 중요한 사상가들을 매달 한 사람씩 소개하고 있었다. 나는 잘 이해하지도 못하면서 열심히 그것을 읽으며 철학으로 접근하는 법을 배웠다.

내가 운이 나빠서 그랬는지 매달 한 번씩 나오는 그 잡지책과 내가 구할 수 있었던 다른 철학책들을 읽어보면 읽어볼수록 하느님이 있다고 하는 쪽보다는 없다는 쪽으로 가까워지는 자신을 보게 되었다. 내가 읽은 대부분의 철학책들이 무신론자들의 책이었던지 하느님이 있다고 주장하는 책을 별로 찾을 수가 없었다. 단지 파스칼이라는 철학자가 "하느님의 존재는 도무지 이론적으로는 증명할 길이 없기 때문에 도박을 할 때처럼 어차피 한쪽을 선택할 수밖에 없는데 하느님이 있다는 쪽에 걸었다가 설사 하느님이 없다고 판명이 되더라도 별로 손해 볼 것이 없지만 없다고 하는 쪽에 걸었다가 하느님이 있다고 판명되는 날에는 그것보다 더 큰 낭패가 없을 테니까 아예 하느님은 있다는 쪽에 거는 것이 현명하다."는 소위 도박논증이라는 것이 있었지만 이것도 나를 설득하기에는 별로 힘이 없었다. 왜냐하면, 나는 하느님이 있기만 하다면 일생을 바쳐 신부의 길을 가려고 하는 사람이기 때문에 "없다고 판명이 나도 별로 손해나는 것이 없는" 그런 상태가 아니기 때문이다. 아마 이렇게 1년 이상의 세월을 보낸 것 같다. 그동안 내 학교 공부는 거의 엉망이 되었고 그렇다고 하느님의 문제에서도 해결의 실마리가 보이는 것도 아니었다.

이렇게 어려운 문제에 매달려 씨름을 하고 있는 사이에 원이와의 사이에 문제가 생겼다. 원래 부잣집 딸과 가난한 대학생의 사랑은 문제가 생기려면 얼마든지 생길 수 있는 사이였다. 가난했던 나는 내 가난을 별로 부끄럽게 생각하는 일은 없었다고 생각되지만, 마음속 깊이 열등감이 있었을 수도 있었을 것이다. 어쨌든 조그마한 오해가 원이한테 어떤 의구심을 일으키게 했고 그에 따른 이해할 수 없는 행동으로 내가 격노하는 사고가 일어나고 말았다. 아마 그때 우리가 자유롭게 만나 이야기를 나눌 수 있는 사정이었더라면 이런 오해는 생기지 않았을지도 모른다. 아무튼 그때 나는 심한 배신감을 느끼고 스스로 이 세상을 버리기로 마음을 먹었다. 온 세상이 덧없고 허망하게 생각되었다. 그때까지는 어떻게 해서든지 신부가 되리라고 마음먹고 있던 나로서는 자살은 대죄라는 교회의 가르침이 아니었더라면 아마 나는 그때 내 목숨을 끊는 데 조금도 주저하지 않았을 것이다.

마침 그때 신흥대학(경희대학 전신)과 단국대학이 럭비경기를 하는 중에 한 선수가 태클하다가 상대방 선수의 스파이크에 머리를 부딪치어 사망하는 불상사가 일어났다. 죽어버리겠다는 생각으로 가득 차 있던 나는 망설이지 않고 공대 럭비부에 들어갔다. 첫 경기에서 나는 죽기를 맹세하고 좌충우돌 닥치는 대로 부딪쳐 온몸에 멍이 들고 두 무릎과 팔꿈치가 몹시 벗겨지는 참담한 부상을 입었지만, 그러나 죽지는 못했다. 그만큼 나는 원이의 태도에 절망감과 분노로 몸을 떨었다. 이 사건을 계기로 나는 그 집에서 나오고 말았다. 그리고 얼마 안 되어 나는 등록금을 마련할 길이 없어서 군대를 지원해 들어갔다. 한동안 神의 문제는 내 관심에서 멀어져 갔다. 그러는 사이 원이는 어느 정도 건강이 좋아졌던지 나하고는 아무런 연락도 없이 프랑스로 유학을 떠나고 말았다. 국내에서의 공부도 돈이 없어서 계속하지 못하는 나와 비교하면서 나는 더욱 원이와의 관계가 멀어져 가고 있는 것을 깨닫지 않을 수가 없었다. 신학교는커녕 나는 주일날에도 교회에 나가지 않는 소위 냉담자가 되고 말았다.

대학 3학년말 쯤 되었을 때, 건축과 대표이기도 하고 나하고도 친한 기준이라는 친구가 하루는 내 옆구리를 툭 치더니, "너 천주교 신자지?" 하고 물었다.

나는 "그건 어떻게 알았냐?" 하고 물었더니 학적부를 보았다는 것이다. 그리고 1,500명 공과대학 전체 학생 가운데 천주교 신자가 50명도 안 되더라는 말을 하면서, "야, 우리 공대 천주교 학생회 한번 만들자" 하고 제안하는 것이었다. 사실 나는 그때 교회에도 나가지 않았고 천주교에 별로 관심이 없었지만 원이와의 일로 마음이 매우 우울하고 죽는다는 생각에만 매달려 있던 때라, 그 일이라도 하면 좀 잊어버릴 수가 있을까 하는 생각에서 선뜻 찬성하고 학적부에 천주교라고 명시된 학생들을 모두 연락해서 모아 놓고 4학년 선배를 회장으로 추대하고 명동 성당에 계시던 나상조 신부님을 지도신부로 모시고 공대 천주교 학생회를 창설했다.

얼마 안 가 선배는 졸업을 하게 되어 그때 4학년 학생은 우리 둘 말고는 하나밖에 없었으니까, 셋 중에 누군가 회장을 맡아 해야 되는데 기준이는 건축과 과대표 일을 맡아보고 있었고, 다른 하나도 중요한 일을 하고 있었기 때문에 회장 자리가 결국 나한테 오고 말았다. 나는 마음속으로 일말의 가책을 느끼면서도 그 말은 하지 못하고, "이 일이 어떤 계기가 되어 원이와의 관계가 좋게 풀릴지도 모르지" 하는 막연한 기대를 가지고 그 일을 맡았다. 우스운 일은 그때까지 주일 미사에도 나가지 않던 내가 회장을 맡으면서부터는 열심히 교회에도 나가고 지도 신부님의 주선으로 숙명여대 천주교 학생회와 함께 합동 피정避靜을 갖기도 하고 그밖에 몇 가지 신심행사를 준비했던 생각이 난다. 그렇게 해서 나는 다시 천주교회에 붙들려 들어갔고 다시 神의 존재에 관한 문제를 가지고 씨름을 시작했다.

그때 읽은 책 중에서는 폴 틸리히Paul Tillich의 말에 인상 깊었던 기억이 난다. 그는, "神은 초월적인 존재로서 우리의 모든 감각과 지능까지도 초월하는 존재이기 때문에 우리가 神의 존재를 파악하는 것은 불가능하다. 그것은 마치 눈먼 장님한테 하늘은 파랗다느니 장미는 빨갛다느니 하면서 아무리 설명을 해 보아야 장님이 하늘이나 장미꽃의 색깔을 파악할 수 없는 것과 같다"라는 말을 한 것이다. 눈이 없으면 보인다, 안 보인다는 말을 할 수가 없고 귀가 없으면 들린다, 안 들린다는 말을 할 수가 없다. 神의 존재는 우리의 감각이나 인식능력을 가진 지능까지를 포함해서 인간 능력의 모두를 초월하는 존재이니까 우리는 神의 존재를 인식할 수조차 없다고 하는 것이다. 이것을 읽으면서, '神을 찾는다는 그 자체가 어리석은 일이로구나' 하는 생각이 번쩍 들면서 어렴풋이 神이 어떤 상태의 존재인지 짐작이 가는 것 같았다. 아무튼 틸리히의 이 말은 나를 깊이 생각하도록 만들기에 충분했다.

그때까지 읽은 어떤 말보다도 이 말은 힘 있게 나를 사로잡았다. 나에게는 그 어떤 말보다도 가장 설득력이 있는 말이었다. 무신론으로 기울던 내 마음이 다시 방향을 바꾸면서 또 다른 방황이 시작된 것이다. 아, 이렇게 말 한마디에 생각이 180도로 바뀌고 만다면 앞으로 또 어떤 말들을 들으며 내 생각은 엎치락뒤치락할 것인가 하는 생각에 나는 걷잡을 수 없는 무력감이 들기도 했다. 유명한 무신론자의 주장을 듣고 무신론자가 되었다가 권위 있는 유신론자의 말을 듣고 금방 유신론자가 되고 만다면 나는 언제 내 자신의 생각을 확립하고 방황을 멈출 수가 있단 말인가 하는 걱정이 들었다.

사랑의 미련과 신앙의 문제가 뒤범벅된 가운데 정신적인 방황을 거듭하고 있던 그때, 나에게 새로운 아가씨가 나타났다. 이 아가씨는 내가 럭비경기를 하는 도중에 상대편 선수로부터 거친 태클을 받아 생긴 탈장을 수술하러 메디컬센터에 입원했다가 만난 간호사 아가씨다. 퇴원하고 나서 나는 담당 의사와 내가 입원했던 병동 간호사 일동에게, 입원하고 있는 동안 잘 돌봐 주어서 감사하다는 편지를 보냈다. 특히 퇴원하던 날, 내가 입고 들어갔던 옷을 찾아다 입혀주며 자상하게 돌봐 주던 담당 간호사에게는 유니폼에 달고 있는 이름표를 보아 두었다가 따로 감사의 편지를 보냈다. 그러고 나서 얼마 있다가 그 담당 간호사한테서 회답이 날아왔다. 한동안 무거운 짐을 들거나 심한 운동을 하지 말고 각별히 몸조심을 하라는, 담당 의사한테서 이미 들어 알고 있는 주의 사항을 친절하게 적어 보내온 것이다. 공교롭게도 이것이 내가 평생 처음으로 여자한테서 받은 편지다. 이런 것을 인연이라고 해야 할는지. 원이의 일로 상심해 있던 나에게 이 편지는 굉장한 충격이 되었다. 나는 다시 고맙다는 회답을 보내면서 마침 그때 읽고 있던 인도 시인 타고르의 "기탄잘리" 제1절을 내가 한글로 번역한 내용을 넣어 보냈다. 그렇게 해서 우리는 서로 전화를 하는 사이가 되었다. 그러나 나는 학비를 마련할 길이 없어서 바로 군에 입대를 지원하였다. 아마 그때 그냥 군에 남아 있게 되었더라면 내 운명은 또 어떻게 달라졌을지 모른다. 그런데 논산 훈련소에서 신체검사를 받는 중에 군의관이 탈장 수술한 자리를 보더니 언제 수술을 했는지 묻고 이 상태로는 신병훈련을 받을 수 없으니 집에 가라는 것이다. 나는 이미 학교를 휴학한 상태이기 때문에 집에 가본들 학교에 다닐 수도 없을 테고 더 시간을 낭비하기가 싫어서 수술받은 뒤에도 럭비시합에 출전했던 이야기를 하며 웬만하면 그냥 훈련을 받도록 해 달라고 졸랐다. 군의관은 눈을 부릅뜨더니, "너 죽고 싶으냐? 집에 가라면 그냥 가" 하고 소리를 질렀다.

이렇게 해서 럭비선수가 돈 한 푼 안 들이고 군대를 면제받는 희한한 일이 일어났다. 그리고 그것이 간호사 아가씨와 더 가까워지는 계기가 되었다. 처음에 그 아가씨는 원이와의 관계에서 내가 입은 상처와 그 아픔을 하소연하는 내 말을 들어주는 말 상대 노릇을 해 주었다. 나는 그렇게 하소연을 하고 나면 답답하던 마음속이 좀 시원해지면서 점점 그 아가씨를 만나는 것이 좋아지게 되었다. 나이 스물 몇 살짜리 젊은이들이 어떤 빌미로라도 자주 만나는 일이 있게 될 때, 그 둘 사이에 무슨 일이 일어날 것인지는 불을 보듯 뻔한 일이었다. 나는 외로웠고 위로받고 싶었으며, 그 아가씨는 그때 내가 아쉬워하는 모든 것을 다 가지고 있었다. 이미 직장을 가지고 있던 그는 가난한 대학생인 나한테 가끔 밥도 사주고 차도 사주면서 말없이 내 말을 잘 들어주었고 나한테 도움이 되는 충고도 해 주었다.

우리는 점점 더 가까워졌다. 나는 두 번 휴학을 했기 때문에 나와 동기들이 모두 졸업을 한 뒤에 몇몇 다른 복학생들과 함께 1년 후배들과 같이 공부를 했다. 아마 그래서 더 외로웠는지도 모른다. 얼마쯤 그렇게 지내다 보니 그동안 늘 따라 다니던 우울함이나 외로운 생각이 차차 지워져 가고 있는 것을 깨닫게 되었다. 나는 내 마음속에 일어나고 있는 변화가 사랑일지도 모른다는 생각이 어렴풋이 들기 시작했다. 그때, 원이가 국내에 머물러 있기만 했더라도 간호사 아가씨와 사귀는 일은 일어나지 않았을지도 모른다. 그러나 원이는 프랑스로 가 버린 후 소식조차 없고 신부가 되기로 했던 나의 약속은 이제 구속력을 잃어버린 것 같았다. 나는 외로웠고, 그 간호사 아가씨는 나한테 다정했으니 젊은 내 가슴속에서 사랑이 움트는 것은 너무나 자연스러운 일이었을 것이다.

어느 날, 나의 모든 것을 다 알고 있는 그 아가씨에게 나는 사랑을 고백했다. 그렇게 해서 나는 원이가 아닌 다른 사람과 사랑을 하게 되었다. 지금 그때를 돌이켜 보면, 불과 2년 전에 내 생명보다도 더 소중했던 원이가 이 세상 어딘가에 살아 있는데, 그 원이를 제쳐두고 다른 사람을 사랑한다는 것이 어떻게 가능했을까 하고 의아스럽지만 어쨌든 나는 다른 사람을 사랑하고 있었다. 마음속에 아무런 거리낌도 없이.

4. 결혼, 그리고 캐나다로 이민

신부가 된다는 생각은 없어졌지만 천주교 학생회장을 지내면서 다시 다니게 된 교회는 졸업을 하고도 그냥 계속 다니고 있었다. 물론 폴 틸리히의 말에 깊은 영향을 받은 것도 사실이었다. 졸업을 하고 나는 한국전력에 취직이 되어 강원도 강릉으로 배치되었다. 거기에 강원지점 사옥 신축 공사가 있었는데 그 현장감독으로 지명이 된 것이다. 건축과를 졸업했다고 하지만 나는 그때 현장에서 일어나는 일은 아무것도 아는 것이 없었다. 현장 일꾼들은 "하시라(기둥)"니, "하리(보)"니, "가다와꾸(형틀)"니 하는 거의가 일본말로 된 용어를 쓰고 있어서 잘못하면 나이 어린 현장 감독은 겉돌기가 쉬웠다. 그래서 서울에 있는 본사에서는 이따금 경험 있는 기술직원을 보내 소위 기술지도 감독을 해 주었다.

어느 날, 지도 감독 차 출장 온 직원이 마침 김재령 씨라는 분으로 대학 4년 선배였다. 그 날은 일요일이었지만 공사장에는 주말이 없었고 현장에서는 1주에 7일간 일하는 것이 보통이었다. 그래도 나는 시간을 내서 주일 미사에 참석을 하곤 했는데, 선배 감독이 있다고 해서 못 갈 일도 아니고 해서,

"선배님, 제가 한 시간쯤 가 보아야 할 일이 있는데요. 한 시간만 혼자서 현장을 좀 지켜주세요." 하고 부탁을 했더니,

"어디 좋은데 가는 모양이지? 나도 좀 데리고 가지 그래." 하고 대답하는 것이었다. 나는 교회 간다는 말은 하지 못하고 그냥,

"좋은데 아니에요. 잠깐 다녀올 테니 그냥 여기 좀 계셔요." 하고 말려도 막무가내로 따라 간다는 것이다.

나는 속으로, 남들은 일부러 선교 활동도 한다는데 스스로 가겠다는 사람을 왜 안 데리고 가랴 싶어,

"그래요 그럼 같이 가요. 가보면 아마 후회하실 걸요." 하면서 논두렁길을 따라 앞장서 걷는데 한참 따라 오던 선배가 하는 말이,

"성당에 가는 거지? 나는 다 알아. 사실은 나도 교우야. 그런데 미스터 신이 나를 보고도 교우인 줄을 몰랐다면 나는 아직도 멀었어. 내 말 좀 들어 봐. 선생 노릇을 한 십 년 하고 나면 누가 보아도 그 사람은 선생 티가 나지? 또 군인으로 한 십 년 근무한 사람은 사복을 입어도 군인 냄새가 저절로 나지 않아? 나는 명색이 태내胎內 교우인데 미스터 신이 나를 보고도 교우인 줄을 몰라보았다면 나한테 문제가 많지. 안 그래?"

나는 이때까지 기독교 신자 중에 이만큼 겸손한 사람을 본 적이 없었다. 흔히 사람 많은 데서 큰소리로 기도를 한다든지 아니면 자기가 신자라는 것을 알리려는 듯이 성경이나 묵주 같은 것을 보란 듯이 들고 다니면서 말과 행동은 교회에 다니지 않는 사람만도 못한 사람들이 얼마나 많은가. 이 선배를 만난 뒤로 나는 신앙생활이 과연 어떠해야 하는지 아주 좋은 교훈을 배웠다. 그 뒤로는 가끔씩 그 선배의 말을 떠올리며, "나는 어떤가?" 하고 반성해 보는 일이 있게 되었다.

강릉에서 2년 동안 근무하면서 지점 사옥 신축이 끝난 뒤에는 삼척, 정선, 황지, 사북, 상동 등지에 변전소 개폐소 건물들을 지으며 시간을 보냈다. 시간을 보냈다기보다는 그런 일을 하는 동안에 시간이 훌쩍 가버렸다고 하는 것이 맞는 말이다. 나는 그렇게 바빴다. 현장에는 출근 시간도 퇴근 시간도 따로 없었다. 새벽부터 시작해서 밤 열 시가 넘어야 끝나는 날이 많았다. 공사 일꾼들은 시간이 되면 교대라도 하지만 사무실에 기술자라고는 나 하나밖에 없으니 나를 교대하여 줄 기술직원은 아무도 없었다. 그렇게 바쁜 중에도 서울에 있는 간호사 유리아에게는 하루도 거르지 않고 꼬박꼬박 편지를 써서 보냈다.

1963년경, 그 당시에 사북은 초가집 여남은 채가 드문드문 흩어져 있는 그야말로 작은 산골 마을이었다. 황지에서 사북으로 넘어가는 교통수단이라고는 석탄을 운반하는 트럭을 얻어 타는 것 밖에 다른 방법이 없었다. 그때, 산골 지방으로 출장을 가면 시골 하숙집에서는 두 방 사이의 벽 천장 쪽에 구멍을 내고 전등 하나로 두 방을 밝히는 집이 많았다. 그리고 밤 열 시만 되면 모든 등불을 다 꺼버리고 말았다. 나는 편지를 쓰다 말고 불이 꺼지니까 어떻게 해 볼 도리가 없었다. 그렇다고 매일 쓰는 편지를 거를 수가 없어서 담배 불을 피워 들고 그 담배 불로 한자, 한자 비춰가며 편지를 쓴 적도 있었다. 더러 편지지가 누릇누릇하게 누른 데도 있어서 보기는 좀 안 됐지만, 아무튼 그렇게 해서라도 나는 하루도 편지를 거른 적은 없었다. 2년이 지나고 나니 내가 쓴 편지가 700통이 넘었다고 한다. 2년이면 정확히 730일이지만 그 나머지 30일은 내가 가끔 서울에 가서 잠깐씩 유리아를 만나고 있었던 날들이 된다.

  강릉 생활 2년 동안에 서울에서 내려간 다른 20여 명의 내 또래의 젊은 신입사원들은 해수욕장으로 설악산으로 잘들 어울려 놀러 다니는 모양이었지만, 일요일도 일해야 하는 나는 2년 동안 강릉에 있으면서도 그 유명하다는 경포대조차 한 번도 가본 적이 없다. 오직 일과 사랑이 내 생활의 전부였다. 그리고, 그때까지도 神의 존재에 관하여 손에 잡힐 듯 확실하게 확신이 서지 않아서 틈틈이 그 문제에 관한 책을 찾아 계속 읽었다. 신부가 되겠다는 생각을 하고 있었던 것은 아니지만 神의 존재를 추구하다가 결론을 내지 못하고 어정쩡하게 물러선다는 것이 영 마음에 걸렸다. 성실한 교우로 살아가기 위해서도 어떻게 해서든지 이 문제만은 결론을 내야 할 것 같았다.

그러던 어느 날, 우연히 교회 서점에서 『진리의 본원』이라는 조그마한 책이 눈에 띄어 샀다. 이 책은 기독교의 기초신학을 다룬 책이었다. 맨 첫 장章이 神의 존재를 설명하는 장이다. 우주의 질서, 원자 세계의 신비, 생명의 경이, 인간의 도덕심 등이 우연히 생겼다고 할 수는 없고 결과는 반드시 원인이 있어야 하는데 이런 자연 현상의 놀랄만한 결과의 궁극적 원인이 바로 神이라고 하는 이야기를 하고 있었다. 나는 그때 밤늦도록 일을 한 뒤였지만 피곤한 줄도 모르고 하숙방에서 그 책에 빠져 거의 밤을 새워가며 그 책을 읽었다. 그 책이 논리를 전개해 나가는 방법이 매우 인상적이었다. 그 책을 다 읽고 났을 때, 내 머리 속에는 "과연 무엇인가 있기는 있구나." 하는 생각이 들기 시작했다.

그러나 문제는 그 궁극적 원인을 神이라고 이름 붙일 때 그 神과 예수의 아버지 되는 神, 즉 기독교의 성부, 야훼와는 어떤 관계가 있는가 하는 의문이 들었다. 이 책이 주장하는 논리는 폴 틸리히Paul Tillich(독일, 1886~1965)의 막연한 추정, 즉 神은 우리의 감각이나 지능까지를 초월해서 존재하는 분이시니 그 존재를 파악하거나 인식할 수조차 없다고 하는 막연한 추정보다는 좀 더 구체적이긴 하지만 그것이 기독교의 하느님과 어떤 관계가 있는지는 전혀 설명이 되어 있지 않았다. 그것은 아인슈타인이 『나의 세계관』이라는 책에서, "온 우주에 가득 찬 질서"라고 하는 그 "질서"와 같은 것이 아닌가 싶었다. 아무래도 그 궁극적 원인이라는 것도 막연하기는 폴 틸리히의 추정과 마찬가지가 아닌가 싶어 기독교에서 말하는 하느님이라는 개념과는 아직도 거리가 멀다는 생각이 들었다.

강릉에서 2년 동안 근무를 마치고 나는 본사로 전근이 되었다. 서울

본사의 분위기는 지방 사무실과는 판이하게 달랐다. 뒤를 보살펴주는 소위 백과 돈이 판을 치고 나처럼 백이 없는 사람은 걸핏하면 시골로 밀려나기가 십상이었다. 본사로 전근된 지 3개월 만에 나는 밀려서 다시 지방으로 내려가야 할 입장이 되었다. 그때 강릉 지점장으로 있으면서 나를 알던 분이 본사의 인사 담당 차장이었는데 이분이 나를 다시 지방으로 보내는 것은 공평하지 않다고 주장해서 가까스로 본사에 남아 있게 되었다.

본사 근무를 하면서 결혼을 하고 사글셋방을 얻어 가난한 새살림을 시작했다. 그러나 회사 안에 만연한 부정과 부패, 또 가난하기 때문에 어쩔 수 없이 유혹을 받게 되는 사정, 이런 모든 것들이 나를 몹시 지치게 만들었다. 지방 사업장에서 시행되는 공사의 감독이나 검사 일로 지방에 출장을 갔을 때, 일을 모두 마치고 여관을 나오며 돈을 내려고 하면, 어느새 여관비가 이미 지불되어 있는 일이 있었다. 말할 것도 없이 업자가 다 낸 것이다. 나는 한 푼 돈이 아쉬울 때인데도 그렇게 해서 남는 출장비를 살림에 보태 쓰기가 영 꺼림칙해서 남은 돈을 그냥 아무렇게나 써버리곤 했다.

그러면서도 새살림을 시작한 유리아와 나는 열심히 저축을 해서 집을 사기로 약속하고, 우리는 유리아의 월급만으로 살림살이를 꾸려나가고 내 월급은 몽땅 저축을 했다. 유리아의 계산으로는 이렇게 3년만 하면 120만 원쯤 되는데 그때 150만 원쯤 하는 12평짜리 흙벽돌로 지은 후생주택을 사서 그 집을 30만 원에 전세를 주고 그 집에 방을 하나 얻어서 또 한 1년 고생을 하면 그 집이 완전히 우리 집이 된다는 것이다. 물론 나도 동의하고 실천에 들어갔다. 그때 우리 둘의 수입으로

3년 만에 120만 원을 만들려면 그야말로 혹독한 내핍생활을 하지 않으면 불가능한 일이었다. 실제로 우리는 3년 동안 거의 김치와 콩나물 국만 먹고 살았다.

나는 지금도 술을 안 마시는데, 그때 술을 마신다는 것은 생각조차 못할 일이었으니까 아예 술은 못 마시는 걸로 친구나 동료 직원들한테도 공표를 하고 살았다. 아버지는 물론이고 형님과 동생들도 모두 호주豪酒 소리를 듣는 집안이니까 내가 술을 못 마실 이유는 조금도 없었지만, 나는 아예 술을 입에 대지 않기로 단단히 마음을 먹었다. 한국에서 소위 노가다라고 하는 건설 기술자가 술을 안 마신다는 것이 얼마나 어려운 일인지 겪어보지 않은 사람은 아마 짐작도 못할 것이다. 가끔 누가 사주는 술을 마실 기회가 있었지만 그런 술을 받아먹으면 언젠가는 나도 술을 사야 하기 때문에 아예 사준다는 술도 철저하게 마시지 않았다.

그렇게 3년이 지났다. 계획대로 120만 원의 저축은 되었지만 150만 원 하던 집이 그새 올라서 200만 원이 되었다는 것이다. 우리는 크게 낙심을 했지만, 유리아는 이미 저축해 둔 120만 원은 이자놀이를 하고 내 월급도 좀 올랐으니까 1년만 또 참고 저축을 하면 180만 원을 만들 수가 있다고 한다. 우리는 1년을 또 참고 살았다. 그러나 1년 뒤에 그 집은 250만 원이 되었다. 이것은 마치 토끼와 거북이의 경주를 보고 있는 것 같았다. 나는 앞이 캄캄해지는 절망감을 느꼈다. 아, 이 나라에서는 정직하게 산다는 것이 불가능하구나 싶었다. 소위 우리나라 최고의 일류대학을 나온 기술자가 일류의 기업체에서 일하면서 이렇게 앞날이 캄캄하다면 그 대책이 과연 무엇일까? 부정과 타협을 할까? 장사를 해 볼까? 하고 며칠 동안 밤잠을 설쳐가며 궁리를 해 보았지만 도무지 해결할 수 있는 길이 보이지 않았다.

얼마 후에 우연히 캐나다 이민 가는 길이 있다는 것을 알게 되어 우리 부부는 캐나다 이민을 신청해 보기로 의논이 되었다. 그러나 그때만 해도 이민이란 실패한 사람들이나 가는 것으로 알고 있던 때여서 썩 마음이 내키는 것은 아니었다. 이민 신청 용지를 써 내려가다가 귀찮으면 그냥 밀어두었다가 회사에서 상급자와 다투는 일이 있는 날이면 또 끄집어내어 몇 줄을 더 쓰고 하면서 그 신청서 하나를 작성하는 데 꽤 오랜 시간을 보냈다. 그만큼 이민 가는 일에 내 마음이 주저하고 있었다. 할 수만 있으면 왜 내 조국에서 살아가기를 마다할 것인가.

어느 날, 강릉에서 같이 근무하며 친하게 지내던 친구가 전화를 하여 차나 한 잔 하자고 해서 다방에 가서 마주 앉았다. 그는 같은 회사의 자재부에 근무하고 있었다. 차를 마시며 몇 마디 말을 주고받은 뒤, 그는 대뜸,

"신형, 도둑질을 좀 늦게 하면 죄가 가벼워지나?" 하고 묻는 것이었다. 나는 그 말이 무슨 뜻인지 몰라,

"그게 무슨 소리야?" 하고 물었더니,

"지금 우리 자재부는 온통 도둑놈 소굴이야. 퇴근할 때 보면 다른 직원들은 서랍마다 돈이 가득해. 전부 업자들한테 받은 돈이지. 나는 내가 얼마나 그 돈을 안 받고 버틸지 알 수가 없어." 하고 침통한 얼굴로 나를 쳐다보는 것이었다. 나와 같이 신입사원인 그는 나처럼 집을 사려고 월급의 대부분을 곗돈으로 저축을 하며 어렵게 살고 있었다. 두 달만 있으면 그의 아내는 첫 아이를 낳게 된다고 한다. 그런데 미역 살

돈, 기저귀 살 돈도 충분하지가 않다는 것이다. 그러니까 지금은 업자들한테서 돈을 받지 않지만, 아이라도 생기면 살림은 더 쪼들릴 텐데 그때 가서는 자기도 돈을 안 받는다고 장담할 수 없다는 것이다. 그렇게 되면 지금 안 받는다고 그게 무슨 소용이냐 하고 묻는 것이다. 이야기를 다 듣고 나서 나는,

"받아, 받아. 까짓것 모두들 받는데 정형이라고 못 받을 게 뭐야."
하고 내뱉듯이 소리를 질렀다.

그날 밤, 나는 너무 마음이 울적해서 캐나다 이민 신청서를 다시 꺼내어 작성을 끝내고, 그다음 날 바로 우편으로 부치고 말았다. 한 달만에 우리 이민 신청은 받아들여졌고, 신체검사를 받은 뒤 소위 비자라는 것이 나왔다.

우리는 그렇게 해서 68년 2월에 두 살짜리 아들과 그때 둘째 아이로 만삭인 아내와 함께, 아는 사람이라고는 하나도 없는 캐나다에 왔다. 영어도 시원치 않았고 물론 가진 돈도 없었다. 지금 생각하면 그때 어떻게 그런 용기를 낼 수 있었는지 알 수가 없다. 아마 철저한 절망감이 나를 떠밀었을 것이다.

5. 토론토 한인 천주교회

토론토에 도착하고 나서 얼마 있으니까 같은 집 3층에 세 들어 살고 있던 친구가 시내 천주교회에서 한국 사람들이 모인다고 나 보고도 같이 가 보자고 권했다. 나가 보니 약 20여 명의 낯선 사람들이 모여 있

었다. 대부분이 서독에 광부로 가서 일을 하다 캐나다로 이민 온 젊은 이들이었다. 우리는 정기적으로 같이 모이기로 하고 한국인 교회를 만들어 나갈 준비를 했다. 우여곡절 끝에 몬트리올에 계시던 고종옥 신부를 모시고 와서 정식으로 한인 천주교회를 창설하고 토론토 교구의 인가도 받았다. 초창기의 이 교회에서 나는 많은 봉사를 했다는 생각이 든다.

나는 처음 3년 동안 서기, 문화부 등의 부서 일을 맡아 교회 주보를 만드는 일과 기록을 맡아보았다. 주보에 교리강좌를 연재하는 일도 내가 맡아서 했다. 특기할 만한 일이 하나 있었다. 그때는 제2차 바티칸 공의회가 끝나고 교회 안에 혁신이 일어나고 있는 때였다. 여러 가지 예절이 바뀌기도 하고 기도문, 미사경문 등이 쉬운 말로 개정되는 바람에 오랫동안 외국에 나가 있던 서독 광부나 간호사 출신들을 어리둥절하게 만들었다. 나는 전에 가정교사를 하던 원이네 집에 부탁하여 그 부모님께서 새 미사경본 50권과 성가 책 20권을 보내와 참으로 요긴하게 썼다. 그 고마운 은혜에 보답도 하지 못한 채 원이네 부모는 돌아가시고 말았다.

10여 년 이상 나는 우리 교회에서 열심히 봉사했다. 그러면서 그때까지도 해결을 보지 못하고 있었던 神의 존재에 관하여 좀 더 알아 볼 생각으로 본격적으로 교회에서 나온 책과 다른 신앙에 관한 책들을 읽었다. 솔직히 말해서 그때까지도 나는 흔히 성경이라고 부르는 기독교의 경전을 한 번도 다 읽어 본 일이 없었다. 아마 읽을 수가 없었다고 말하는 편이 옳을 것이다. 성령의 감도感導하심으로 기록된 하느님의 말씀이라고는 도저히 생각되지가 않았다.

물론 산상수훈山上垂訓이나 착한 사마리아 사람 이야기, 돌아온 탕자 이야기, 구약의 시편에 나오는 주옥같은 시들이라든지 감명 깊게 읽은 대목이 없지는 않았지만, 전체적으로 볼 때 미안한 일이지만 나한테는 이 경전은 모순투성이일 뿐이었다. 기독교 정신이 밑바탕에 깔려있는 서양문화를 이해하기 위해서는 성경은 반드시 읽어야 하는 책 가운데 하나라고 하지만 나는 솔직하게 고백하건대 우선 재미가 없어서 성경을 좋은 책이라고 생각할 수가 없었다. 성경보다는 중국의 오경웅吳經熊 John C. H. Wu(1899~1986) 박사가 쓴 『동서의 피안』, 김홍섭 판사가 쓴 『무상을 넘어서』라든지 『성 프란치스코 전기』나 『막시밀리안 콜베 신부 이야기』, 『다미안 신부 이야기』 간디의 자서전, 『나의 진리 실험에 관한 이야기』, 독일의 심리학자 빅토르 프랭클Viktor Emil Frankl(1905~1997)이 쓴 『Mens Search for Meaning』, 또는 '크로닌'이라는 작가가 쓴 『천국의 열쇠』라는 소설책이 훨씬 더 감명 깊었다.

오경웅 박사는 잘 알려진 바와 같이 현대 중국이 낳은 천재로 법학이 전공이지만 문학, 철학, 신학 등 여러 방면에서 남이 따라오지 못할 독보적인 위치에 올라 있었으며 중국 안에서보다는 미국과 유럽에서 더 많이 알려진 사람이다. 장개석 정부에서 유엔 주재 대표로 입법원의 외교 분과 위원장으로 활약하기도 했으며, 한 때 로마 교황청 주재 중국대사를 지내기도 했다. 그러나 그의 이런 공직보다는 그가 약관 22세 때에 미시간 법과대학에 재학 중, 당시 미국 법조계의 거물이던 80세의 대법관 올리버 W 홈쓰와 친구로 사귄 이야기가 더 유명하다. 오 박사는 〈미시간 법학 평론〉이라는 법률 전문 잡지에 "중국 고대 법전 및 중국의 법과 법철학에 관한 기타자료"라는 논문을 발표하고 비교법철학에 흥미가 있다는 홈쓰 대법관에게 그 논문 한 부를 보냈다.

홈쓰 대법관은 그 논문을 받고 금방 친필로 최대의 찬사를 곁들여 한 번도 만나 본 일이 없는 나이 어린 한 대학생에게 깍듯이 대학자를 대하는 예의를 갖추어 회답을 보내왔다고 한다. 그 뒤로 두 사람은 홈쓰 대법관이 세상을 떠날 때까지 백년지기 같이 친구로 사귀었다. 이렇게 천재적인 사람이 중년의 나이가 되면서 천주교인이 되었다. 그는 천주교회에 들어오기 전까지의 38년간을 뛰어난 재능과 사회적인 지위를 이용하여 세속적인 쾌락을 탐하며 방자하기 짝이 없는 삶을 살았노라고 고백하면서 자신을 죄인 중에 가장 으뜸가는 죄인이라고 참회한다. 그 뒤로 그는 수도자와 같은 생활을 하며 평생을 독실한 신자로 살았다는 사실에 나는 깊은 감동을 받았다.

김홍섭 판사(1915~1965)는 판사 시절에 고무신을 신고 다닌다고 해서 고무신 판사로 유명한 사람이다. 김창룡을 암살한 주범으로 기소된 허태영에게 사형을 언도하고 나서 그 자리에서 법복을 벗고 피고석으로 내려가 허태영의 손을 잡고,

"이 세상 법으로 나는 할 수 없이 당신에게 사형을 언도했습니다. 그러나 하늘의 법으로는 오히려 내가 죽을죄를 지었는지도 모르겠습니다. 이 세상 법으로 판결할 수밖에 없는 나를 용서하시오."라고 사과하고, 그 뒤에 형무소로 찾아가 허태영이 사형을 당하기 전에 김 판사가 대부가 되어 세례를 받게 했다. 김 판사는 젊어서부터 인생의 문제, 우주의 문제 등에 관심을 가지고 그 의미를 찾아 나서서 처음에는 예수교 장로교에서, 다음엔 불교에서 그 나름대로 진리를 찾아보려고 애를 쓰다가 결국 천주교에 정착하여 깊은 신앙 안에서 말년을 아주 행복하게 보낸 사람이다. 토마스 아 켐피스가 수도자들의 지침서로 썼다는 『준주성범遵主聖範 Imitation of Christ』이라는 책을 38번이나 거듭 읽으면

서 기도와 명상에 힘쓰며 수도자와 같은 태도로 평생을 살았다. 『무상을 넘어서』라는 책은 그의 진리 탐구의 행적을 그린 자서전적 수상록이다.

간디Gandhi(인도, 1869~1948)의 자서전을 읽으면서 내가 생각한 것은 사람이 이만큼 성실하고 욕심 없이 살 수가 있을까 하고 감탄하면서 우리가 성인이라고 부르는 공자나 석가 또는 예수가 한 인간으로서 간디보다 더 훌륭한 인생을 살았을까 하는 의문이 일어났다. 본래 성품이 착한 간디는 아이들한테도 항상 다정한 아버지였다. 그런데 아이 셋을 낳고 보니, 아이들을 돌보는 데만도 너무 많은 시간을 뺏기게 되는 것을 깨닫고는 부인과 상의하여 더이상 아이를 안 낳기로 하고, 31세 되던 해부터 금욕생활을 했다고 한다. 간디 부부는 그 뒤로는 더 아이를 낳지 않았다. 나는 간디가 아이를 낳지 않기 위해서, 요새 널리 사용되고 있는 어떤 피임법을 사용했으리라고는 생각하지 않는다.

군사독재가 한창이던 시절, 종교인들이 민주화 운동과 인권 존중을 위한 투쟁에 가담했을 때, 어떤 권력 해바라기 형 성직자들은, 종교와 정치는 구별되어야 한다고 주장하면서 종교인은 정치에 관여해서는 안 된다고 그럴듯한 소리를 한 적이 있었다. 꽤 많은 사람들이 이 말에 동감을 나타내는 혼란이 좀 있었던 것 같다. 이런 태도에 대하여 간디는, "가장 보잘 것 없는 미물까지 내 몸처럼 사랑하고 아끼는 마음이 없이는 참 종교인이라고 할 수가 없다. 더구나 사람한테야 더 말을 해 무엇 하랴. 종교가 정치와 아무 상관이 없다고 주장하는 사람은 종교가 정말 무엇인지를 알지 못하기 때문에 하는 소리다."라고 일갈한다. 그 책을 읽는 동안 여기저기에서 여러 번 감동하는 일이 있었지만, 한 마디만 소개를 한다면 나는 서슴지 않고 다음 말을 들겠다.

"내가 성취하고자 하는 것, 즉 이 30년 동안 성취하려고 애를 쓰며 노력해 온 것은 자아의 실현이다. 그리하여 神을 만나고 생사의 문제를 초월하는 것이다. 나는 이 목적을 위해서 살아왔고 움직이며 존재하는 것이다. 나는 이 목적을 성취할 수만 있다면, 즉 神을 만나 생사의 문제를 초월할 수만 있다면 기꺼이 내 목숨까지도 희생할 것이다."

『Mens Search for Meaning』이라는 책은 빅토르 프랭클이 2차 대전 중 독일의 나치 정권에 의하여 아우슈비츠 유대인 수용소에 갇혀서 순간순간 죽음과 직면하며 최악의 생존 상태에서 강제노동에 시달리며 동료들이 겪는 고통과 죽음을 관찰한 이야기를 기록한 책이다. 어느 날 새벽 한 동료가 어린애처럼 목을 놓아 우는 것을 보게 되었다. 웬일인가 하고 가 보았더니, 그 동료는 동상 걸린 발이 너무 부어서 신발을 신을 수가 없게 된 것이다. 영하 20 몇 도가 되는 혹독한 추위에 멀건 국물 한 접시를 마시고 신발도 양말도 없이 퉁퉁 부은 맨발로 그 언 땅을 걸어가지 않으면 안 되는 것이다. 인간 생명의 한계상황을 시험하고 있던 나치들로서는 동정은커녕 오히려 잘된 일이었을 것이다. 이렇게 해서 유대인들은 강제 노동 일터로 나가며 행진하는 도중에도 죽어갔다. 그 책에서 한 마디를 인용하고자 한다.

"인간은 무엇을 위해, 또는 누군가를 위해, 즉 어떤 대의大義나 동료를 위해, 아니면 사랑을 위해, 또는 神을 위해 먼저 자신을 잊어버릴 정도가 되었을 때, 비로소 역설적으로 자기를 발견하게 된다."

나는 이 말을 충분히 이해할 만큼 간절히 사랑한 경험이 있었기 때문에 더욱 감명 깊게 읽을 수가 있었다.

이렇게 좋은 책들을 읽으면서 나의 신앙생활은 위태위태하면서도 그럭저럭 유지되어 가고 있었다. 교회 안에는 내 마음에 썩 들지 않는 구석이 많았지만 저렇게 훌륭한 사람들이 한결같이 믿는 신앙이라면 나같이 어리석은 사람이 왜 못 믿으랴 하는 생각이 나의 신앙생활을 도와주었다. 그렇게 시간이 지나가는 동안에 몇몇 성직자들을 만나게 된 것도 나의 신앙생활에 큰 도움이 되었다.

처음으로 이야기를 할 사람은 1986년 여름에 서울에서 찾아온 정의채(1925~, 평북 정주) 신부다. 정 신부는 토론토 교민들을 상대로 5일간 시내 고등학교 강당에서 신앙 강좌를 해 주었다. 그 강좌 중에 정 신부는 플라톤에서 부터 아리스토텔레스를 거쳐 토마스 아퀴나스, 아우구스티누스에 이르기까지 유신론적 철학의 발전을 설명하고 19세기 계몽사상이 일어나면서 神을 부정하는 소리가 나오고 이에 대항하여 현대에 와서 키에르케고르, 야스퍼스 등이 유신론적 실존주의를 확립했다는 이야기를 해 주었다. 인간은 죄로 말미암아 항상 불안한 존재이며, 그 불안을 극복하기 위해서는 神에게로 돌아가야 한다고 역설했다.

닷새 동안 계속된 강의 중에 특히 지금도 기억에 남는 것은, "神이란 참으로 이상한 존재여서, 있다고 생각을 하면 꼭 없을 것 같고, 없다고 생각을 하면 꼭 있을 것 같은 묘한 존재"라는 말을 한 것이다. 이 말은 그동안 내가 神을 찾아 헤매면서 경험으로 막연하게 느끼고 있었던 것을 꼭 집어내어 표현하는 말이었다.

다음에는 동국대학교 불교문화 연구소 소장을 지냈다는 채인환(1931 ~2018) 스님. 역시 토론토 교민을 대상으로 공개 법회를 할 때 참석하여 강의를 들었다. 1989년 겨울이었다고 생각된다. 이때 쯤에는 내가 한창 神의 존재 문제로 목말라 하면서 누구의 말이라도 도움이 될 만하다고 생각되면 찾아가 들을 때였다. 불교 스님뿐만 아니라 훌륭하다고 소문난 개신교 목사의 설교도 여러 번 들으러 갔었다. 채인환 스님의 법회에서 들은 말 중에 특별히 기억에 남는 것은, "사람이 눈을 감으면 아무것도 안 보이지요? 장님에게 이 꽃이 아름답다는 둥 하늘이 파랗다는 둥 하면 그 말을 알아듣겠어요? 마찬가지로 사람이 마음의 눈, 심안心眼을 뜨지 않으면 영혼이나 神을 볼 수가 없어요. 사람들이 심안을 뜰 생각은 안 하고 神은 없다, 영혼 같은 것은 없다고 주장한다."라는 말이었다. 이 말은 앞에 얘기한 폴 틸리히의 말과 비슷하지만 틸리히는, 神은 초월한 존재이기 때문에 우리 감각이나 지능으로는 파악 할 수 없는 존재라고, 비관적인 견해를 보이는데 채 스님의 말은 심안을 뜨기만 하면 神도 영혼도 환하게 보인다고 하는 점에서 낙관적이요 희망적이라고 할 수 있겠다.

주매분 수녀는 중국 태생으로 젊었을 때 한국에 파견되어 성심여고 교장, 성심여대 학장을 지냈고, 미국 시카고 대학에서 철학박사 학위를 받은 지성인이다. 영어와 불어는 물론이고, 일본어와 한국어도 유창하다. 내가 처음 만났을 때 나는 주 수녀가 한국 사람인 줄 알 정도로 한국말을 잘한다. 오랫동안 토론토에 있으면서 한인 천주교회에도 자주 나와 신앙 지도를 해 주었으며, 개인적으로도 나하고는 친하게 지냈다. 내가 교회 출판물에 〈하느님은 참으로 계심〉이라는 제목으로 그때까지 알고 있던 기초신학의 지식과 다른 책에서 읽은 이야기들을 종합해서 몇 달 동안 연재하고 있을 때, 주 수녀는 "미스터 신은 하느님을 머리로 이해하려고 하는데, 하느님은 가슴으로 느껴야 합니다."라고 충고해 주신 분이다. 말년에 중국 천주교회로 돌아가서 거기서 성직자 양성에 적극적으로 헌신하다가 지금은 은퇴하여 캐나다의 시골 수도원에서 조용히 지낸다. 꼭 집어서 어떻게 내가 도움을 받았다고 얘기 할 수는 없어도 개인적으로 그 얼굴에서 풍기는 분위기만으로도 나는 많은 감명을 받았다. 수녀의 몸이면서도 귀고리를 할 정도로 형식에만 얽매이지는 않는 시대에 앞서가는 수도자라고 할 수 있다.

김수환(1922~2009) 추기경. 2009년에 세상을 떠난 김 추기경은 이미 한국에서 잘 알려져 있는 분이라 더 보태서 얘기할 것이 별로 없지만, 추기경으로 서품된 다음 해인 1970년에 로마에 갔다가 귀국하는 길에 잠깐 토론토에 들려 그때 한참 교회를 만들어 나가노라고 분주하던 우리들에게 따뜻한 격려와 충고를 해 주었고, 1982년 김 추기경이 환갑되던 해에 공식적으로 다시 찾아와 교민 전체를 위한 강론을 해 주었다. 그때는 한국에서 전두환 정권이 들어서서 광주 사태가 일어난 직후여서 신자들은 물론이고, 일반 교민들 사이에서도 김 추기경에 대한 관심이 매우 높은 때였다. 나는 교회 임원은 아니었지만, 주임신부의 배려로 모든 공식적인 행사와 교회 임원댁에서 베푸는 저녁 식사 모임에까지 참석하면서 가까이에서 김 추기경을 만나 볼 수가 있었다.

그 전에 서울에서 발행되는 신문이나 잡지에 소개된 김 추기경에 관한 일화들, 순교자의 후예라든지, 학병으로 군대에 나갔다가 일본군이 패망하면서 미군의 포로가 되었을 때 미군 사령관을 만나 한국 사람은 모두 강제로 끌려 온 사람들이니, 포로로 대우하는 것은 옳지 않다고 설득하고 배편이 되는대로 한국 출신들은 고향으로 돌려보내기로 승낙을 받고, 김 추기경은 끝까지 남아서 마지막 동포가 배를 탈 때까지 돌보아 주었다든지 하는 이야기들을 많이 알고 있었지만 참으로 소탈하고 겸손하고 꾸밈이 없는 분이라는 인상을 받았다. 교황으로 선출될 수도 있는 어마어마하게 높은 분이라기보다는 마치 가까운 친척 아저씨 같이 그 앞에서 어리광이라도 부리고 싶은 따뜻한 인품이 배어 있는 분이었다.

신앙이란, 이렇게 말보다는 보이지 않는 인품으로 더 많은 감명을 주는 것이 아닌가 생각되었다. 강론 중에 한 말 가운데서 특히 기억에 남는 것은, 명동성당 구내에 몸이 몹시 심하게 불구가 되고 얼굴조차 정상이 아니어서 보기에 매우 언짢은 사람이 하나 살고 있는데, 그럼에도 불구하고 이 사람 얼굴을 보면 항상 평온하고 기쁨에 차 있는 듯 하다면서, "깊은 신앙심은 가장 불행한 사람을 가장 행복하게 해 준다"는 말과 그리고 이어서 "인간은 누구나 존엄하다고 합니다. 늙었거나 젊었거나 불구이거나 건강하거나 가릴 것 없이 인간은 모두 존엄합니다. 왜 인간이 이렇게 존엄한가 하는 이유를 따져 보면 인간은 하느님의 모습으로 창조되었기 때문이라는 것밖에는 다른 이유를 찾아볼 수가 없습니다."라는 말이었다. 나는 오랫동안 이 말을 깊이 생각해 보았다.

세상을 떠나기 얼마 전에, 그의 인품을 알게 해주는 한 일화를 남기고 떠났다.

암으로 투병중인 이해인 수녀가 역시 병이 나서 입원해 있던 김 추기경을 찾아갔을 때 일이다. 이해인 수녀가 일어나기 전에 김 추기경한테 기도를 부탁했더니 뜻밖에도 김 추기경은 좀 길게 기도를 하더라

고 한다. 이때, 이 수녀가 미안해서,

"몸도 편치 않으신데 간단히 하시지 그러세요?"라고 말씀드렸더니,

"나는 또, 이 수녀가 문인文人이라 길래 좀 잘해 보려고 그랬는데…"라고 대답하며 소박하게 웃더라고 한다.

이렇게 훌륭한 성직자들과 좋은 책의 영향으로 내 신앙은 힘들게나마 버텨가고 있었다. 그러나 종교를 갖지 않은 친구들이 교회를 비난하거나 성직자를 욕하는 경우, 그래도 교회는 우리 것이라는 생각이 있어서 팔이 안으로만 굽듯이 열심히 변명을 하며 교회를 감쌌다. 나 자신이 교회가 참으로 옳다거나 잘한다는 생각이 있어서라기보다는 그저 내가 이 교회의 한 사람이라는 단순한 생각으로 교회를 무조건 변호하고 감싸려고만 했었다. 그러다가 내 신앙생활에 혁명적이라고나 할, 일대 전기가 되는 일이 일어났다. 그 일은 공교롭게도 우리 집 귀염둥이 딸, 로사한테서 왔다.

6. 로사의 질문

로사는 대학을 졸업하고 평생소원이던 선생이 되기 위해서 사범학교 Teachers College로 진학했다. 온태리오 주는 천주교 인구가 거의 절반에 가까워서 교육청이 공립 교육청과 천주교 교육청 두 개로 나누어져 있다. 그래서 사범학교 교육과정도 공립과정과 천주교 과정으로 나누어져 있다. 로사는 천주교 집안에 태어나서 초등학교부터 고등학교까지 천주교 계통의 학교를 나왔으니까 당연히 천주교 과정으로 등록하고 학교를 다니고 있었다. 한 학기를 마쳤을 때, 로사는 나를 불러 앉

혀 놓더니 얘기를 좀 하자는 것이었다.

"아빠, 나는 공립학교 과정으로 옮길래요."

"왜 갑자기."

"천주교 과정을 졸업하면 천주교 학교 선생이 되는데 선생으로 부임하면 교실에 들어가 맨 먼저 학생들 앞에서 사도신경을 외우며 그것을 다 믿는다고 선서를 해야 한다고 합니다. 난 그건 못하겠어요."

"그건 또 왜."

"나는 그걸 믿을 수가 없으니까요."

"사도신경 가운데서 무얼 못 믿겠다는 거냐?"

"예수가 성령으로 동정녀 몸에 잉태되어 태어난 하느님의 아들이라는 것, 그래서 죽었다가 다시 살아나 하늘로 올라갔다는 것, 나는 믿을 수가 없어요. 아빠는 그걸 사실이라고 믿으세요?"

나는 평생 이때처럼 어려운 질문을 받아 본 적이 없었다. 나는 한동안 할 말을 찾지 못하고 가만히 있었다. 한참 만에야,

"로사야, 그건 정말 믿기가 어려운 이야기다. 그래도 나는 그걸 믿으려고 노력해 왔다."

"아빠, 나는 공부가 끝나면 바로 선생님이 되어 아이들 앞으로 가야 합니다. 그런데 그 첫날 내가 가르칠 아이들 앞에서 내가 믿지도 않는 일을 믿는다고 거짓말을 할 수는 없어요. 아빠는 계속 노력해 보세요. 나는 안 할래요."

사실 이것은 이미 상의나 질문이 아니고 선언이었다. 그렇지만 나는 로사가 아비 앞에서 버릇없이 군다고 생각하기는커녕, 오히려 로사의 솔직하고 당당한 태도에 그만 압도되고 말았다. 그리고 로사가 훌륭한

아이라고 생각하면서 그 솔직한 태도가 한없이 부러웠다. 저 젊은 아이도 주저 없이 자기 생각을 이야기하는데 나이깨나 먹은 나는 무엇이란 말인가? 무슨 이유로 할 말을 못하고 끙끙 앓기만 하는가? 하는 자책감이 들었다.

오랫동안 교회가 우리 교회라는 생각, 그래서 언제나 교회를 비판하는 의견에 맞서 변호하려고 해 온 나의 태도, 또 지금까지 세상을 살아오면서 나의 인생관 내지 세계관의 일부가 되어 온 종교를 정면으로 바라보며, 그 잘, 잘못을 헤아려 보지 않고 무조건 변호하려고만 해 온 나의 태도는 과연 무엇이었을까? 내가 그 종교에서 무슨 이익을 보고 있었기 때문이었을까. 아니면 그 종교가 나를 보호하는 구실을 해 준 일이 있었던가. 교회 안에서 아무 감투도 쓰고 있는 것은 없지만 그래도 사람들 사이에서 어떤 인정을 받는다는 것, 그것이 그렇게 중요해서 말을 못하는 것일까. 내가 종교를 비판한다고 해서 내가 무슨 불이익을 당할 일이라도 있단 말인가. 사실 그렇더라도 옳지 않은 것은 옳지 않다고 말을 해야 하는 것이 아닌가. 마음속에 이해할 수 없는 구석이 그렇게 많이 있는데도 그것을 바로 바라보며 제대로 평가하지 못하고 외면해온 이유가 과연 무엇이었을까. 아무리 생각을 해 보아도 내가 왜 그렇게 무기력하게 살았는지를 알 수가 없었다.

나는 로사가 이미 자리에서 일어나 나갔는데도 그 자리에 오래 앉아서 깊은 생각에 빠졌다. 얼마가 지났는지 내 마음속에는 한 줄기 빛이 비치는 것 같은 느낌이 들었다. 지금까지의 태도는 크게 잘못되었다는 것을 깨닫는 순간이었다. 나는 비로소 새롭게 양심의 눈을 뜨는 것 같았다. 나는 지금까지 바로 바라보지 못하고 일부러 외면해 오던 기독교의 모순에 대하여 눈을 똑바로 뜨고 정면으로 바라보기 시작했다. 아마 어쩌면 이미 보고는 있었는데 보이는 사실을 사실대로 인정하기를 주저했다고 하는 것이 맞는 말이 될지 모른다. 마음속에 늘 의문으로 남아있던 일이면서 차마 말을 꺼내지 못한 문제가 여럿 있었다. 그때부터는 그것들을 내 마음속 깊은 곳으로부터 밝은 세상으로 끄집어내어 눈을 똑바로 뜨고 자세히 살펴보기 시작했다.

7. 나의 의문들

(1) 전능하신 하느님, 악을 막을 수 없다?

하느님은 전능하다고 한다. 하려고만 하면 못할 일이 없다는 것이다. 그리고 하느님은 우리 사람들을 몹시 사랑한다고 한다. 얼마큼 사랑하는가 하면, 어미가 간난 아기를 사랑하는 것보다 더 사랑한다고 한다. 이 말은, 이 세상 누구보다도 하느님은 우리를 더 사랑한다는 말이다. 그런데 이 세상을 둘러보면 얼마나 많은 사람들이 자기 잘못이라고는 조금도 없이 피할 수 없는 불행에 빠져 고통을 받는가? 그 가운데는 정말로 하느님을 성실하게 믿고 따르며 매일매일 그 불행에서 건져주십사 하고 간절하게 기도를 하는 사람도 많이 있다. 뿐만 아니라 가끔 갑자기 불어 닥친 천재지변으로 아무 죄도 없는 사람들이, 어린아이들까지 무참하게 죽는 일도 있다. 착하다는 하느님, 전능하다는 하느님은 왜 이런 불행을 막지 못하는 것일까? 또 이 세상은 악하고 교활한 사람이 착하고 성실한 사람들보다 더 잘 사는 경우가 얼마나 많은가? 왜 그럴까? 하느님은 이런 일을 보면서 무슨 생각을 하고 있는 것일까?

(2) 인간의 원죄와 예수의 죽음

 기독교의 교리에 의하면 인류의 조상 아담이 하느님의 명을 어기고 선악과를 따먹어 죄를 지었는데 그 죄가 전 인류의 원죄가 되었다. 원죄의 멍에를 짊어진 인류는 운명적으로 다른 죄에도 빠져 고통 속에서 허덕이게 된다. 하느님은 오랫동안 인류를 죄와 고통 속에서 살도록 내버려 두었다가 불쌍히 생각하고 2,000여 년 전에 그의 외아들 예수를 지상에 보내어 온 인류의 원죄와 본죄를 혼자서 걸머지고 모든 사람들을 대신하여 십자가에 못 박혀 죽게 함으로써 인류를 구원한다. 이것이 기독교의 가장 근본적인 강생구속降生救贖 교리요, 신앙의 핵심이다. 예수의 십자가 죽음이 없었으면 기독교의 구원은 가능하지 않았다. 그런데 아담이 원죄를 저지르기 전에는 하느님의 총애를 받아서 사람은 늙지도 않고 병들지도 않고 따라서 죽지도 않는 존재였다. 그러나 아담이 죄를 지은 후 인류는 하느님한테 노여움을 사서 그 모든 은혜(초성은혜超性恩惠)를 박탈당하고 그때부터는 병들고 늙고 죽어야 하는 비참한 운명이 되었다. 예수가 십자가에 못 박혀 죽음은 온 인류가 모든 죄와 벌에서 벗어나 구원되도록 하는 하느님의 자비였다. 그런데 이상한 것은 예수가 죽은 지 2000년이 지났는데도 사람은 아직도 예수가 와서 십자가에 매달려 죽기 전이나 마찬가지로 병들고 늙고 죽는 운명에서 벗어나지 못하고 있다. 하느님의 아들 예수가 십자가에 매달려 죽은 공로가 아담이 하느님의 명을 어기고 선악과를 따먹은 죄를 기워 갚을 수 없었을까? 예수의 구원 사업이 실패한 것일까?

(3) 동정녀 몸에서 낳은 아브라함, 모세, 다윗의 자손 예수

예수는 성령의 힘으로 동정녀인 마리아 몸에서 태어났다. 그런데 기독교의 경전인 구약은 하느님이 선택한 이스라엘 백성의 후손 가운데서 메시아가 태어날 것을 예언했고 그 예언에 따라 예수는 아브라함의 자손, 모세의 자손, 다윗의 자손인 요셉의 아들로 태어난다. 마태오복음이나 루가복음에는 요셉이 이스라엘의 조상 아브라함, 모세, 다윗의 후손임을 증거 하기 위해서 그 족보를 장황하게 소개한다. 그런데 막상 요셉은 예수가 잉태하고 태어나는데 전혀 관여한 일이 없고 성령으로 잉태되었다고 분명히 기록되어 있다. 그러니까 두 복음의 내용이 맞는다면 예수는 다윗의 자손이라고 할 수는 없다. 물론 마리아가 유대인일 수는 있다. 그러나 마리아의 족보가 소개되고 있는 것이 아니라 요셉의 족보가 소개되고 있는 것이다. 이것을 기독교의 성서학자들은 어떻게 해석하고 있을까?

(4) 예수는 하느님의 아들인가?

하느님은 우주 만물을 창조한 神으로서 이 세상을 초월하는 분이라고 한다. 그는 형상도 없고 색깔이나 냄새도 없어서 사람에게는 전혀 파악되지 않는 형이상학적 존재다. 그런데 이런 존재가 어떻게 형이하학적 존재인 사람이 될 수가 있었을까? 물론 하느님은 전능한 분이니까 어떤 일이라도 가능하겠지만 구태여 구차스럽게 왜 처녀의 몸을 빌려 태어나야 할 이유가 있었을까? 더구나 간음한 여인은 돌로 쳐 죽이는 것이 그때의 유대인 풍속이었다는데 아무 허물도 없는 처녀가 오해를 받기 십상인 이런 짓을 왜 하였을까? 만일 남녀의 육체적 관계로 태어나는 것이 불결하게 생각되어서 그랬다면, 그렇다면 여자의 몸은 괜찮단 말인가. 전능하신 하느님으로서는 여러 사람이 보는 앞에서 커다란 바위 덩어리가 홀연히 사람으로 된다든지 아니면 어느 날 하늘로부터 나팔소리가 울리면서 구름을 타고 내려온다든지 하는 방법이 얼마든지 있었을 텐데. 그렇게만 했더라면 요즘 우리가 흔히 보는 무신론자들이나 교회를 반대하는 무리들을 쉽사리 잠잠하게 할 수 있었지 않았을까. 예수가 정말 하느님의 아들일까?

(5) 마리아는 평생 동정인가?

기독교에서는 신교 구교를 막론하고 예수가 동정녀 몸에서 태어났다고 한다. 더구나 천주교에서는 마리아가 예수를 낳고도 평생 동정으로 살았다고 주장한다. 그래서 마르코복음 3장에 나오는 "선생님, 선생님의 어머니와 형제분들이 밖에서 선생님을 찾으십니다." 하는 대목의 형제들이라는 말도 친형제가 아니라 친척이었다는 것이다. 당시 그리스말로는 형제라는 말과 친척이라는 말이 같이 쓰였다고 한다. 그래서 예수의 제자 중 "주님의 형제 야고보"도 예수의 친형제가 아니라 친척이었다고 한다. 아무리 그렇더라도 마르코복음에서 예수의 어머니와 함께 예수를 찾는 형제조차 친척이었다고 우기는 것은 좀 억지스럽다. 개신교에서는 이 대목을 진짜 예수의 친형제로 보고 마리아는 예수만 동정으로 낳았을 뿐이지 다른 아이들까지 동정으로 낳았다고 생각지는 않는 모양이다. 이 의견은 요셉을 위해서는 퍽 다행스런 의견이다. 왜 예수는 동정녀 몸에서 태어나야 했을까? 남녀가 섹스를 해서 임신이 되었다면 불결하다고 생각했기 때문이었을까? 그것이 하느님이 지으신 전체 생물계의 번식 원리가 아닌가.

현대의 성서학자들에 의하면 이 부분은 성 아우구스티누스의 잘못이 크다고 지적한다. 아우구스티누스는 젊어서 육체적 쾌락을 몹시 추구하여 기생의 몸에서 사생아를 낳는 등 오랫동안 방종한 생활을 했었는데 중년이 넘어서 회개하고 천주교의 주교가 된 사람이다. 이 사람이 인간의 성욕을 몹시 나쁜 것으로 죄악시하여 심지어 성욕을 원죄라고까지 규탄한 사람이다. 초대교회에서는 마리아의 동정을 그렇게 강조하지 않았다고 한다. 만일 그랬다면 마르코복음을 그리스말로 번역할 때 "선생님의 형제들"이라는 말을 어떻게 해서든지 친척이라는 말로 구별을 했을 것이다.

동정녀라고 번역된 히브리어, '알마alma'라는 말은 젊은 여자라는 뜻이지 처녀라는 말은 아니라고 한다. 아마 마태오 복음 사가는 히브리어로 된 경전을 참조한 것이 아니라, 그리스어 번역본을 참조한 것 같다고 한다. 그리스어 번역본에 사용한 단어는 파르테노스parthenos로 처녀라는 뜻이라고 한다. 사실 예수가 동정녀에서 낳았건 아니건 그것이 예수의 인격이나 품위를 결정하는 것은 아니다. 그것보다는 예수가 어른이 되어 사람들을 인간답게 살도록 가르치고 아무도 관심을 가져 주지 않던 절망적이고 소외된 사람들, 창녀, 세리, 고아, 과부들을 불쌍하게 생각하고 사랑하며 돌봐 준 그 인격이 더 중요하지 않은가. 예수는 동정녀에게서 태어났기 때문에 훌륭한 것이 아니라 어른이 된 뒤에 보여준 본받을 만한 행동과 그의 가르침 때문이 아닌가.

(6) 밀떡과 포도주의 변화

천주교회에서는 미사 때 신부가 밀떡과 포도주를 들고 예수가 최후의 만찬 때 했듯이, "너희는 이것을 받아먹어라. 이는 내 몸이다."라고 말할 때, 그 밀떡과 포도주가 실제로 예수의 살과 피가 된다고 굳게 믿고 신자들에게도 그렇게 가르친다. 천주교 교리 중에 믿을 수 없는 것이 한두 가지가 아니지만, 이것만큼 믿기 어려운 것도 드물 것이다. 개신교에서는 오래전부터 이것을 믿지 않는다고 한다. 이것을 믿도록 강조하기 위해서 교리 시간에 내가 들은 이야기를 소개하겠다.

어떤 신부가 로마 교황청에 볼일이 있어서 로마에 가게 되었는데 교황청의 어느 방 하나에 머물러 있으면서 혼자 그 방에서 미사를 드리게 되었다. 미사를 드리는 중에 예의 밀떡과 포도주를 들고 축성을 하면서, "이것이 정말로 예수님의 피와 살이 될까?" 하는 의심이 들었다. 그랬더니 바로 그 순간 그 포도주가 시뻘건 피로 변하여 넘쳐흐르고 밀떡은 생생한 살덩어리로 변하고 말았다. 뿐만 아니라 성작聖爵에서 흘러넘친 피로 제대 보와 제의가 붉게 젖었다. 그 신부는 하도 놀라고 자기가 잠깐이나마 의심했던 일이 죄송하고 부끄러워 주교에게 찾아가 사실을 고백하였다. 그리고 피 묻은 제대 보와 제의는 교황청에서 증거물로 보관하고 있다고 한다. 이 이야기는 주임 신부님한테서 들은 것이니까 그때는 마음속으로 감탄하며 아무 의심 없이 믿었다. 그러나 그것이 사실일까? 정말 지금도 교황청에 가면, 그 피 묻은 제대 보와 제의를 볼 수가 있을까? 예수의 살덩어리로 변했다는 밀떡은 어떻게 보관하고 있을까? 그 피와 살덩어리에서 예수의 DNA를 검출할 수 있을까?

이상의 의문들은 내가 교회에 남아 있으면서 의아하게 생각하던 문제들이었다. 그러나 한번 양심의 눈을 뜨고 나서 보니 그런 것은 문제도 되지 않을 만큼 교회 안에 쌓인 문제가 많이 보였다.

(7) 마리아의 승천

기독교에서 주장하는 것처럼 처녀의 몸으로 성령의 은총을 입어 낳았다는 예수가 하느님의 아들이라면, 예수를 낳은 마리아는 당연히 하느님의 아내가 된다. 성령도 삼위 일체 하느님 가운데 제3위로 분명히 하느님이다. 실제로 천주교에서는 마리아를 "천주님의 배필配匹"이라는 칭호를 쓰고 있다. 또 예수는 하느님이기도 하다니까 하느님의 어머니도 된다. 그래서 마리아를 성모聖母라고 부르며 공경한다. 어머니이기도 하고 아내이기도 한 이런 맹랑한 경우는 아들이 그의 어머니와 부부가 되어 사는, 인간의 도덕적 기준으로서도 용납할 수 없는 특별한 경우가 아니면 일어날 수가 없는 관계다.

아무튼, 하느님이 되었건, 하느님의 아들이 되었건 예수를 낳은 마리아는 인류 역사상 그 유례가 없는 고귀한 자리에 오른 셈이다. 그래서 기독교에서는 일찍부터 마리아에 대한 공경을 해 왔다. 한때 네스토리우스Nestorius라는 사람이 마리아를 하느님의 어머니라고 부르는 것에 강력히 반대를 했으나 서기 431년에 열린 에페소 공의회에서 그 주장을 반박하고 마리아를 하느님의 어머니로 확정지었다.

지금은 에덴동산에서 아담과 이브가 神의 지시를 어기고 선악과를 따 먹어 인류에게 대대로 원죄를 대물리게 했다는 이야기를 사실이라고 믿는 사람은 없겠지만 이 원죄는 사람이면 예외 없이 무조건 타고나는 것이고 교회에서 세례를 받지 않고서는 그 원죄가 절대로 없어질 수 없다는 것이 기독교의 기본 교리다. 그런데 마리아는 세례를 받기 전에, 즉 기독교가 생기기도 전에 세례를 받지 않고 예수를 낳았으니 말하자면 예수는 죄인의 몸에서 태어난 것이 되고 말았다. 이것은 도저히 받아드릴 수가 없는 일이었다. 그래서 마리아는 神의 은총으로 원죄에 물들지 않고 잉태되었다고 교회가 결정했다.

이 이야기는 원래 기독교가 동서 두 개로 갈라졌을 때, 동쪽 교회에서 7세기 말쯤 해서 크레테에 사는 앤드루Andrew of Crete 라는 사람이, "홀로 아무 흠도 없이 완전하신 분"이라고 마리아를 찬양했는데, 이 노래가 11세기 말에 서쪽 교회에 전해졌고 서쪽 교회에서는 "흠이 없다"는 이 말을 "죄가 없다"는 뜻으로 받아들이고, 소위 무염시태無染始胎: The Immaculate Conception 교리로 만들어 나갔다. 1858년 프랑스의 루르드Lourdes 라는 시골마을의 황무지 들판에서 14살 난 버나데트 라는 소녀가 한 귀부인을 만났다고 하면서 "그 부인의 이름이 뭐라고 하더냐?" 하고 물었더니 그 부인이 대답하기를 "나는 무염시태로다."라고 대답했다고 한다.

이것이 소위 말하는 "루르드의 기적"이다. 그러나 이 이야기는 교회 안에서도 반대 의견이 없지는 않았지만 교황 비오 12세는 특히 마리아 공경에 정성을 다한 사람이었는데, 1942년에 그는 "하자瑕疵 없으신 성모성심께 온 세상을 봉헌"하고, 1950년에는 "앞서 가신 아들 예수와 같이 어머니 마리아도 죽음을 이기고 영혼과 육신이 함께 천국의 영광으로 들어 올려졌다."고 하는 특별교서를 발표하였다. "효성이 지극하신" 예수가 자기 어머니께서 죽어 썩는 것을 차마 보고 있었겠느냐 하는 논리다.

어떤 근거로 정했는지는 모르지만 마리아가 영혼은 물론이고 육신까지 천국으로 올라간 날이 8월 15일이라고 하며 천주교회에서는 이 날을 성탄, 부활과 함께 대 축일의 하나로 지낸다. 그러니까 천국에는 육신을 가진 채 올라가 있는 사람이, 구약시대 때 산채로 하늘에 올라갔다는 모세, 에녹, 엘리아 등을 합해서 모두 다섯 사람이나 되는 셈이다.

지금은 기독교 안에서 조차 진보적인 신학자들은 예수의 신성神聖을 인정하지 않는다니까 예수가 하느님이라고 믿는 사람은 매우 제한되어 있다. 그렇다면 마리아의 무염시태라든가 승천했다는 교의敎義의 근거가 없어졌다는 이야기다. 앞으로 기독교는 이 문제를 어떻게 대처할지 참으로 궁금하다.

(8) 교회안의 모순

처음 내가 신부가 되려고 마음먹었을 때, 나는 2,000년의 역사를 자랑하는 교회와 그 교회를 이끌어 온 빛나는 성인 성녀들의 이야기, 또 현재 세상에서 한 몸에 존경을 받으며 선교 사업에 매진하는 성직자들, 그 자체가 神이 존재한다는 살아 있는 증거라고 생각을 했었다. 그러나 새롭게 눈을 뜨고 다시 보니 내가 神의 존재를 증거한다고 보았던 여러 가지 일들이 오히려 역설적이게도 神의 존재를 부정하는, 즉 神은 없다는 사실을 증명하는 생생한 증거가 아닌가 하는 생각이 들었다.

토론토에서 서북쪽으로 약 200킬로쯤 가면, 옛날에 프랑스 선교사들이 원주민 인디언들한테 학살당한 현장인 미들랜드 성지가 있다. 거기에는 선교사들의 순교를 기념하기 위해서 천주교회가 세워졌고, 성지로 선포되어 많은 사람들이 찾아가 순교한 선교사들의 넋을 기린다. 그 교회 안 제대 위에는, 그 성지를 방문하고 기도하는 중에 기적적으로 병이 나은 사람들이 쓸모가 없게 된 목발을 두고 간 것을 진열해 놓은 것이 있다. 한두 개가 아니라 얼핏 보기에도 수백 개가 넘는 것 같았다. 벌써 30년이나 지난 일이지만 내가 그것을 보았을 때, '천주교 신부들이 할 일이 없어서 낡은 목발을 모아다가 진열해 놓고 기적이 일어났다고 거짓말을 하랴. 저 목발은 참으로 기적의 증거임에 틀림이 없다.'고 생각하며 굳게 믿었었다. 그러나 몇 년 뒤에 캐나다의 동쪽 뉴 펀드랜드, 노바 스코시아지역의 고아원과 시골교회에서 신부들이 어린 아이들을 성적으로 희롱하며, 학대한 사건이 알려져 신문에 크게 나고 가해 신부들이 체포되는 일이 일어났다. 신부들의 가해 행위는 알려진 때보다 30여 년 전에 일어났던 일이라고 하며, 피해자들의 말을 들어보면 그때 바로 사법당국에 고발했었지만, 경찰이나 교회나 관계자들 누구도 그 말을 못 하게 하여 그때는 알려지지조차 않았다고 한다. 그만큼 천주교회의 세력이 온 사회를 지배하고 있었기 때문이었다.

사람들의 기억에 아직도 생생하겠지만, 2002년에는 미국 보스턴 대교구에서도 똑같은 일이 일어났다. 이번에는 보스턴 한 군데서만 일어난 게 아니다. 로스앤젤레스, 세인트루이스, 필라델피아, 팜 비취, 워싱턴, 포틀랜드, 브리지포트 등에서 동시에 알려졌고, 더 한심한 일은 담당 대주교가 사고 내용을 30년 전에 알고도 그 신부를 처벌하기는커녕 감싸왔다는 사실이다. 피해 아동들은 그 일로 인해서 심한 정신 질환에 시달렸으며 어떤 아이들은 자살한 경우도 있었다. 보스턴 대교구는 피해자들에게 보상할 돈의 액수가 수억 달러나 된다니까 돈이 모자라서 파산선고를 해야 한다는 지경에까지 이르렀다.

2004년 2월, 교회의 허락 아래 조사하여 발표한 결과를 보면, 미국 안에서만도 1950년 이래 4,392명의 성직자가 109,694건의 아동들에 대한 성적 추행에 가담한 것으로 나타났으며, 이로 인해 공식적으로 지출된 보상비가 5억 3천3백만 달라가 넘는다고 한다. 물론 발표된 것이 사건의 전부라고 믿을 사람은 별로 없을 것이다. 30년 동안이나 감추어져 있었다면, 지금도 알려지지 않은 사건이 수없이 있을 것이라는 것은 누구나 짐작할 수 있는 일이다. 실제로 2010년에는 현 교황이 대주교로 재임하던 교구에서 20여 년 전에 비슷한 추행이 있었는데 교회 당국이 이 사실을 알고도 묵인해 온 사실이 밝혀졌으며, 그 밖에 벨기에, 스코틀랜드, 브라질 등 세계 여러 나라에서 오래 전부터 그런 일들이 있었다는 것이 밝혀졌다.

말하자면, 동정을 지킨다고 믿었던 성직자들의 성범죄 행위가 세계 전역에 걸쳐서 오랫동안 광범위하게 저질러지고 있었고, 교회 당국에서도 이를 잘 알고 있었으면서도 지금의 교황조차 모른 체하고 있었다는 이야기다. 성의 문제란, 근본적으로 남자와 여자 사이에서 일어나는 것이 정상이고, 같은 성 끼리나 아이들에게 특히 유혹을 느끼는 경우가 있다고는 하지만, 그것은 전체 인구에 비하면 극히 일부에 불과한 것이 사실이다. 그렇다면 독신으로 살고 있는 신부들이 동성이나 아이들을 상대로 성행위를 하는 것보다는, 어른이 된 여자들과 관계를 가졌을 가능성이 훨씬 높다고 보아야 한다. 그리고 어른이 된 여자와 합의된 상태에서 가진 성적인 관계는 사회법으로는 죄가 아니기 때문에 당사자들이 가만히 있으면 세상에 알려질 이유도 없고 알려진다고 해도 사법당국이 문제 삼을 일은 아니다. 그렇다면 얼마나 많은 성직자 수도자들이 지금도 독신을 빙자하면서, 남몰래 어떤 여자 또는 남자들과 성적인 관계를 맺으면서도 안 그런 척 시치미를 떼고 있을 것인가는 미루어 짐작할 만하다.

 이런 사람들이라면 그까짓 낡은 목발을 열심히 구해다가 자기 교회의 제대 위에 진열하고도 남을 것이다. 그렇게 한다고 해서 누가 피해를 보는 것도 아니고, 아무것도 모르는 사람들한테는 오히려 신앙생활에 도움을 줄 수 있다는 좋은 핑곗거리도 있지 않은가. 모두가 다 그렇지는 않겠지만 나는 이제 대체로 성직자라는 사람들의 인격을 믿기가 어려우니까 목발도 믿지 않는다.

 물론 사람은 누구나 부족한 존재이고 성직자라고 해서 예외일 수는 없다. 처음 성직자가 될 때, 순수하고 성실한 마음으로 모든 계명과 규율을 지키겠다고 단단히 맹세하였지만, 가끔 감당할 수 없는 유혹에 빠져 안간힘을 쓰다가 마침내 굴복하고 나중에 제정신이 들어서 가슴을 치며 후회하는 안타까운 경우가 얼마나 많으랴. 그러면서도 부끄러운 마음을 가진 채 자신의 말에서 위로를 받으려고 모여든 신자들 앞에 나아가 좋은 말로 이야기를 하는, 인간의 한계를 극복하려고 애를 쓰는 그 마음은 눈물겹기까지 하다. 그러나 만일에 전능하다는 神이 있다면 한평생 神을 위해서 살고 神의 말씀을 전하며 살기로 맹세한 그 착하고 성실한 자기의 종을 왜 보호하지 못하는가? 어째서 이 성실한 성직자들이 유혹에 빠지지 않게 막아주지 못하는가? 성직자들은 과연 神을 믿고 일생을 바쳐 희생할 만한 보상이나 보호를 받는 것일까?
 또 하나 기가 막히는 이야기 하나. 이 경우는 성직자가 관련된 일은 아니지만, 천주교 신자가 사람들을 속인 한 일화다. 캐나다의 퀘벡 주에 있는 어떤 천주교 신자 집안에 모셔 놓은 성모 마리아상이 피눈물을 흘리는 기적이 일어났다. 그 소문은 삽시간에 온 미주 대륙에 퍼졌고 성모 마리아를 공경하는 수많은 사람이 몰려들어 혼잡을 이루었다. 그 집 주인은 도저히 그 혼잡을 수습할 길이 없어서 한 사람당 5달러씩 입장료를 받았다. 그래도 몰려드는 사람은 줄어들지 않았다. 이를 이상하게 여긴 신문 기자 하나가 집요하게 그 피눈물 기적의 원인을 추적했더니 그 집 주인이 돼지 피를 작은 병에 담아 그 성모상 안에 넣어 놓고 가는 관으로 성모상의 눈에 연결하여 사람들이 방에 가득 차서 그 열기로 방이 더워지면 돼지 피가 팽창하여 가는 관을 타고 올라가 눈물을 흘리게 만들어 놓은 것을 찾아냈다.

몇 해 전에 전남 나주에 있는 어느 천주교 신자 집에 모셔 둔 성모상에서도 눈물을 흘리는 기적이 일어나 그 성모상을 들고 방방곡곡을 찾아다니며 기도회를 가진 일이 있었다. 그 집 주인 여자와 그 여자가 다니는 교회의 신부가 함께 그 성모상을 들고 토론토에도 왔었다. 나중에 들으니 해당 교구청에서, 그것은 기적이 아니라고, 그래서 그것을 믿거나 거기 참석해서 행사하는 사람은 파문한다는 경고를 발표했다고 한다. 그러거나 말거나 그곳에 성지를 만들어 놓고 아직도 사람들이 몰려와 기도하고 헌금도 한다고 한다. 나는 모든 기적이 다 거짓이라고 말하려는 것은 아니다. 내가 잘 알지 못하는 일은 믿어지지는 않더라도 모른다고 할 수밖에 없다.

내 친구 중에 한 사람은 교회에서 일어난다고 하는 기적을 절대로 믿지 않는다. 그 친구 말을 들어보면, "하느님은 전능하다고 하던데 어떻게 기적을 일으킨다고 하는 것이 모두 귀머거리가 들리게 되었다든지, 허리가 아픈 사람, 골치가 아픈 사람이 나았다든지 하는 눈으로 보아서는 잘 알 수 없는 기적만 일어나는지 모르겠다."고 하면서 하느님이 전능하다면, 두 다리가 없는 사람이 갑자기 두 다리가 생겨 걸어간 다든지 아니면 적어도 손목이 잘린 사람이 바로 그 자리에 갑자기 손이 새로 생긴다든지 하는 확실하게 눈으로 볼 수 있는 기적은 왜 안 일어나느냐고 따질 때 나는 실로 할 말이 없었다.

신부 수녀에게 독신으로 살라고 한 규칙은 애당초 아주 잘못된 제도였다. 지키지도 못할 것을 만들어 놓고 부작용만 낳았을 뿐이다. 중세 암흑시대라고 부르는 시절에 교황이나 추기경, 주교들이 재물과 권력을 한 손에 거머쥐고 마음만 먹으면 못 할 일이 없었을 때 그들이 타락하는 것은 불을 보듯 뻔한 귀결이었다. 아마 결혼을 하지 않았기 때문에 간섭하는 사람이 없으니 오히려 더욱 오만 방자하게 성욕의 향연을 즐길 수 있었을 것이다. 어떤 교황은 어느 귀족 여인에게서 낳은 일곱 살 난 자기의 사생아를 추기경에 임명하는 뻔뻔스러운 짓도 서슴없이 저질렀다. 심지어 수도원에서도 온갖 절제 없는 성의 향연이 자행되었고 힘없는 양민 여자들을 잡아다가 강제로 능욕하는 일도 비일비재였다고 한다. 조선 시대 양반 벼슬아치들이 일반 백성들에게는 "남녀칠세부동석男女七歲不同席"이라는 엄숙한 규칙을 만들어 놓고 자기들은 첩, 몸종, 관기官妓 등을 마음대로 거느리고 향락을 일삼던 것과 조금도 다를 것이 없다.

비단 천주교 신부들만 그런 것은 아니다. 10여 년 전에 말썽이 났던 소위 PTL Praise The Lord이라는 교회의 제임스 베이커라는 개신교 목사가 TV 선교를 하면서 가난하고 외로운 은퇴 노인들을 선동 착취하여 엄청난 돈을 긁어모으고 플로리다 주 남단에 있는 키웨스트라는 곳에 거창하고 아름다운 교회를 지어놓고 자기는 개집에도 냉방 장치를 하는 등 호사를 누리다가 들통이 나서 잡혀간 일이 있었다. 예를 들자면 어디 그뿐이랴. 이 사람들이야말로 처음에 믿고 두려워하던 하느님이 사실은 없다는 것을 굳게 믿었으니까, 그런 짓을 서슴없이 저지를 수가 있었고 실제로 하느님 같은 것은 없으니까 그 사람들이 무사했던 것이 아닐까?

이상의 이야기들은 성직자나 수도자 개인들이 하느님과 교회를 비웃으며 뒤에서 저지른 개인적 잘못이라고 할 수 있지만 교회가 조직적으로 죄 없는 사람들을 죽이고 집단 학살한 악랄한 행위가 수없이 있었던 것을 역사는 증언하고 있다. 뒤에 〈종교의 만행〉이라는 별도의 장에서 좀 더 자세히 이야기하려고 하지만 그중에서도 가장 사람들의 분노를 자아내는 것은 멕시코 원주민의 대량 학살이었다. 멕시코의 유타카 반도의 '마야 문명'과 '아즈텍 문명'의 유적지에 가서 보고 들은 사람들은 알겠지만 16세기경 스페인 군대가 쳐들어가서 그때까지 찬란한 문화를 이루고 평화롭게 살고 있던 원주민들 수백만 명을 학살하고 온갖 문명의 자취들을 파괴하고 약탈해 갔다. 이때의 인구 문제를 연구한 학자들의 조사에 의하면 1520년경에 2,500만이나 되던 멕시코 인구가 100년 만에 75만으로 줄었다고 한다. 물론 그때 스페인 정복자들이 묻혀온 천연두, 홍역, 티푸스 등의 전염병으로 많은 원주민이 희생되었다고는 하지만 적어도 600만 명 이상의 원주민이 학살되었을 것으로 추산하고 있다.

그 살인과 약탈의 선봉에 섰던 것이 스페인의 천주교회였다고 한다. 원주민들의 신전은 철저히 파괴되고 약탈당했다. 신전을 허문 자리에 신전을 지었던 돌들을 가지고 자기들의 교회를 지었다. 남아 있는 유적들만 보아도 그때 이미 그 지방 원주민들은 고도의 천문학과 역학曆學, 공학 및 건축기술이 발달하여 있었음을 알 수가 있다. 안내인의 설명을 들으면 그때 쳐들어온 스페인 군대와 같이 온 스페인의 주교는 원주민들의 문화 문명은 모두 사탄의 것이니까, 모조리 없애야 한다고 하면서 책이나 모든 기록들을 철저히 불살라 버려서 지금 우리는 아즈텍이나 마야 문명에 관해서 어떤 기록도 가지고 있는 것이 거의 없다고 한다.

400년이나 계속된 이 식민지 약탈과 무자비한 탄압의 결과로 원주민의 말과 글은 완전히 사라지고 원주민에게 자기들의 말과 천주교를 강제로 주입했다. 지금도 소위 라틴 아메리카라고 불리는 중남미에서는 한결같이 스페인어나 포르투갈어가 국어로 사용되고 있으며, 얼마 전까지도 전 국민의 95% 이상이 천주교 신자이었다고 한다. 천주교회는 이렇게 해서 생겨난 천주교 신자가 많다는 사실이 그렇게도 자랑스러울까?

먼 옛날뿐만 아니라 최근세에 와서도 북아일랜드에서 신·구교 사이에 있었던, 서로 죽이고 죽는 집단적인 테러행위가 수년간 계속된 격렬한 분쟁, 유고슬라비아 지역에서 일어났던 종교 간의 무자비했던 살육의 경쟁들, 이런 비인도적 행위가 기독교의 이름으로, 神의 영광을 위해서 버젓이 자행된 것이 불과 몇 년 전 일이다. 특히 한심한 일은 유고슬라비아 분쟁에서 로마 교황청은 크로아티아가 서구 그리스도교의 보루임을 선언하면서 분쟁에 적극적으로 가담하였으며, 폭도들이 다른 종교 지역으로 침략하여 기독교 신자의 인구를 늘리는 방법이라고 하면서 부녀자들을 집단으로 능욕하는 일도 있었다고 한다. 욕을 당한 여인들이 설사 아이를 낳더라도 그 아이들이 저절로 천주교 신자가 되리라고 그 사람들인들 믿었을 리가 없지만, 다만 성적 욕심을 채우고는 그렇게 핑계를 대고 있을 뿐이다.

　이러한 현상을 알고서도 기독교에서 말하는 사랑의 하느님, 착하신 하느님이 있다고 믿어야 하는가? 좋지 않은 얘기를 하는 것이 좋을 리가 없지만, 그러나 말이 나온 김에 한마디만 더 해야겠다.

　예수는 머리 둘 곳도 없이 가난하게 살았다는데, 어떤 주교나 목사는 최고급 승용차를 타고 다니며 호사스럽게 살고 있다. 그 돈은 다 어디서 나왔을까? 로마 교황청에는 유명한 예술가들의 작품이나 귀한 보물들이 웬만한 박물관에 비교가 되지 않을 만큼 많이 있다고 한다. 그 값비싼 보물들은 언제 어디에 쓰려고 그렇게 간직하고 있을까? 입만 열면 불쌍한 사람들을 도와야 한다고 하면서 살림이 넉넉지도 않은 신자들한테서 돈을 뜯어내지만, 그 보물들은 가난한 사람들을 위해서 쓰면 안 되는 것일까? 아프리카 대륙은 그만두고 잘 산다는 미국이나 캐나다에도 끼니를 걱정하는 극빈자들이 많다는데 그리스도의 종이라고 자칭하는 그 성직자들의 오늘 저녁 식탁에는 어떤 음식들이 올라와 있을지 궁금하다. "이웃 사랑하기를 자기 몸 사랑하듯이 하라."고 가르치는 계명을 배운 그 사람들도, 어느 때 자기들이 믿는다는 하느님한테 기도할 때가 있을까? 기도한다면 과연 무어라고 하는지 궁금하다.

　기독교의 성직자들 가운데 일부가 이렇게 행동으로 철저하게 神이 없음을 증거하고 있는데도, 다른 한편에서는 평신도들 가운데 그래도 착한 마음으로 하느님이 꼭 있는 것으로 알고 굳게 믿고 있다는 것은 참으로 역설적이라고 아니할 수 없다.

어느 한인 교회의 내가 아는 장로 한 분은 평생 동안 예수를 자신의 주님으로 섬기며 살아온 모범적인 독실한 신자다. 내가 기독교에 대해서 좀 이해하기 힘든 것이 있다고 하면서 물으면, "신앙은 학문이 아닙니다. 증명하면서 믿는 게 아니에요. 다 알고 나서 믿는 것은 신앙이라고 할 수 없지요. 모르면서도, 의심이 가는데도 믿어야 하는 것이 신앙이지요."라고 말한다. 이분은 건강이 좋지 않아 늘 건강에 신경을 쓰면서 지냈는데 특히 혈압이 약을 먹어야 조절이 될 만큼 높았다. 무슨 일에나 착실한 사람이니까 의사가 지시한 대로 매일매일 충실하게 약을 먹으면서 그런대로 건강을 유지하고 있었다.

그 장로가 어느 날, 오래간만에 잘 알던 목사를 만났는데, 그 사람도 전에 혈압이 높았던 것이 생각나 요사이는 좀 어떠냐 하고 물었다. 그 목사 대답이, "아, 나는 주님께 매달려 병을 고쳐 달라고 간절히 기도를 했지요. 그랬더니 그냥 나았어요. 주님께서 내 기도를 들어주신 겁니다. 얼마나 감사한지 요새는 항상 감사하며 살고 있습니다."

이 말을 들은 그 장로는 마음속으로, "내 믿음이 모자라서 주님께서 내 기도를 안 들어주시지는 않을 것이다. 나도 간절히 기도를 드려야지." 하고는 정말 정성을 다하여 기도를 드렸다. 그리고는 주님께서 그의 기도를 들어주실 것을 확신하고 그날부터 약을 끊었다. 주님께서 고쳐 주실 텐데 약이 무슨 소용이랴 하고 생각하며, 주님만을 굳게 믿었다. 이틀 후에, 그는 새벽 예배에 참석했다가 교회 안에서 뇌일혈로 세상을 떠나고 말았다. 글쎄 주님께서 그 장로의 믿음이 하도 갸륵해서 천당으로 일찍 데리고 가신 것일까? 아니면 그 목사가 쓸데없는 거짓말을 해서 아무 죄도 없는 사람 하나를 죽게 한 것일까?

성직자들이 무슨 짓을 하건, 종교라는 조직이 어떤 만행을 저지르건, 그것은 모두 인간들의 잘못이지 착하신 하느님과는 아무 관계가 없다고 생각하는 정말 착한(?) 사람들이 뜻밖에도 많이 있다. 심지어 자기가 다니는 교회의 성직자가 보통 사람들도 할 수 없는 아주 못된 짓을 했다는 것이 알려져도 '죄를 짓지 않는 사람이 어디 있으랴' 하는 철저한 믿음으로 도무지 흔들리지 않고 열심히 하기를 멈추지 않는다. 이 사람들이 철저하게 믿고 있는 근거는 과연 무엇일까? 이 착한 사람들을 사로잡고 있는 유신론은 대체 어떤 것일까? 유신론의 내용과 근거를 한번 알아보자. 역사상 유신론자로 알려진 신학자들도 많고 그들의 주장도 다양하지만, 그 주장의 유형별로 대표적인 생각 몇 가지만 소개하려 한다.

제 2 장 탐색

1. 유신론자들의 의견

(1) 아우구스티누스 Aurelius Augustinus (354~430, 북아프리카)

흔히 성 어거스틴이라고 불리는 기독교의 가장 유명한 학자 성인 중 한 사람이다. 본래 이름은 아우렐리우스 아우구스티누스로 4세기 말에 북아프리카와 이탈리아에서 활약한 서방교회의 대표적 신학자요 4대 교부 중의 하나다. 그의 어머니 모니카는 기독교인이었을 뿐만 아니라 나중에 성녀로 추대된 사람이었지만 아우구스티누스는 원래 기독교인이 아니었다. 16살 때 카르타고에서 수사학을 배우면서 철학에 심취하여 마니교의 이성적이고 체계적인 교리에 매력을 느끼고 마니교도가 된다. 그러나 생활은 방탕하여 17세 때, 이미 화류계의 여자와 동거생활을 하며 아들을 낳았다. 이런 이유로 어머니 모니카로부터 절교를 당한다. 마니교의 추천으로 카르타고, 로마, 밀라노 등지에서 철학을 가르치며 신플라톤주의에 깊은 관심을 가진다. 밀라노에 있을 때 당시 기독교의 대학자로 이름을 날리던 밀라노 주교 암브로시우스 Ambrosius (340~397, 독일)를 만나 크게 영향을 받아 또 생각이 바뀌기 시작한다. 한동안 심리적으로 갈등을 겪다가 386년, 그가 32세 때 암브로시우스한테 세례를 받고 기독교인이 된다.

기독교인이 된 아우구스티누스는 심기일전心機 轉, 마음을 가다듬고 충실한 기독교인이 된다. 세례를 받은 다음 해 밀라노에서의 생활을 청산하고 고향인 북아프리카로 돌아와 몇 사람의 동료들과 수도회를 만들고 수도생활에 전념한다. 세례를 받은 지 5년 뒤에 북아프리카 히포 교구의 발레리우스 주교에 의해 사제로 서품된다. 그의 고백록을 보면, 그가 얼마나 방탕했던 젊은 날의 일을 깊이 참회하는지 사제로 서품되는 예식이 거행되는 동안 내내 하염없이 눈물을 흘렸다고 한다. "주여, 내 영혼이 당신 안에서 쉬기 전에는 결코 안식을 누릴 수가 없나이다."라고 고백한다. 발레리우스 주교가 너무 늙어서 일이 힘에 부치자 아우구스티누스는 공동 주교로 선출되었다가(395년) 그 주교가 사망하는 399년에는 정식으로 히포 교구의 주교가 된다.

기독교의 교리가 정립되기 전인 초기 기독교 시절에 있었던 여러 가지 이론異論에 대항하여 아우구스티누스는 용맹한 투사와 같이 싸웠다. "인간은 누구나 자유의지가 있으며 따라서 스스로 도덕적으로 완성의 길로 나아가야 한다."고 주장한 펠라기우스 주의에 대하여, "사람은 자기의 공로로 구원되는 것이 아니라 완전히 하느님의 자비심으로만 구원될 수 있다."고 주장한다. 또 "예수는 사람이 낳은 하느님의 피조물로서 하느님이 될 수 없다."고 주장한 아리우스 주의, "예수는 오직 神일 뿐이지 인성을 가지고 있는 것이 아니다."라고 단성론單性論을 주장한 네스토리우스 주의, "타락한 사제는 성찬예식을 거행할 수 없다."고 주장한 도나투스 주의 등을 차례로 물리치고 모두 이단으로 정리하며 오늘날의 기독교 교리를 확립하는데 뛰어난 공로를 세웠다.

그는 神의 자비가 없이 우리 이성理性만 가지고는 신앙의 신비를 깨달을 수 없다고, 인간 능력에는 한계가 있음을 주장하였다. 이것을 설명하는 아주 좋은 일화가 전해온다.

어느 날 아우구스티누스는, 성부 성자 성령이 모두 같은 하나의 하느님이며 서로 그 위가 다를 뿐이라는 삼위일체 교리를 도무지 이해할 수 없어서 깊은 생각에 빠져 바닷가를 걷고 있었다. 그때 어린 소년 하나가 작은 조개껍질을 가지고 바닷물을 떠서 열심히 작은 웅덩이에 붓고 있는 것을 보게 되었다. 이미 날은 저물어 가고 아무도 없는 바닷가에 어린이 혼자 있는 것이 걱정되어, "얘, 너 거기서 무얼 하고 있니?" 하고 물었다. 그 소년은 아우구스티누스는 쳐다보지도 않고, "나 이 바닷물을 모두 퍼서 이 웅덩이에 담을래요."라고 대답하는 것이었다. 어처구니가 없는 아우구스티누스는 "얘, 얘, 그게 어디 될 법이나 한 소리냐? 그러지 말고 어둡기 전에 어서 집으로 가거라." 하고 타일렀다. 그 말을 듣고 그 소년은 그제서야 아우구스티누스를 쳐다보며, "나는 이 바닷물을 이 웅덩이에 모두 퍼 담을 수 있을지도 모르지만 당신이 궁리하고 있는 그 삼위일체 교리는 결코 알아낼 수 없습니다."라고 말하더니 홀홀히 사라지고 말았다고 한다.

물론 이 이야기는 삼위일체 교리를 이해하지 못하는 신자들에게 따지지 말고 무조건 믿으라고 권하는 수단으로 지어낸 이야기다. 기독교는 도저히 이해할 수 없는 교리를 설명할 때는, "신앙은 신비"이니까 우리가 알 수 없다는 말을 한다.

그가 쓴 『은혜론』은 나중에 기독교를 개혁한 루터, 쯔빙글리Ulrich Zwingli(1484~1531, 스위스), 칼뱅 등에게 까지 깊은 영향을 주었으며 『신학적 인식론』,『교회론』,『행복론』 등의 저서가 전해지고 있다. 그러나 한편 돌이켜 생각하면, 20세기에 들어와서 현대의 신학은 예수의 신성을 인정하지 않는 생각이 널리 받아들여지고 있는 현실을 바라보면서 아우구스티누스가 없었더라면 오래전에 예수가 하느님의 아들이요 또한 하느님 자체라는 말도 되지 않는 교리를 가지고 사람들을 미혹하지 않았을 것인데 하는 생각이 들어 기독교가 천년이라는 길고 긴 암흑의 세월, 중세를 지나면서 얼마나 쓸데없이 수많은 사람을 죽이면서 먼 길을 돌아왔는가 싶어 참으로 감회가 깊다.

(2) 토마스 아퀴나스 Thomas Aquinas (1224~1274, 이탈리아, 신학자)

토마스 아퀴나스는 이탈리아의 나폴리 근처에서 당시 그 고장에서는 막강한 세력을 가지고 있던 영주의 아들로 태어났다. 어려서 그의 아버지는 장차 위대한 수도원장이 되기를 바라며 여섯 살 난 토마스를 성 베네딕토 수도회 소속의 몬테 카시노 수도원으로 보낸다. 그러나 1239년경에 일어난 정치적인 혼란 때문에 공부를 중단할 수밖에 없어서 나폴리 대학으로 옮겨 당시의 필수 학문인 문법, 논리학, 수사학, 대수학, 기하학, 음악, 천문학을 배운 것으로 보인다. 아마 여기서 공부하면서 토마스는 도미니코회 수도사를 만나 크게 영향을 받아 그의 인생 방향이 결정적으로 바뀌는 계기가 되었던 것 같다.

4세기 초에 시작되어 천년 동안이나 계속된 중세라고 하는 암흑의 시대에 기독교는 정치권력과 타협도 하고 한편 투쟁도 하면서 전 유럽 대륙에서 종교적으로는 물론이고 사회 정치적으로도 확고한 지배를 누리게 되었다. "권력은 부패한다. 절대적인 권력은 절대로 부패한다."는 격언은 종교의 경우에도 예외가 아니었다. "암흑기"라는 말이 잘 어울릴 정도로 부정, 부패, 약탈, 살인, 방종, 타락 등, 죄악이라고 이름 붙일 수 있는 모든 악행이 종교의 이름 아래 버젓이 자행되고 있었다.

아퀴나스는 어려서 잠깐 동안 베네딕토 소속의 수도원에 있으면서 소위 재속在俗 수도사들의 비행을 똑똑히 보았다. 그는 스스로 청빈, 순명, 노동을 생활의 신조로 삼고 탁발托鉢 수행하는 도미니코 수도회에 들어가기로 결심하고 파리로 가는 도중, 가족들이 그를 납치하여 가둬 놓고 베네딕토 수도회에 들어가 공부하여 장차 대수도원장이 되면, 재속 수도자로서 화려한 생활이 보장된다고 설득하려 했으나 끝내 그 말을 듣지 않고 도미니코회로 들어가 평생을 가난하고 순결한 학자로 지냈다.

파리에서 3년을 공부하고 다시 쾰른으로 옮겨 4년 동안 당시 널리 알려진 대학자 알베르투스 마그누스에게 지도를 받으며 학자로서의 기틀을 다진다. 1252년 초엽, 아퀴나스는 많은 반대와 의혹을 물리치고 스물일곱 젊은 나이에 학문의 중심지요 신학으로 가장 유명했던 파리 대학에서 강의를 맡게 된다. 이 때 파리의 분위기는 재속 수도자 학자들과 탁발 수도자 학자들 사이에 팽팽한 대립이 극에 달하여 유혈 폭력사태로 이어질 만큼 최악의 상황이었다. 그러나 그런 가운데서도 아퀴나스는 연구와 저작활동에 전념하여 『명제집 주석』, 『대이교도 대전』, 『신학대전』 등의 거작을 비롯하여 신학의 여러 분야에 관한 『토론집』과 『신, 구약 성서에 관한 주해』 등, 실로 엄청난 양의 집필을 한다.

오늘날 우리가 볼 수 있는 기독교 교리의 대강을 완성해 놓은 사람이 바로 아퀴나스라고 한다. 수도회를 대표하는 선생으로서, 학자로서, 또한 성직자로서 그는 항상 눈코 뜰 새가 없었지만 어떻게 해서 이렇게 엄청난 글을 쓸 수가 있었는지 그야말로 거의 기적이라고 말할 지경이다. 미완성인 채로 남아 있는 〈신학대전〉은 그의 대표작이라고 할 수 있는데 그 책의 제1부에서 아퀴나스는 다섯 가지 논증으로 神의 존재를 증명하고자 한다.

역사상 맨 처음으로 神의 존재를 논리적으로 증거 하려고 시도했던 사람은 아마 아리스토텔레스(BC 384~322)가 아닐까 싶다. 소크라테스, 플라톤과 함께 고대 그리스의 3대 철학자로 꼽히는 아리스토텔레스는 초기 과학에도 지대한 공헌을 한 백과사전적 학자이며 거의 모든 학문 분야에 빛나는 업적을 세운 사람이다. "이 세상 모든 일에는 그 일이 일어난 원인이 반드시 있는데 그 원인을 거슬러 올라가 보면 결국 더 이상 원인이 없이 일어난 최초의 원인이 있어야 하고 그 최초의 원인이 곧 神이다."라고 하는 것이 소위 아리스토텔레스의 최초 원인 논증이라는 것이다. 아퀴나스의 다섯 가지 논증이라는 것은 대체로 아리스토텔레스의 최초 원인 논증을 확대 설명한 것이다.

즉, 모든 존재하는 것, 완전성의 기준, 모든 사물의 목적과 그 목적에 따라 활동하도록 만든 근원적, 지적 존재 등을 그 근원을 따라 거슬러 올라가 보면 결국 神에 도달하게 되고 따라서 神은 존재한다고 결론을 내린다. 어쨌든 논증할 수 없다고 하는 神의 존재 여부에 대하여 아퀴나스가 논증을 시도해 보았다는 점에서는 그 노력을 평가할 만하다.

그러나 이 논증은 우주가 언젠가 시작한 원점이 있다는 가정 아래 연역된 논증이지만 우주가 정말로 시작이 있었는지, 미래가 끝이 없듯이 시작도 그 원점이 없었는지는 아직은 아무도 모른다. 현대의 자연과학은 이 우주가 137억 년 전에 대폭발Big Bang을 일으키며 시작되었다는 것을 증거하고 있지만, 그 대폭발이 있기 전 137억 년보다 훨씬 전에는 무슨 일이 일어나고 있었는지는 아무도 모른다. 지금 우리가 보는 이 우주가 그때 시작되었다는 말이지 그 전에 또 다른 우주가 있어서 수축과 폭발을 반복하며 끝없이 계속하고 있었는지 어찌 알겠는가?

(3) 기초신학적 의견

유신론자라면 누구나 꺼내들기를 좋아하는, 神의 존재에 관한 증거라고 하는 것들이 몇 가지 있다. 그것은 기독교의 기초신학이라고 하는데서 다루는 것으로 어느 누구 개인의 의견이라기보다는 여러 사람들이 그동안 연구한 결과를 모아 놓은 것이라고 할 수 있다. 아리스토텔레스, 토마스 아퀴나스의 사상도 여기에 포함되어 있다. 우주의 자연 현상에는 인간의 지능으로는 상상도 할 수 없는 신비한 일들이 너무나 많다. 끝도 없이 넓으나 넓은 이 우주, 현미경으로 들여다보아도 보이지 않는 원자의 세계, 그러면서도 정해진 원리에 따라 움직이는 정확한 질서, 또한 과학으로도 설명할 길이 없는 생명의 신비, 이런 경이로운 세계가 아무 원인도 없이 생겼다고 볼 수는 없으니까 그 궁극적 원인으로 그것을 있게 한, 다시 말하면 그것을 창조한 위대한 능력의 존재를 神, 즉 하느님이라고 부른다는 입장이다. 그렇다면 우주의 신비, 원자의 신비, 생명의 신비라는 것은 도대체 무엇을 말하는 것인가. 대략 그 실체를 좀 알아보자.

① **우주의 신비** : 우선 우리가 살고 있는 지구에서부터 시작해 보자. 지구는 직경이 약 12,000 Km, 그러니까 적도상의 둘레는 대략 4만 Km 쯤 된다. 지구가 태양을 주위로 일 년에 한 번씩 도는 것은 누구나 아는 얘기. 태양까지의 거리가 약 1억 5천만 Km이니까 지구가 일 년에 가는 거리는 1억 5천만 Km를 반경으로 하는 원둘레 즉 9억 4천 3백만 Km다. 이것을 365일로 나누면 260만 Km, 다시 24시간으로 나누면 10만 Km가 넘는다. 지구가 태양을 도는 공전속도는 시속 10만 Km가 넘는다는 말이다. 제트기의 시속이 대략 800 Km에서 1,200 Km쯤인 것을 생각하면, 지구가 공전하는 속도가 얼마나 **빠른** 것인지 짐작이 될 것이다.

태양은 지구 말고도 수성, 금성, 화성 등, 소위 떠돌이 별이라고 하는 행성 여덟 개를 거느리고 있으며, 이 행성들을 거느리고 은하계 우주라고 하는 소우주 안에서 2억 년에 한 번씩 회전한다고 한다. 은하계 우주의 크기는 직경이 약 10만 광년, 높이가 약 5광년 되는 원판 모양으로 생겼고 전체 우주에는 약 천억 개의 소우주가 벌집이 포개어 있듯이 차곡차곡 포개져 있다고 한다. 은하계 우주 안에는 태양과 같은 붙박이별(항성)이 1조 개쯤 된다고 하며 그 항성들은 각각 태양처럼 여러 개의 떠돌이별을 거느리고 있으니까 은하계 우주 안에만 모두 별이 몇 개나 되는 것인지 짐작조차 할 수가 없다.

1광년은 잘 아는 바와 같이 빛이 1년에 가는 거리로 9조 5천억 Km다. 우주란 우리의 상상을 넘어서는 크기라고 하지 않을 수가 없다. 이렇게 큰 우주 안에 그렇게 많은 별이 엄청난 속도로 움직이고 있는데도 이 우주 안에서 별들이 충돌하는 불상사가 일어나는 일은 볼 수가 없다. 그러니까 기초신학의 입장에서는 이 우주가 어느 날 갑자기 우연히 생겼다고 보기에는 아무래도 무리가 있다는 입장이다. 틀림없이 누군가 절대적 능력을 가진 존재가 창조한 것이 분명하다고 주장한다.

② **원자의 신비** : 이 세상의 물질들은 모두 100여 개의 원소로 만들어져 있다. 어떤 것은 한 가지 원소로만 된 것도 있고 어떤 것은 여러 개의 원소로 구성된 것도 있다. 산소나 수소 같은 기체나 금, 은, 쇠, 구리 같은 금속은 한 가지 원소로 된 물질들이고 물은 산소와 수소로, 소금은 나트륨과 염소로, 탄산가스는 산소와 탄소로 만들어졌다. 이 원소들을 더 쪼개보려고 해도 더이상 쪼갤 수 없는 아주 극단적인 데까지 쪼개면 그것을 분자라고 부르고 분자는 한 개 또는 몇 개의 원자로 구성되어 있다.

다시 원자는 가운데 원자핵이 있고 그 둘레는 한 개 또는 몇 개의 전자가 돌고 있으며 핵 속에는 양성자, 중성자, 중간자들이 들어있다. 어떤 물질이든지 그 원자핵을 이루는 양성자나 중성자, 중간자들은 다 똑같고 전자들도 똑같다. 원자핵을 이루는 양성자와 중성자는 그 무게가 같고 대략 1.7g을 10에다 0을 24개 더 붙인 수로 나눈 것만큼의 무게라고 한다. 10에다 0을 10개 붙인 수가 1천억이니까 10에 0을 24개 붙인 수는 10조의 10조 배쯤 된다. 전자의 무게는 양자의 1,830분의 1만큼밖에 되지 않는다.

이렇게 작은 원자이지만 양성자와 중성자가 원자핵 안에서 결합되어 있는 힘이 얼마나 큰지 그것을 깨뜨리면 어마어마한 힘이 터져 나온다. 우라늄이나 풀로토늄 원자핵을 분열시켜 얻는 힘을 원자력이라고 하고 원자탄이나 원자력 발전소는 바로 이 힘을 이용한 것이다. 지금은 특수 우라늄이나 풀로토늄 밖에 다른 원자를 분열시키는 기술이 없지만 이론적으로는 아무 원자나 분열시킬 수 있다. 다시 말하면 과학이 좀 더 발달되면 언젠가는 아무 물질이나 핵분열을 시켜서 원자력을 얻을 수 있다는 말이다. 그리고 원자 안에 있는 양성자 중간자 전자들의 구성 비율에 따라 원소 자체가 달라지니까 중성자나 양성자를 마음대로 붙이고 떼어내고 할 수만 있다면 우리는 흙으로 금을 만들 수도 있고 물로 석유를 만들 수도 있을 것이다. 이 미시세계 원자의 세계를 들여다 볼 때에도 거대한 우주의 세계를 볼 때나 마찬가지로 우리는 놀라움을 감출 수가 없다. 이 원자의 세계는 저절로 생긴 것일까? 아니면 어느 절대적인 존재가 창조한 것일까? 이것을 어찌 우연히 생겼다고 할 것인가?

③ **생명의 신비** : 현대 과학은 사람의 유전자Gene 10만 개가 구성하는 유전 정보를 찾아내고 사람의 복제가 가능한 시대가 되었다. 이미 동물과 식물에서는 복제실험이 성공하여 호기심이 많은 과학자들은 사람을 복제複製해 보고 싶은 유혹과 흥미를 가지고 있을지도 모른다. 그러나 생명이라고 하는 신비 앞에서는 현대 과학도 무능력자일 수밖에 없다.

간단한 예를 들어보자.
삶은 콩은 죽은 콩이다. 땅에 심어도 싹이 나지 않는다. 그러나 죽은 콩이지만 그 안에는 콩이라는 생명체가 가지고 있는 완벽한 물리 화학적 구조가 그 안에 고스란히 남아 있다. 그러나 현대과학은 그 죽은 콩을 다시 살리는 방법을 모른다. 양을 복제하고 염소를 복제하는 기술도 복제하는 모체의 유전인자가 들어 있는 살아있는 생명체의 작은 한 부분이 없으면 불가능하다. 양은커녕 간단하게 생긴 풀잎 하나를 만들어 낼 수가 없다. 생명이 있는 풀잎은 물론이고 죽은 풀잎도 만들지 못한다. 생명이란 도대체 무엇일까?

생명이 경이의 대상이 되는 이유 중의 하나는 지구상에 헤아릴 수 없이 많은 동물·식물이 지구 표면을 덮고 있다는 사실이다. 이 은하계 우주 안에는 1조 개가 넘는 태양과 같은 항성이 있으며 지구와 같은 행성은 그보다도 더 많다고 하지만 아직 생명체가 있는 별을 찾아내지는 못했다. 지난번 미국 NASA에서는 두 개의 화성 탐사선을 보내어 현대 과학의 총화라고도 할 수 있는 기술로 화성 표면의 흙을 분석하여 화성에도 옛날에는 물이 있었다는 것을 알아냈다. 물이 있다는 것은 생명체가 있을 수 있는 가장 기본적인 조건이 되니까 혹시 생명체도 있지 않았을까 하고 과학자들은 흥분하고 있는 모양이다.

그러나 거기에 생명의 흔적이 있다는 증표는 아직 찾아내지 못하고 있다. 생명의 흔적이 있다는 것만으로도 그것은 하나의 경이인데 지구상에는 수십만 가지의 식물과 동물들이 살고 있다는 것은 그야말로 신비 중의 신비가 아닐 수 없다. 그리고 각 생명체가 살아가는 모습은 또 어떤가? 거미가 그 기묘한 거미줄을 치는 법은 누구한테 배웠을까? 거미줄에 관해서 또 하나 신비로운 일은 사람은 아직 현대 과학으로도 거미줄만큼 강한 물질을 만들어내지 못한다는 사실이다. 겨우 얼마 전에야 실험실에서 거미줄과 비슷한 정도의 강도를 가지는 물질을 처음으로 만들었다고 한다.

요즈음은 〈The National Geographic〉이라는 기관에서 세계 각지의 생물들이 살아가는 모습을 영상으로 보여주어서 멀리 여행을 하지 않고도 아프리카의 동물이나 바닷속의 동물, 식물들의 기묘한 생태를 쉽게 보게 되었지만, 그것을 보면서 생명의 신비를 느끼지 않는 사람은 아마 없을 것이다. 이러한 생명체들은 그냥 우연히 생겼을까? 생각하는 능력이라고는 전혀 없는 벌레들도 살아가려는 방법을 잘 알고 있으니 누가 그런 것을 가르쳐 주었단 말인가. 그 배후에는 절대적 지혜를 가진 어떤 위대한 존재가 있는 것은 아닐까?

④ **인간의 양심과 도덕률** : 사람은 생물학적으로 동물에 속하면서도 다른 동물과는 판이한 점이 여럿 있다. 그중에서도 가장 눈에 띄게 다른 점 하나는 양심과 도덕률이다. 어떤 사람들은 도덕이나 양심은 인류의 문화가 발달함에 따라 개발된 인간의 높은 지각능력처럼 저절로 생긴 것이지 특별한 것이 아니라고 주장하기도 한다. 그러나 사람도 동물의 생존 본능을 가지고 있으면서도 때로는 자기의 생명에 해가 될 수도 있는 양심적 또는 도덕적 결정을 하는 것은 특이한 일이 아닐 수 없다.

바른말을 하면 틀림없이 죽임을 당할 것이 확실한 경우에도 어떤 사람들은 목숨의 위험을 무릅쓰고 바른말을 한다. 사육신의 경우나 독립투사들이 체포되었을 때 보여 준 말과 태도들이 모두 그렇다. 생명은 살아 있는 존재에게는 무엇보다도 귀중한 것이지만 인간은 가끔 생명보다도 더 중요한 것이 있다고 생각한다. 동물들한테서는 결코 찾아볼 수가 없는 특이한 경향이다. 독일 철학자 칸트가 그의 『실천 이상 비판』이라는 책에서, "생각하면 생각할수록 점점 커지는 감탄과 놀라운 마음을 갖게 하는 것이 두 가지가 있다. 하나는 내 위에서 별이 반짝이는 저 하늘과 다음은 내 안에 있는 도덕률이다."라고 말할 정도로 도덕률은 경이의 대상이다.

(4) 데카르트 Rene Descartes (1596~1650, 프랑스)

어둡고 지루했던 중세가 끝나고 문예부흥Renaissance이 일어나면서, 사람은 죽은 다음에 천국에 가기 위해서 존재하는 것으로, 모든 문제를 오직 종교적 시각으로만 보던 시기가 지나고 이제는 모든 것을 인간 중심으로 생각하는 기풍이 지식인들 사이에 퍼지고 있었다. 과학적으로 생각하는 방법이 발달하면서 망원경, 나침반, 화약, 총 등이 발명되었고 따라서 항해술, 천문학이 발달하여 지구가 우주의 중심이 아니라는 것도 차차 알게 된다. 데카르트는 바로 이렇게 사상이 급변하고 있는 한 가운데인 1596년에 태어났다. 1606년 예수회가 운영하는 플레쉬 꼴레즈College la Fleche에 입학하여 8년 동안 라틴어와 수사학 및 자연철학, 형이상학 등의 철학 수업을 받았고 푸아티에Poitiers 대학에서 법학을 공부한다.

그는 귀족 가문의 자제였기 때문에 아주 젊어서부터 유럽 여러 나라를 자유롭게 돌아다니며 견문을 넓혔다. 이때는 이미 중세기 전체를 통해서 머리로 생각만 하는 논리적 사고思考의 중요성이 지나치게 강조되어왔던 것을 반성하는 생각이 일어나, 관찰과 실험과 경험을 통한 탐구를 자연 현상을 이해하는 기초로 삼아야 한다고 주장하는 사람들이 나타나기 시작하고 있을 때였다. 데카르트 자신도 자기가 그동안 공부한 내용에 대해서도 그것이 진리인지 아닌지 확신할 수가 없다는 생각이 들었다. 고대 그리스 시대부터 전해오는 책들도 믿을 수 없었고 환경에 따라 변조를 보이는 우리의 감각도 믿을 수가 없었다.

그는 주장하기를, "우리가 무엇을 진리라고 받아들이기 위해서는 반드시 그것을 명백하게, 또 특수하게 인식하지 않으면 안 된다. 이렇게 하기 위해서는 어떤 복합적인 문제를 기본이 되는 단위요소로 나누어 가장 단순한 사고를 가지고 시작해야 한다."라고 주장했다. 그것은 마치 갈릴레오가, "측정할 수 있는 것은 모두 측정하고 측정할 수 없는 것은 측정할 수 있도록 만들라."고 한 것처럼 사고思考의 최소단위의 크기와 무게까지 측정해야 한다고 믿었던 것이다. 그의 첫 번째 목표는 생명에 대한 확실성을 증명하는 것이었는데 우선 모든 것을 의심하는 데서부터 시작해야 한다고 주장했다. 그러나 그는 그 자신이 의심하고 있다는 것은 확실하다. 즉 내가 의심한다는 것은 바로 내가 생각한다는 말이고 내가 생각한다는 것은 내가 존재한다는 증거라고 말했다. 그 유명한, "나는 생각한다. 고로 나는 존재한다.Cogito, ergo sum"라는 말이 탄생하는 순간이었다.

이제, 데카르트가 神의 존재를 규명하는 말을 들어보자.
"나의 마음속에는 하나의 본질적으로 완전한 개체의 개념Distinct Idea of a Perfect Entity이 뚜렷이 보이는데 이 개념은 있다가 없어지거나 없다가 생겨나는 것이 아니고 내 안에 항상 내재하는 개념이기 때문에 이것은 내가 스스로 만들어 낸 것이 아님은 확실하다. 스스로 완전하지 못한 나로부터 완전한 개체의 개념이 나올 수 없기 때문이다. 따라서 이러한 아이디어는 神으로부터 나온 것일 수밖에 없다. 따라서 神은 존재한다."라고 주장한다. 그러나 이 논증의 결정적인 결점은, 마음속에 내재하는 완전한 개념이 있으면 모두 존재한다는 말인데 그렇다면 용龍이나 봉황鳳凰 또는 날개 달린 천마天馬Pegasus 등도 실제로 존재한다고 보아야 하는가 하는 문제가 있다.

데카르트는 근세 철학의 아버지로 불릴 만큼 유명한 철학자이면서 도형圖形으로만 설명하는 유클리드 기하학을, 숫자와 변수를 나타내는 문자를 써서 대수적代數的으로 설명하는 새로운 방법의 해석解析 기하학을 창설한 수학자요 또한 물리학자이기도 하다. 4년 동안이나 우주에 관한 연구를 하며 『천체론』을 집필하는데 보냈으나 그때, 교회가 지동설을 주장한 갈릴레오에게 유죄 판결을 내렸다는 소식을 듣고 깊이 생각하던 끝에 더 이상 연구를 포기하고 미완성인 채로 남았다. 나중에 보겠지만 종교재판이라는 것이, 또 화형이라는 것이 얼마나 참혹하고 잔인한 형벌이었던지 데카르트처럼 당당한 귀족이요 유명한 과학자도 말만 듣고도 겁이 나서 더 연구를 계속할 수가 없었다.

(5) 톨스토이 Leo Nikolayevich Tolstoy (1828~1910, 러시아)

톨스토이는 원래 독실한 기독교(그리스 정교) 집안에서 태어나 나이가 열다섯 살이 될 때까지, 神의 존재에 대하여는 전혀 다른 생각을 해 볼 겨를도 없이 그냥 열심히 기독교인의 생활을 하고 있었다. 톨스토이가 그의 참회록에서 말하는 S라고 하는 '총명하고 성실한 친구'가 찾아와서 자기가 어떻게 신앙을 버리게 되었는지 얘기하더라는 간접적인 화법을 쓰고 있지만, 이 이야기는 그 자신의 이야기처럼 들린다.

S는 어느 날 형과 같이 사냥을 갔다가 밤이 되어 어떤 농부의 헛간에서 밤을 지내게 되었다. S는 습관대로 잠자리에 들기 전에 무릎을

꿇고 저녁기도를 드렸다. 그때 그의 형은 건초 더미 위에 벌렁 누우면서 조롱하는 듯한 소리로, "너는 아직도 그런 것을 하느냐?" 하고 물었다. 두 사람은 그 이상 아무 말도 하지 않았다. 그러나 그 날부터 S는 기도를 드리지 않았고 교회에도 나가지 않았다.

S는 형의 신념이 옳다고 생각되어 따른 것도 아니고 그 자신이 마음속에서 무슨 깨달음 같은 것이 있었던 것도 아니다. 다만 그날 밤, 형의 말 한마디는 그때까지 힘들게 버텨오던 쓰러지기 직전의 담장과 같은 그의 신앙생활을 손가락으로 한번 밀어 본 것에 불과하였지만 그 말을 듣자마자 그의 신앙은 그만 와르르 무너지고 말았다. S의 마음속에 이미 자신도 의식하지 못하는 사이에 자기의 신앙이 그저 공허한 형식에 불과하고 그의 입에서 나오는 기도의 말도 아무 의미가 없다는 것을 깨달았던 것이다.

"가만히 있어도 재산이 자꾸만 불어나는 대 부호"의 집안에 태어난 톨스토이는 신앙을 버린 뒤로 거칠 것 없이 방탕과 향락의 생활에 몸을 내 맡기었다. 자신이 시대를 지도하는 지성인이라는 자만심에 빠진 일단의 지성인들에 둘러싸여 문학 작품들을 발표하고 또 그 작품들이 인기를 끌며 사회적으로 명사의 대접을 받으면서 더 많은 여자들을 만나게 되는 계기가 되었다. 그의 눈에는 교회에 다니는 사람들이 어리석고 불쌍하게 보였다. 그러나 얼마의 세월이 지나자 방탕한 생활이 결코 행복을 가져오지 않는 것임을 점점 깨닫기 시작했다. 그리고 심한 좌절감과 허무한 생각에 자살하는 것 밖에는 다른 길이 없다고 생각할 지경에 이르렀다.

이때쯤, 그동안 자신이 '무식하고 어리석기 짝이 없는' 사람이라고 무시하고 거들떠보지도 않던 농민이나 노동자들이 오히려 행복하게 살아가고 있는 것을 발견하고 신기하게 생각되어 깊은 관심을 가지고 그들의 생활을 관찰해 보았다. 가난한 그들은 금욕주의자들처럼 극심한 인내와 끝없는 노동에 매달려 살면서도 아무 불평이 없었다. 일요일마다 온 가족이 가장 깨끗한 옷을 입고 교회에 가는 그들의 얼굴에는 미소와 웃음이 떠나지 않았다. 처음에는, "신앙이라는 것이 모두 허구요 무의미하다는 것을 무식한 저들이 알 리가 없지" 하고 대수롭지 않게 생각했으나 신앙을 버린 자신의 고뇌가 감당하기 어려울 정도로 점점 심해지고 매일 자살의 유혹에서 벗어나기가 힘든 반면, 대부분의 그 가난한 사람들이 행복하게 살 수 있는 것은 분명히 어떤 확실한 이유가 있을 것이라는 생각이 들었다.

그는, 겉으로 보기에 아무리 무식하고 어리석은 사람들일지라도 전 세계 수십억에 이르는 이 사람들의 생활의 밑바닥에는 분명 진리가 있지 않을까 하는 생각이 어렴풋이 들기 시작했다. 그는 자기 농장에서 일하는 농부들과 좀 더 가까이하며 그 진리를 찾아보려고 했다. 결국 신앙이 없이는 즉, 선악의 지식 없이는 생활이 불가능하다고 생각하며 교회만이 이 문제를 해결해 줄 것이라고 깨닫고 다시 교회로 돌아갔다. 그러나 이렇게 깨닫고 나서도 오랫동안, 톨스토이의 말에 따르면 35년 동안, 神을 부정하면서 느끼는 절망감과 神에게 매달릴 때 느끼는 소생감蘇生感 사이를 시계의 추처럼 왔다 갔다 하면서 방황을 계속하였다.

같은 기독교인들 사이에서, 그리스 정교와 가톨릭, 개신교와 가톨릭, 개신교와 그리스 정교 사이에서 서로를 이단異端이라고 비난하면서 서로를 저주하고 미워하는 것을 보고 그는 크게 실망했다. 정권을 쥐고 있는 그리스 정교가 다른 교파들을 화형에 처하기도 하고 종신형에 처하기도 하는 일은 과거에도 그때도 드문 일이 아니었다.

톨스토이는 사람을 죽이지 말라는 예수의 계명은 절대적인 명령으로 아무런 조건이 붙을 수가 없는데 기독교의 이름으로 다른 사람도 아니고 교회는 다르지만 같은 기독교인을 이렇게 참혹한 방법으로 죽이거나 평생 동안 감옥에 넣는 것을 보고 아연 실색하며 또 다시 신앙에 회의를 가지게 된다. 그 뒤, 어찌어찌 해서 그 문제를 해결하고 다시 神을 붙들었을 때 그는 성직자들의 파렴치한 작태를 알게 되어 또다시 흔들리곤 하다가 끝내는 "살기 위해서는 神을 인식하는 것이 필요하다. 神을 잊어버리고 神에 대한 신앙을 잊어버리는 것과 동시에 나는 자살 외에는 다른 길이 없다는 막다른 골목에 빠지는 것이다. 神을 안다는 것과 산다는 것은 동일한 것이다. 神은 즉 생명이다." 하고 깨닫는다.

톨스토이는 문학에서도 불휴의 명작을 많이 남겼지만 신학연구에 있어서도 빛나는 업적을 이루었다. 특히 신약성서의 복음서에 관한 연구는 단연 돋보이는 공로이다. 산상수훈山上垂訓으로 알려진 마태복음 제5장의 말 가운데서 22절에 있는, "아무 이유 없이 자기 형제에게 성을 내는 사람은…" 하는 구절에서 "아무 이유 없이"라는 구절은 절대적 용서를 요구하고 있는 예수의 계명으로서는 이해할 수 없다고 생각하고 옛날 사본들을 참고해 본즉 옛 사본에는 그 말이 없었다는 것을 찾아냈다.

즉 "아무 이유 없이"라는 조건은 마치 "이유가 있기만 하면" 형제에게 성을 내도 좋다는 뜻으로 톨스토이에게 들렸던 것이다. 요새 출판된 한글 성서에는 개신교 것이나 천주교 것이나 이 말이 없는데 King James Version 영문 성경에는 "without cause"라는 말이 아직도 분명히 들어있다. 같은 장 32절에, "누구든지 음행한 경우를 제외하고 아내를 버리면 …"이라는 구절에서도 "음행한 경우를 제외하고"라는 말이 예수의 절대적 용서라는 명령에 비추어 본래 예수의 말이 아니라 누군가 나중에 덧붙여 넣었으리라고 톨스토이는 주장한다.

(6) 한스 큉 Hans Küng (1928~2021, 스위스)의 의견

한스 큉은 1928년 스위스에서 출생하여 1954년 신부로 서품된 후 거의 전 생애를 신학교 교수로 재직하면서 현대의 신학연구에 몰두하였으며 특히 기독교 교회 일치 운동에 앞장서서 활동했다. 1962년에는 교황 요한 23세에 의하여 제2차 바티칸 공의회의 정식 신학 자문위원으로 임명되어 활약하였다. 가톨릭 신부로서는 매우 개방적 혁신적인 면을 보이기도 해서, 특히 교회 일치 운동에 매달려 일할 때는 로마 교황청 보수주의자들이 별로 좋아하지 않았다.

한스 큉은 神의 존재를 토론하는 마당에서 선입견이나 편견에 빠지지 않으려고 각별한 노력을 하는 점이 돋보인다. 그는, 우선 神은 부정할 수 있다고 무신론의 주장을 일단 인정해 주고 들어간다. 무신론은 합리적으로 입증된 것은 아니지만, 그러나 반증될 수도 없기 때문이다. 반대로 神을 부정할 수 있는 만큼 神을 긍정할 수도 있다. 왜냐하면, 神은 존재한다고 말하는 사람의 주장도 실증적으로 반박할 수는 없기 때문이다. 그러므로 神의 문제는 확실하지 않은 그 실재에 관하여 긍정하든지 아니면 부정하든지 한 가지를 결단해야 하는 높은 차원의 결단이다.

어떤 사람에게 이 문제가 제기되는 즉시, 그 사람은 어느 쪽으로든지 결단을 내리지 않으면 안 된다. "선택하지 않은 사람은 선택하지 않기로 선택하는 사람이다."라는 말은 神의 존재 문제에 있어서도 진실이다. 그러나 그는, 한 가지 분명한 사실은 사람이 神을 부정한다고 선언할 때 그는 인간의 궁극적인 의미나 궁극적 목적 그 자체를 부정하는 것과 같다."고 말한다. 사람에게는 아무 의미도 없는 것일까? 높은 지능과 양심, 도덕률을 가지고 있는 인간이 다른 짐승이나 마찬가지로 끝내 아무 목적도 없는 존재일까? 만일 그렇다면 사람은 왜 살아야 하는가? 또는 사람은 어떻게 살아야 하는가? 하는 질문은 부질없는 것일까? 계속해서 그의 말을 들어보자.

"무신론자가 일단 神이 없다고 결단을 내리고 나면 그는 그가 神을 부정함으로써 치러야 하는 대가(代價)를 받아들여야 한다. 그것은 궁극적 근거 상실, 의미 상실, 목적 상실이며 일체의 무의미, 몰가치, 철저한 허무성이라는 위험에 빠지게 되는 것이다. 무신론자가 이것을 의식하게 되면 개인적으로 극단적인 좌절, 위기, 파멸 감을 느끼게 되고 극도의 회의와 공포, 절망에 빠질 우려가 있다."

이처럼 한스 큉은 무신론의 오류를 밝혀 나감으로써 역으로 "그러니까 神은 존재하지 않으면 안 된다"고 결론을 이끌어내고 있다.

(7) 폴 데이비스 Paul Davies (1946~ , 영국)

1995년, 종교 발전에 공헌한 과학자에게 수여하는 Templeton 상을 받은 폴 데이비스는 물리학자다.

『神의 뜻 The Mind of God』이라는 책에서 그는, 과학이 발달하면 발달할수록 이 우주가 생기는 과정에서 지금 상태와는 다른, 극히 작은 착오가 있었더라도 우리 인류는 존재할 수 없었을 것이라는 것을 발견하면서 오늘날 우리 인류가 존재하는데 특별한 의미가 있다는 것을 깨닫는다고 고백한다. 그는 교회에 나가는 신자는 아니지만 神이 인간의 존재를 가능하게 하기 위하여 이 세상을 설계하고 계획했다고 믿는 사람이다. 결코 이 우주는 아무 목적이 없이 우연히 만들어진 것은 아니라고 주장한다. 태양이 지금보다 조금만 더 뜨거웠던지 아니면 조금만 더 차던지, 또는 태양과 지구 사이의 거리가 지금보다 조금만 더 가깝던지 또는 멀던지 했더라면 인류는 이 세상에 존재할 수 없었을 것이라는 말이다. 그는 유명한 과학자이기 때문에 보통 신학자들이 神의 존재를 논증할 때 즐겨 그의 이름과 그의 말을 인용한다. 자주 인용되는 그의 말을 들어보자.

"우주 안에 의식이 있는 생명이 진화하는데 필요한 자연법칙들의 정교한 조율은 神이 생명과 의식을 출현시키기 위해서 이 세상을 설계했다는 분명한 함축된 의미를 가지고 있다. 이것은 우주 안에 인간이 존재하는 것도 神의 계획의 중요한 일부라는 것을 의미한다."

이상으로 충분하지는 않지만 몇 사람 유신론자들의 의견을 살펴보았다. 유신론자는 얼마든지 많다. 이 세상에 헤아릴 수 없이 많은 모든 종교인들은 모두 유신론자라고 볼 수 있다. 그러나 종교인들은 유신론자이면서도 자기들의 神에 대해서는 그렇게 적극적으로 옹호하고 감싸면서 다른 종교의 神에 대해서는 매우 배타적이다. 인류 역사상 종교의 차이 때문에 일어났던 전쟁이 얼마나 많았던가를 생각해 보라. 무슨 근거로 자기 종교의 神만이 진정한 神이고 다른 종교의 神은 가짜라고 생각하는지 알 수가 없다. 교통과 통신이 발달하면서 이제는 집 안에 앉아서 세상 돌아가는 것을 한눈에 보게 되어 세상은 그만큼 좁아졌다고 할 수 있다. 그 전에는 자기 나라에서 자기들의 종교만 있는 줄 알았으나 세계 각처에 여러 가지 종교가 있다는 것이 알려진 오늘날 어떤 특정 종교만 진리라고 주장하는 것은 부질없는 일이 되고 말았다.

2. 무신론자들의 의견

암흑의 중세 천년을 지나면서 기독교가 얼마나 가혹하게 사람들을 탄압했던지 그 천년 동안 아무도 감히 神이 없다는 소리는 입 밖에도 낼 수가 없었다. 입 밖에 내기는커녕 머릿속으로 생각조차 엄두를 낼 수가 없었다. 그 천년 동안뿐만 아니라 중세가 지나고 문예부흥 Renaissance의 시대가 열리고 神 중심의 사상에서 사람 중심의 사상들이 꽃을 피웠을 때도 기독교 교리에 어긋나는 말을 했다가 잡혀가 죽은 사람은 한둘이 아니다. 20세기 초까지도 기독교는 이 세상에서 막강한 세력을 자랑하며 횡포를 부렸다.

17세기 초에 기독교 교리와 다른 생각을 가지고 있다고 이단으로 몰려 참혹하게 죽은 브루노 이야기를 한번 들어보자. 브루노Giordano Bruno(1548~1600, 이탈리아)는 그때 알려진 땅이라면 가보지 않은 곳이 없었고 학문이라는 학문에도 손을 대보지 않은 것이 없을 정도로 끝없는 방랑을 하며 이 세상의 모든 문물을 다 흡수할 듯이 자유롭게 돌아다니며 지식을 탐구하던 도미니코 수도회 소속의 수사로 이탈리아 사람이었다. 그는 "모든 실재는 실체에 있어서 하나이고 원인도 하나이며 기원도 하나"라는 통일의 사상으로, "神과 이 실재는 동일하다. 따라서 神이 따로 존재하는 것이 아니라 대 자연 안에 神이 존재한다." 또는 "이 우주는 무한히 크다."고 말을 했다가 1600년, "가능한 한 자비를 베풀어 피를 흘리지 말고 죽도록", 곧 산 채로 태워 죽이라는 종교재판의 판결에 따라 수많은 사람들이 지켜보는 가운데 《로마의 꽃시장》이라고 부르는 거리에서 화형에 처해지고 말았다.

또 그 자신이 기독교의 신부였던 코페르니쿠스는 과학적 관찰을 통해서 확인된 결과, "지구는 둥글고 태양을 중심으로 돈다."고 발표했다가 하마터면 죽을 뻔했으나 그 사실을 공식적으로 부인하고 겨우 죽음을 면했다. 종교 재판소에 끌려간 갈릴레오는 죽음이 두려워 지구가 도는 것을 부인하기는 했으나 그는 망원경을 가지고 실제로 관측해서 얻은 결론이었기 때문에 마음속에는 의심의 여지가 없는 일이었다. 재판소를 나오면서 그는, "그렇지만 지구는 지금도 돌고 있는데…"라고 중얼거렸다는 이야기는 유명하다. 코페르니쿠스도 재판소에서는 화형당할 것이 겁나 지구가 돈다는 것을 부인했지만 죽기 전에 지동설을 설명하는 작은 책, 『천체天體의 회전에 관하여』를 기어이 출판해 놓고 죽었다.

철학적 신학적 논쟁은 그 논쟁의 대상이 하나의 사상이나 이념에 불과하기 때문에 뚜렷하게 어느 것이 옳고 어느 것이 틀렸다고 단정을 내릴 수는 없는 문제다. 그것은 마치 선善이나 윤리적 가치 기준이 지방에 따라 시대에 따라 달라지는 것과 마찬가지다. 종교는 특정 지역의 사회적, 민족적 환경에 따라 일어난 특수이념이요, 개별적인 전통일 뿐이지 보편타당하게 적용할 수 있는 진리는 아니다. 따라서 기독교의 神은 기독교가 전파되었던 지역에서는 그 지역의 특수 환경에 따라 진리로 받아들여졌겠지만, 그 밖의 다른 지역에서까지 진리로 받아들여지리라 기대하는 것은 무리다. 사람에 따라서 그것을 받아들일 수도 있고 받아드리지 않을 수도 있다. 그런데 지중해 연안 중동의 한구석에서 일어난 기독교가 온 유럽에 퍼져 천 년 동안 거의 유일한 종교로 세력을 떨쳤다.

천년이란 얼마나 긴 세월인가? 이렇게 오랜 세월 동안 한 가지 생각만을 하도록 억압을 했으니 아마 유럽인들의 머리는 그렇게만 생각하도록 진화(퇴화?) 되어버리지 않았을까 하는 생각이 든다. 철학자 중에는 더러 기독교에서 말하는 야훼 하느님 같은 인격 신은 없다고 생각하는 사람들이 있었으나, 그러면서도 엉뚱한 것을 끌어대어 "이것이 神이다.", 혹은 "저것이 神이다." 하면서 神에 관한 이야기를 아주 끊어버린 사람은 찾아보기가 어렵다. 철저한 경험주의자로 데이비드 흄 David Hume (1711~1776, 영국)은 그의 지론으로 보아서 분명히 우리가 도저히 경험할 수 없는 神 같은 것을 인정하기가 어려웠을 텐데, 영혼이나 神의 존재를 증명하려는 생각은 허사라고 하면서도 그 자신이 무신론자라고 내세우지는 않았다.

마치 공기와 같이 유럽인들의 머릿속에는 神이 필수적인 것으로 자리를 잡고 있었던 모양이다. 설사 神이 없다는 생각이 들었더라도 죽음이 두려워 아무도 그런 척도 할 수가 없었다. 문예 부흥, 계몽주의 사상의 대두 등으로 비교적 자유로운 사상이 나오면서 중세 기독교의 비인도적 탄압의 반작용으로 많은 사람이 기독교를 공격하는 일은 빈번했다. 보수적인 호교론자, 유신론자였던 임마누엘 칸트Immanuel Kant까지도, "그리스도는 이 땅 위에 神의 나라를 세우려고 했으나 교회 최우선주의를 주장하는 사람들이 神의 나라가 아니라 성직자의 나라를 만들어 놓고 말았다"고 개탄할 정도다. 아무튼, 써 놓은 글 여기저기서 혹시 이 사람은 무신론자가 아니었을까 하는 생각이 드는 철학자는 여럿이 있다. 그중에서도 몇 사람만 예를 들어보자.

(1) 바뤼흐 스피노자 Baruch Spinoza (1632~1677, 네덜란드)

스페인 왕 페르디난드가 유태인들을 탄압할 때, 일단의 유태인들은 맨몸만 겨우 빠져나와 영국이나 이탈리아보다는 유태인에 대해서 좀 더 관대하다고 알려진 네덜란드에 상륙한다. 스피노자는 이때 도망 나온 포르투갈 출신 유태인 가정에서 태어났다. 관대하다고는 하지만 거기에서도 유태인에 대한 경계의 눈초리가 아주 없었던 것은 아니었다. 스피노자가 여덟 살 때의 일이다. 르네상스의 회의적 영향을 받은 우리엘 아코스타라는 정열적인 젊은이가, 죽은 다음에 천당 지옥이 있다는 교리를 맹렬히 공격하는 글을 써서 발표한 일이 있었다. 사실 이 글은 유태교의 전통적 교리에 어긋나는 것은 아니었지만 유대교 지도자들은 기독교 사회의 반감을 살 것이 두려워 그 젊은이를 불러다 그의 글을 취소하고 참회할 것을 강요했다. 참회의 방법은 교회 입구에 그가 엎드려 있으면 모든 교인이 그의 몸을 밟고 지나가는 것이었다. 집으로 돌아온 우리엘은 참을 수 없는 치욕과 분노에 치를 떨며 박해자를 격렬하게 공격하는 글을 써 놓고 총으로 자살하고 말았다.

이 사건이 같은 마을에 살고 있던 스피노자에게 어떤 영향을 주었는지 우리는 알 길이 없다. 그러나 이 사건이 일어나던 때 그는 한창 감수성이 날카로운 여덟 살이었다.

어려서 스피노자는 부모와 교회로부터 장래가 촉망되는 똑똑한 소년으로 사랑을 받았다. 특히 많은 사람이 교회와 유태인 사회의 빛이 될 인물이라고 생각하고 있었다. 아버지는 부유한 상인이었지만 젊은 그는 사업에는 전혀 흥미가 없었고 유태 민족의 종교와 역사에 깊이 파고 들었다. 神과 인간의 운명에 관하여 당시 사회를 지배하고 있던 기독교 사상가들의 의견에 관심을 가졌고 라틴어를 공부하여 고전을 읽으며 좀 더 깊고 넓은 지식의 바다로 뛰어들어 위대한 철학자가 되는 기틀을 닦았다. 그러나 기성 종교를 비판했다는 허물로 스피노자는 몹시 박해를 받는다. 아마 근세에 와서 자기의 사상 때문에 스피노자만큼 박해를 받은 사람도 드물 것이다.

그는 기독교와 유태교의 신구약 경전이 문자 하나하나 모두 성령의 감도感導를 받아 기록되었다는 것을 부인하고 이 경전을 읽을 때는 그것이 기록되던 당시의 시대적 배경을 항상 염두에 두어야 한다고 주장했다. 아무튼 이렇게 해서 스피노자는 유태교에서 파문을 당하고 더구나 그의 가족들마저 그를 버리고 말았다. 그 당시 유태인으로서 유태교로부터 파문을 당한다는 것은 보통 일이 아니었다. 유태인은 이미 사회로부터 심한 차별을 받고 있었으니까 파문은 유일한 그의 소속사회로부터 제명되는 것을 의미한다. 철저한 따돌림이다. 유태교와 마찬가지로 구약도 신약과 함께 자기들의 경전으로 삼고 있는 기독교 – 사랑, 평화, 절제, 만인에 대한 자비 등 예수의 가르침을 신앙의 기본으로 삼고 있다고 공언하는 – 기독교가 유태인에 대하여 악의에 찬 적개심을 품고 반목하며 매일매일 서로 격렬한 증오심을 드러내는 것을 도무지 이해할 수가 없다고 한탄한다. 그는 암스테르담 교외의 외딴곳으로 몸을 숨기고 망원경에 쓰는 렌즈 닦는 일을 하여 생활비를 벌어가며 조용히 철학에 몰두한다.

스피노자는, 神이 이 자연을 창조하고 물러나 앉아 뒤에서 조종하고 있는 것이 아니라 자연 안으로 들어가 버렸다고 주장했다. 그래서 "자연이 바로 神이요 神은 자연이다."라고 했다. 말하자면 무신론자라기보다는 범신론자汎神論者라고 할 수 있다. 그러나 당시에는 기독교 이외는 모두가 이단으로 취급되었기 때문에 무신론자이건 범신론자이건 별로 차이가 없었다. 1665년에 『기하학적으로 논증한 윤리학』이라는 책과 작은 단편 『지성 개선론』을 썼으나 정치적 종교적 탄압 때문에 출판하지 못하고 항상 종교재판에 끌려갈 위협 속에 살았다. 1670년에 가짜 이름으로 『신학 정치론』이라는 책을 발표한다. 그러나 이 책도 출판과 동시에 판매금지 처분을 당했으며 어떤 비평가는 스피노자를, "일찍이 지구상에 살았던 무신론자 중에서 가장 불경스러운 무신론자"라고 공격했다고 한다.

이렇게 핍박을 받는 가운데서도 그의 이름은 많이 알려져서 네덜란드에 진주하는 프랑스 진주군 사령관으로부터 연금을 받았으며 1673년에는 하이델베르크 대학으로부터 철학 교수로 초빙을 받는다. 그러나 그 초빙은 국가의 종교(기독교)에 이론異論을 제기하지 말아야 한다는 단서가 붙어있어서 정중히 거절한다. 자신의 종교적 철학적 사상 때문에 어렸을 때 말고는 한 번도 인간적인 대접을 받아보지 못하고 영민한 두뇌와 맑은 지성으로 인류에게 큰 보람을 줄 수도 있었던 스피노자, 그러나 어둠침침한 하숙방에서 먼지 나는 렌즈 닦는 노동으로 겨우 생계를 이어가던 스피노자, 근대 철학자 중에서 가장 뛰어난 철학자의 한 사람으로 인정받는 그는 가슴속에 품고 있던 사상을 채 펴 보지도 못하고 앓고 있던 폐병이 악화되어 겨우 44세, 아직도 한창 젊은 나이에 세상을 떠나고 말았다.

(2) 프리드리히 니체 Friedrich W. Nietzsche (1844~1900, 독일)

중학교 때 처음으로 천주교 신자가 된 나는 교회에서 가르치는 모든 교리가 진리인 줄 알고 열심히 믿었다. 그래서 니체가, "神은 죽었다"고 했다는 말을 듣고, 니체는 아주 나쁜 사람이고 성질이 포악하고 생긴 것도 아주 험상궂게 생겼을 것이라고 곧잘 상상했었다. 그러나 사실 니체는 성격이 여자처럼 여리고 부드럽기 짝이 없는 사람이었다고 한다. 양친의 가계는 대대로 성직자였고, 그의 아버지도 목사였다. 어려서 아버지가 죽고 신앙심이 깊은 어머니와 집안의 시집 안 간 고모 등 다른 여자들에 둘러싸여 자라면서 거의 여성적이라고 할 만큼 섬세하고 성격이 여린 소년으로 자랐다. 혼자서 조용히 성경을 읽거나 다른 사람들에게 감상적인 목소리로 성경을 읽어주어, 눈물을 흘리게 만드는 니체를 두고 급우들은 '작은 목사'라고 불렀다. 그런데 어떻게 해서 이 사람이 "神은 죽었다"고 말을 하게 되었을까?

내가 니체를 공부하면서, 그는 참으로 이해하기가 어려운 사람이라는 생각이 들었다. 철이 들 때까지 너무나 일방적으로 기독교적인 교육만 받았던 환경이 오히려 반작용을 일으켰던 것일까? 평탄하지 않았던 그의 일생을 더듬어보면 그는 언제나 마음속에 일어나는 생각과 정반대로 행동하는 경향을 보이곤 했다. 『철학 이야기』를 쓴 윌 듀란트 Will Durant (1885~1981, 미국)는 니체를 쓰는 항목에서, "니체는 시종일관 동상처럼 순수하게 경건한 청교도로 지냈다. 따라서 그는 청교도와 경건성을 공격하지 않을 수가 없었다. 이 완고한 성자는 죄인이 되기를 얼마나 열망했던가"라고 쓰고 있다.

1868년, 그러니까 스물네 살 때 만난 리하르트 바그너를 그토록 좋아했으면서도 바이로이트 음악제에서 바그너의 오페라가 대 성공을 거두면서 온 세상이 바그너를 찬양하고 있을 때 오히려 니체는 한 마디 말도 없이 바그너를 떠난다. 그러나 1880년에 완성한 『인간적 너무나 인간적』이라는 책을 바그너에게 보내고 그 대신 바그너로부터 『파르시팔』이라는 새 오페라를 받는다. 바그너를 미워하게 된 동기는 바그너가 기독교에서 그 신학적 결함을 무시하고 오히려 도덕적 가치와 아름다움을 보려 하는 것을 용서할 수 없었기 때문이었다. 그러나 니체는 말년에 정신병을 앓으며 가끔 정신이 돌아올 때면 이미 오래전에 죽은 바그너의 초상을 보며, "나는 이 사람을 무척이나 사랑했지"라고 조용히 중얼거렸다고 한다.

1865년, 니체는 쇼펜하우어의 『의지와 표상으로서의 세계』라는 책을 발견하고 하숙집에서 이 책을 한 마디도 놓치지 않고 탐독했다. 그는, "마치 쇼펜하우어가 나에게 직접 말을 하는 것 같았다. 나는 그의 신념을 느꼈고 그가 바로 내 앞에 서 있는 것 같았다. 각 행마다 포기와 부정과 체념의 절규가 넘쳤다."라고, 얼마나 그 책이 큰 감동을 주었는가를 표현한다.

집안 대대로 내려온 기독교를 버린 것은 그가 18세 때였다. 조상들이 믿어 온 神을 버리고 그는 온 생애를 새로운 神을 찾는데 바쳤다고 할 수 있다. 그는 지금까지 전통적으로 가지고 있던 도덕이나 윤리의 가치관을 모두 부인했다. 인간도 동물이기 때문에 다윈의 적자생존適者生存의 원리가 인간사회에도 그대로 적용된다고 주장했다.

"따라서 힘은 최고의 덕이며 약한 것은 결핍이다. 살아남아 승리하는 것이 선이고 굴복하고 실패하는 것이 악이다. 나약한 인간이나 못난 인간은 세상에서 도태되어야 하며 동정해서는 안 된다."

또, "그리스도교는 강한 인간을 악인으로 규정하고 배척했다. 늘 마음 약한 인간과 용렬한 인간, 못난 인간들의 편을 들어왔다. 못나고 약한 사람이 정말로 좋아서 그렇게 한 것이 아니라 그 사람들의 약점을 이용하여 자신들의 조직을 영구히 하기 위해서 고의로 이 세상에 불행을 만들어 왔다. 소위 성직자라는 사람들은 죄를 지은 적이 없는 사람들을 죄인이라고 윽박지르며 회개하는 자를 용서해 준다면서 자기들에게 복종할 것을 강요한다. 또 '저세상', '최후의 심판', '영혼 불멸'과 같은 거짓말로 협박하며 결혼, 출산, 병, 죽음 등 인생의 중요한 고비마다 이상한 의식을 거행하고 주문을 외우면서 사람들의 얼을 빼어놓고 돈을 뜯어낸다."《안티 크리스트》

이 말을 들으면, 아마 한두 번 비슷한 경험을 해 본 적이 있다는 생각이 드는 사람들이 많이 있을 것이다.

"모든 사람들을 평준하게 타락시킨 기독교가 만들어 낸, 훌륭한 인재를 묻어버리고 사람들의 머릿수나 세기에 여념이 없게 만든 민주주의라는 괴상한 제도는 광기에 지나지 않는다. 이 광기는 너무 늦기 전에 없애버려야 한다."

그래서, 그는 초인超人의 출현이 인류의 목표라고 주장한다. 도덕성은 친절이나 겸양이 아니고 힘 그 자체이며 인간이 노력해야 할 목표도 만인의 향상이 아니라 초인이 목표라는 것이다. 그리고 초인은 우선 훌륭한 가문에서 나와야 하고 엄격한 훈련과 완성은 당연한 일로 강요되며 칭찬조차 받지 못하고 책임은 무거우며 묵묵히 고난을 참는 것을 배우고 의지는 복종과 동시에 명령하는 것을 배울 것이라고 그 초인의 교육과정을 이야기한다.

초인은 니체의 새로운 神이다. 니체와 동시대에 살았던, 철혈鐵血 재상 비스마르크Bismarck(1815~1898, 독일)를 연상하게 하는 말들이다. 비스마르크는 현실을 꿰뚫어 보는 안목을 가지고 "국가 간에는 이타주의라는 것이 존재하지 않는다. 오늘날의 문제는 타협이나 투표가 아니라 피와 쇠, 곧 무기로 결정되어야 한다"고 하면서 1862년부터 1890년까지 28년 동안 총리를 독점하면서 불과 두 번의 전쟁으로 독일의 모든 작은 공국들을 통일하여 강력한 제국을 이룩한 사람이다.

니체는 자신이 창조한 초인 "짜라투스트라"라는 가공의 인물을 만들어 자신이 쓴 책, 『짜라투스트라는 이렇게 말한다』에 자신의 철학을 담아낸다. 짜라투스트라는 산 속에서 은둔생활을 하다가 군중에게 설교하러 내려온다. 내려오다가 늙은 은자隱者를 만나 은자로부터 神에 대한 이야기를 듣는다. 그러나 짜라투스트라는 은자와 헤어진 다음, "저 은자는 숲속에 살고 있어서 神이 이미 죽었다는 소리를 전혀 듣지 못했구나. 神은 죽었다. 만일 神이 존재한다면 내가 神이 아닌 것을 어떻게 참는단 말인가?"라고 혼자서 중얼거린다.

스피노자보다는 200년이나 뒤에 오는 사람이지만 그래도 유럽에서는 기독교가 막강한 세력을 떨치던 19세기, 아마 기독교에서는 니체를 화형에 처하지 못해서 애가 탔을 것이다. 이때, 니체만큼 기독교에 대놓고 독설을 퍼부은 사람은 아무도 없었다.

(3) 아놀드 토인비 Arnold Joseph Toynbee (1889~1975, 영국)

옥스퍼드 대학을 졸업하고 런던대학 국제사 연구 교수, 왕립 국제문제 연구소 연구부장 등을 역임하였으며 고대와 현대를 연결하는 거시적 입장에서 집필한 평생의 역작, 『역사의 연구 12권』에서 여러 문화 유형을 고찰하고 연구하여 세계사를 포괄적으로 다룬 독자적인 문명사관을 제시한, 20세기 대표적인 지성인의 한 사람이다.

엄밀히 말해서 토인비는 무신론자는 아니다. 그는 말하기를, "진정한 영속적인 평화를 위해서는 지금의 종교가 새로 개혁되지 않으면 안 된다. 내가 말하는 종교란 우리가 개인적으로나 공동체로서나 "우주의 배후에 현존하는 영적 실재'와 친교하고 우리의 의지를 이와 조화시켜 자기중심성을 넘어서는 것을 뜻한다."

여기서 우주의 배후에 현존하는 실재라고 하는 것은 많은 유신론자들이 神이라고 주장하는 바로 그 대상일 수도 있다. 그러나 그는 또 말하기를, "유대교, 기독교, 이슬람교에서 말하는 전능하고 절대적인 선善이며 인격을 갖춘 神이 있다고는 생각하지 않는다. 神이 만일 전능하다면 그는 사악邪惡함에 틀림없고 만일 神이 절대적으로 선하다면, 그는 전능하지는 않을 것이다."

또 말하기를, "예수를 하느님의 아들이라고는 생각하지 않는다. 아마 그는 석가나 아씨시의 프란치스코, 간디 등과 같이 숭고한 정신을 가진 고결한 인간이었을 것이라고 나는 생각한다."라고 하여 기독교의 근본인 예수가 하느님의 아들이라는 것을 부정한다. 말하자면, 그는 철저한 무신론자라기보다는 기독교와 기독교의 교리를 근본적으로 부정하며, 기성 종교의 인격신, 기독교의 야훼나 이슬람교의 알라 같은 신은 없다고 생각하는 사람이다.

(4) 알베르트 아인슈타인 Albert Einstein (1879~1955, 독일)

20세기 이후 과학은, 물론이려니와 철학이나 종교를 이야기 할 때도 아인슈타인을 빼놓을 수 없을 만큼 그는 과학뿐만 아니라 철학과 사상의 분야에도 지대한 영향을 끼친 사람이다. 이렇게 유명한 사람이지만 1900년에 대학을 졸업하고 교수자리를 얻어 보려고 이리저리 찾아다닐 때 아무도 그에게 조교 자리조차 주는 사람이 없어서 할 수 없이 스위스의 특허청 말단 직원으로 취직을 했다. 그 유명한 상대성 이론을 발표한 것도 특허청 직원으로 있을 때인 1905년이었다.

이 이론으로 아인슈타인은 세계에서 가장 뛰어난 과학자의 한 사람으로 알려지게 되었고 사상적 혁명을 일으키는 계기가 되었다. 즉 그때까지 시간과 공간은 서로 아무 관계없는 독립적인 단위로 알고 있었으나 일반상대성 이론은 시간과 공간이 서로 밀접하게 얽혀있으며 시공時空이라는 새로운 개념으로 시간 공간 그리고 실재 그 자체에 대한 우리의 이해를 완전히 바꾸어 놓았다. 시간과 공간은 영원하고 무한한 것이 아니라 시작과 끝이 있으며, 우주 공간도 한계가 있다는 이야기다. 神에 관해서 언급한 그의 말을 들어보자.

"우리가 이 세상에서 경험하는 아름답고 신비한 경험들은 바로 예술과 과학을 낳는 모태가 되어왔다. 그것은 또한 종교가 생기게 된 근본적인 이유이기도 하다. 우리가 도저히 파악할 수 없는 어떤 무엇이 존재한다는 사실, 또 가장 단순하면서도 우리의 지성이 아니면 알아볼 수 없는 심오한 진리와 눈부신 아름다움이 있다는 인식, 이 인식과 감동이 바로 종교적인 감정을 만들어내는 것이다. 이런 의미에서라면 나는 매우 종교적인 사람이라고 할 수 있다. 그러나 나는 자신이 창조한 피조물을 벌하기도 하고 상을 주기도 한다는, 사람이 갖고 있는 것과 비슷한 모양의 의지를 가진 神이라는 존재는 상상할 수가 없다."

아인슈타인은 하도 유명한 사람이기 때문에 유신론을 주장하는 사람들 중에는 위에 인용한 말의 앞의 부분만 인용하며 아인슈타인도 유신론자라고 우기는 사람도 있다. 그러나 그는 전능하고 전지한, 기독교나 유태교에서 말하는 인격신, 야훼 하느님이 있다고 생각하는 사람은 분명히 아니었다.

(5) 버트란드 러셀 Bertrand Russell (1872~1970, 영국)

영국의 명문가 웨일즈 가문에서 태어났으며 케임브리지 대학을 졸업했다. 수학자, 철학자, 사회사상가 등 다방면으로 활약한 20세기 최고 지성인 가운데 하나다. 1950년 노벨 문학상을 받은 문필가이기도 하다. 그는 잘 알려진 무신론자였기 때문에 1940년 뉴욕 시립대학 철학과 교수로 임명되었을 때, 22명의 교육위원 가운데 19명이 참석하여 19명 전원이 찬성하여 결정한 이 임명을, 성공회를 비롯한 미국의 전 기독교계가 일치단결하여 그를 철학적 허무주의자, 성적 난혼주의자, 부도덕과 무신앙의 친공분자라고 공격하여 결국 취임할 수 없게 만들고 말았다.

러셀은 1927년 영국 베터 시 공회당에서 "나는 왜 기독교인이 아닌가?"라는 유명한 연설을 했는데 이 연설에서 러셀은 기독교에서 神의 존재를 증명하는 모든 논증들을 하나하나 공박하며 그것이 잘못되었음을 지적했다.

첫째, 神의 존재 이유로서 기독교가 내 세우는 제1원인이라는 것은, 이 세상 만물은 모두 그 존재하는 원인이 있는데 그 원인의 원인을 더듬어 올라가면 결국 더 올라 갈 수 없는 제1원인에 이르게 되고 그 제1원인이 바로 神이라는 주장이다. 그러나 모든 것이 존재 이유가 있어야 한다는 논리라면 제1원인이라는 神 자체도 원인이 있어야 한다는 모순에 빠지고 만다. 그 외 자연법칙에 의한 증명, 목적론적 증명, 도덕률의 증명, 불공평에 대한 보상으로서의 증명 등을 하나하나 반박하는 장황한 연설을 여기 다 소개 할 필요는 없을 것 같다.

러셀은 성경의 내용을 예로 들면서 예수가 가르쳤다는, "앙갚음하지 말라. 누가 네 오른뺨을 때리거든 왼뺨마저 돌려대라."라는 말은 예수 전에 이미 석가나 노자가 5, 6백 년 전에 이미 말한 것이고 그렇다고 해서 기독교인들이 모두 그것을 따르지도 않는 이론이라는 것이다. 예를 들어 그때의 영국 수상은 독실한 기독교 신자로 알려진 사람인데 어떤 사람이 그 수상한테 가서 그 오른쪽 뺨을 때리면 어떤 일이 일어날 것 같으냐? 하고 러셀은 묻는다. 도덕적으로도 예수는 그렇게 너그러운 사람이라고 할 수 없다고 하면서 러셀은 예수가 자기의 설교를 탐탁지 않게 여기는 사람들한테 "이 뱀 같은 자들아, 독사의 족속들아, 너희가 지옥의 형벌을 어떻게 피하랴." 하고 저주할 뿐만 아니라 마귀 들린 사람한테서 마귀를 빼내어 돼지 떼에게 집어넣어 애매한 돼지들만 떼죽음을 당하게 한 이야기, 예수가 어디를 가다가 배가 고팠을 때 무화과나무가 있는 것을 보고 가서 무엇이 열렸나 보고 오라고 해서가 보았더니 아무것도 열려있지 않자 예수는 그 무화과나무를 저주하여 그 자리에서 말라 죽게 했다는 이야기 등을 하면서 성격이 원만한 사람은 아니었다고 혹평한다.

역사상 기독교가 얼마나 악랄한 짓을 자행하여 왔는지를 지적하는 그의 연설을 한번 들어보자.

"우리가 기독교를 믿지 않으면 악해진다고 하지만 제가 보기에는 기독교를 믿어 온 사람들이 대부분 매우 악했다고 봅니다. 여러분은 이상한 사실, 즉 어느 시기에 종교가 강하면 강할수록 독단적인 신앙이 깊으면 깊을수록 그 잔인성은 더 심했고, 이른바 신앙의 시대라고 하는 때에 사람들이 정말 철저히 기독교를 믿었는데 바로 그 당시에 종교재판에서 고문은 극에 달했으며 불행한 여성들이 수없이 마녀로 몰려 화형에 처해졌고 종교라는 이름으로 수많은 사람들에게 갖가지 잔인한 짓들이 자행되었다는 사실을 어떻게 생각 하십니까?"

기독교에 대한 러셀의 독설은 끝이 없지만 여기서는 그의 무신론을 잠깐 소개하는 것이 목적임으로 더 이상 인용하는 것은 필요하지 않을 것 같다.

(6) 디트리히 본회퍼 Dietrich Bonhöffer (1906~1945, 독일)

본회퍼는 장래가 촉망되는 목사로 독일이 나치 정권 아래 놓여 있을 때, 일단의 반 나치스 편에 있는 장교들과 함께 히틀러 암살을 시도했다가 실패하고 체포되어 독일이 연합군에게 항복하기 직전에 처형당하고 말았다. 목사인 그가 히틀러 암살을 계획할 때, 자기의 행위를 합리화하며, "미친 운전사가 자동차를 몰고 돌아다니며 사람들을 치어 죽이고 있을 때 나는 목사라고 죽은 사람들의 장례만 치러주면 그만인가?" 하고 부르짖었다.

아마 그는 정의에 입각한 자신의 행위를 틀림없이 神이 인정하고 도와줄 줄 알았던 것 같다. 옥중에서 몰래 친구에게 써 보낸 편지에는 "하느님은 어디 계시는가? 왜 이 참혹한 현실을 외면하는가?"라고 울부짖는다. 연합군이 자기가 갇혀 있는 베를린 시내에까지 진출하고 담 너머로 연합군과 교전하는 총소리가 들려올 때, 독일 간수들이 당황해 하는 것을 보며 그는 곧 연합군의 승리로 자기가 풀려나리라고 기대하면서 하느님의 섭리를 굳게 믿었는지도 모른다. 그러나 그의 간절한 기대는 끝내 이루어지지 않았고 독일군은 도망가기 직전에 서둘러 목사를 교수형에 처하고 말았다. 1945년 4월 9일이었다. 본회퍼는 목사였으니 무신론자 라고 단정할 수는 없다. 그러나 그가 연합군의 총소리를 지척에 들으며 교수 형장으로 끌려갈 때 그는 얼마나 하느님을 원망했을 것이며 끝내 그 존재마저 의심하지 않았을까 싶은 생각이 드는 것이다.

(7) 스티븐 호킹 Stephen W. Hawking (1942~2018, 영국)

케임브리지 대학의 루카스 석좌 교수이며 현대 이론물리학의 최고라고 하는 스티븐 호킹은, "내가 만일 神이 없다고 하면 사람들이 나를 유물론자라고 매도할 것이고, 만일 내가 神이 있다고 하면 마치 내가 자기들이 믿는 神을 믿는다고 선전할 것 같아서 아무 말도 하지 않겠다"고 말한다. 그러나 최근(2010년 6월)에 미국 abc 방송과 가진 인터뷰에서 호킹 박사는 "과학과 종교가 화해할 수 있는가?"라는 질문에 "종교는 권위authority를 기반으로 하고 과학은 관찰observation과 이성reason을 기반으로 한다는 근본적 차이가 있다"며 "결국 과학이 이기게 될 것"이라고 말했다.

그는 "神을 '자연 법칙의 구현Embodiment'으로 정의할 수 있지만, 이는 대부분의 사람들이 생각하는 神과는 다르다"며, "사람들은 '자연 법칙의 구현'이 아니라, 인간과 관계를 맺는 인격적 대상으로 神을 간주해 왔다"고 말했다. 이어 "어마어마한 우주 안에서 인간의 삶이 얼마나 미약하고 우연한 것인지를 생각하면, 그런 관계는 불가능하다는 것을 알게 된다"고 주장했다.

그가 쓴 『시간의 역사』와 『호두껍질 속의 우주』라는 책을 읽어보면 그는 오늘 날 종교계가 주장하는 전능하고 착하고 가끔 인간들에게 말도 하는, 그런 神은 없다고 생각하면서도 이 우주의 배후에 무엇인가 꼭 집어내어 말할 수 없는 어떤 존재가 있을 것이라는 것을 암시하는 이야기는 한다. 그가 찾으려고 끊임없이 애를 쓰고 있는 소위 만물의 이론The Theory of Everything, 즉 원자핵과 같은 미시세계微視世界에도 우주와 같은 거시세계巨視世界에도 두루 적용되고 시간이 없어진다는 블랙홀Black Hole의 특이점이라는 상황에서도 적용되는 원리를 찾아내면 호킹이 말하는 "우주 배후에 있는 그 무엇"이 설명될 수 있을는지도 모르겠다.

그밖에, 동유럽 어느 마을을 지나가다가 페스트가 창궐한 동네에서 죄라고는 아무 흔적조차 없는 착한 어린아이들이 참혹한 모습으로 죽어가는 것을 목격하고, '착한 神이 있다면 어떻게 저런 일이 일어난단 말인가' 하고 회의를 품었던 사르트르, 또 칼 마르크스, 알베르 까뮈, 하이데커 등, 스스로 무신론자임을 밝히는 철학자, 사상가들은 많다.

2004년 12월에 있었던 이란의 대지진 때, 집이 무너져 내리며 그 밑에 깔려 온몸이 으깨어지면서 참을 수 없는 아픔을 이기지 못하고 신음하며 죽어가는 어린아이를 부둥켜안고 아무리 하느님에게 기도하고 애원해도 아무 대답도 들을 수가 없자, "하느님 대답 좀 하세요."라고 절규하는 엄마의 사진이 신문에 났었다. 그 어머니는 아이의 죽음을 보기 전까지는 神을 전능하고 사랑이 가득한 존재로 믿는데 거리낌이 없었겠지만 죽은 아이를 묻고 난 뒤에도 神의 존재를 믿을 수 있을까? 간절하게 도움이 필요할 때 아무런 도움을 주지 못하는 神은 믿어서 무엇 한단 말인가? 이것도 神의 뜻이라고 아무 불평 없이 받아들여야 한다고 생각할까? 무신론은 반드시 오랜 연구를 거듭한 유명한 사상가들만이 할 수 있는 특별한 생각은 아니다.

이 세상에는 상식으로는 이해할 수 없는 일이 가끔 일어난다. 착한 사람이 가난하게 살고 나쁜 사람이 더 잘 사는 경우도 그중의 하나다. 아무 잘못도 없이 참혹한 병에 걸린다든지 헤아릴 수 없는 사람들이 한꺼번에 천재지변의 희생이 되는 것을 자비로운 神을 믿는 사람들은 어떻게 설명한단 말인가.

18세기까지 신학자들은, 神이 이 세상 모든 것을 인간의 복지를 위해서 협력할 수 있도록 만들었다고 생각했다. 神은 인간을 위해서 해와 달을 만들었고 밤에는 인간이 잠을 잘 수 있도록 햇빛이 비치지 않게 배려했다는 생각이었다. 이것이 소위 우주에 관한 기초적 낙관주의라는 것이다. 그러자 18세기 중엽 포르트갈 리스본에 대지진이 일어나 6만여 명이 죽는 대참사가 일어났다. 하필이면 지진이 일어난 때가 바로 그 도시 곳곳에서 미사가 진행되고 있던 일요일 아침시각이었다. 당시 포르투갈은 천주교 신자가 90%나 되는 기독교 국가였다. 인간을 위해서 神이 세계를 창조했다고 믿던 그 시절에 이 사건은 상상도 할 수 없는 낭패가 아닐 수 없었다.

이 사건으로 낙관주의는 크게 흔들릴 수밖에 없었다. 이러한 역사적인 모순을 신학적으로 합리화하기 위해서 헤겔은 변증 신학이라는 것을 내 세우며 말하기를, "역사적 과정이 神의 목적에 모순되는 것처럼 보이는 사건으로 가득 차 있음에도 불구하고 神은 바로 그 역사의 과정에 의하여 자신을 정당화한다"는 알쏭달쏭한 말로 합리화한다. 그것은 마치 병든 사람을 낫게 해 달라고 열심히 기도하면서 神이 꼭 낫게 해 주리라고 굳게 믿고 있다가 끝내 환자가 죽어버리니까 이것도 神의 뜻이라고 합리화하는 것과 마찬가지다. 아무 죄도 없는 어린아이가 지진으로 무너지는 집 더미에 깔려 죽는 것도 神의 뜻이라고만 하면 그만이란 말인가.

위에서 무신론과 유신론의 대강을 살펴보았다. 그런데 눈에 띄는 사실은 유신론자들은 우주의 배경에 있는 어떤 초월적 영적 존재가 있다고 논증하는데 주력하는 반면 무신론자들은 기성 종교의 神, 즉 야훼 하느님, 또는 알라, 인간 역사에 직접 관여하는, 그러한 神은 없다는 것을 논증하려고 한다는 사실을 볼 수가 있다. 이 두 가지 개념은 과연 같은 것일까? 토인비가 얘기하는 "우주의 배경에 현존하는 영적 실재"라는 개념은 유신론자들이 있다고 주장하는 神의 개념이고 "전능하고 착한 神"이라고 할 때의 神은 무신론자들이 없다고 주장하는 대상이다. 토인비는 앞에 말한 영적 실재는 있다고 하고 뒤에 말한 전능하고 착한 神은 없다고 하는 사람이다. 그런가 하면 버트란드 러셀은 우주의 배경에 있다는 어떤 영적 존재마저도 없다고 본다. 한편 유신론자 쪽을 보면, 아무리 유신론자임을 자처하는 사람일지라도 인간의 역사에 적극적으로 관여하며 가끔 직접 하늘에서 나는 소리로 사람들에게 말을 하기도 하는 전능하고 착하신 야훼 하느님을 증명하려고 하는 신학자는 찾아볼 수가 없으니 웬일일까.

(8) 솔잎의 생각 – 진리와 이념의 차이

15세기 말에서부터 17세기에 이르는 동안 봉건주의가 쇠퇴하고 자본주의라는 새로운 경제체제가 일어나면서 농촌에서 밀려난 소작인 농민들은 먹고 살기 위해서 일자리를 찾아, 몇 안 되는 도시의 공장을 찾아 헤매기 시작했다. 근로 조건이라는 말을 붙일 수가 없을 정도로 작업환경이 몹시 열악해서 걸핏하면 사람이 죽어 나가는 비참한 상태였지만, 임금은 턱없이 싸서 임산부나 어린 아이들까지 노동에 매달려도 굶주림을 면할 수가 없었다. 자본주들은 싼 임금으로 얼마든지 노동자를 구할 수 있었으니까 날이 갈수록 이익은 늘어갔다.

그야말로 부익부, 빈익빈의 극치였다. 노동자들은 추운 겨울에 불기도 없는 공장에서 하루 12시간 씩 일을 해도 입에 풀칠하기가 어려운데 자본가의 자녀들은 따뜻한 집에서 남녀 하인들의 시중을 받으며 포도주를 곁들여 맛있는 음식을 골라 먹고 피아노를 치며 놀거나 화려한 파티를 기다리는 동안 말을 타고 게임을 즐기며 시간을 보냈다. 똑같은 사람으로 태어나서 이렇게 하늘과 땅 만큼이나 신분의 차이가 나는 사회가 오래 갈 수는 없었다.

1848년 칼 마르크스는 엥겔스와 함께 공산당 선언을 발표한다.
"이제 바야흐로 공산주의라는 유령specter이 전 유럽에 퍼지고 있다."라는 말로 그 선언문은 시작된다. 계속해서, "우리의 목표는 현존하는 모든 사회조건을 폭력으로 뒤엎음으로써 달성할 수 있음을 선언한다. 지배계급은 공산주의혁명 앞에 겁을 먹고 떨어라. 노동자는 아무것도 잃을 것이 없다. 잃을 것은 오로지 우리를 속박해 온 쇠사슬뿐이다. 온 세계의 노동자들이여, 단결하라. 우리는 이제 세상을 차지할 수 있다….”

이 선언문이 발표되자, 자본주의 체제의 말도 안 되는 모순과 해독에 대하여 울분을 품고 있던 온 세계의 양심 있는 젊은이들은 자신의 혈관을 흐르는 피가 끓어오르는 것을 느꼈다. "드디어 오고야 말 일이 왔구나." 하는 생각을 하기에 충분했다. 당시, 공산주의야말로 이 세상을 혁신하고 모두가 잘 사는 새로운 사회를 만들 수 있는 가장 좋은 길이며, 그 방법 밖에 다른 길은 없어 보였다. 그때 공산주의는 최고의 진리였다.

1917년, 공산주의 사상으로 무장한 레닌과 그 일당은 폭력으로 제정 러시아를 뒤집어엎고, 소비에트 혁명정부를 세웠다. 대대로 상속되어 내려오던 대지주들이 숙청되고, 압수된 토지는 농노와 소작인들에게 무상으로 분배되었다. 하루아침에 꿈에서도 생각지 못했던 땅 주인이 되자 농민들은 "아, 이것이 내 땅이라니!" 하고 소리치며, 온 가족이 손에 손을 잡고 겅중겅중 뛰며 그 기쁨을 가눌 수가 없었다. 이 사람들이 앞으로 소비에트 정부에 목숨을 걸고 충성을 다 할 것은 의심할 나위가 없는 일이었다. 그러나 그 뒤 소비에트 공화국은 정말로 노동자 농민의 천국이 되었던가?

1945년 우리나라가 해방되었을 때, 일본에 유학하며 칼 마르크스의 공산주의 사상을 배운 일부 똑똑한 젊은이들이 소련을 이상적인 프로레탈리아 정부라고 굳게 믿으며, 소련의 후원을 받아 생긴 김일성 정부에 적극 참여하거나 혹은 남한의 지하조직에 가담하여 적화통일에 몸과 마음을 다 바치기로 맹세한다. 그 어수선하던 시절에 우리나라는 둘로 쪼개어져서 동족끼리 서로 죽이는 6·25라는 처참한 이념 전쟁에 휘말려, 100여 만 명이 희생되는 비극을 겪었다. 그 소용돌이를 겪으며 우리는 마음이 한번 어떤 이념에 물이 들어 머릿속에 굳어지면, 그 고집이 얼마나 끈질긴 것인지 지리산 속으로 숨어 들어간 공산 게릴라들의 처절한 항쟁을 보면서 뼈저리게 체험했다.

공산주의는 역사상 일어났다 사라져 간 수 많은 정치 이념 가운데 하나일 뿐이었건만, 그들은 그것이 최고 최선의 진리인 줄 알고 온 청춘과 온 생명을 다 바치기를 주저하지 않았다. 이 세상 그 어느 누구도 이 사람들의 생각을 바꿀 수는 없었다. 붙잡힌 젊은 게릴라 대원에게, "마음을 바꾸면 그냥 살려줄 테니까 집에 가서 부모님 모시고 잘 사는 게 어떤가?"하고 권해도 막무가내로 그 알량한 공산주의 이념을 버리지 않았다.

총살을 당하는 순간에도 "김일성 장군 만세"를 외치는 사람을 무슨 말로 설득한단 말인가? 헤아릴 수 없이 많은 젊은이들이 아까운 청춘과 목숨을 다 바치고 난 다음, 얼마 되지 않아 그들의 종주국 소련이 겨우 70년을 버티지 못하고 어이없이 무너지고 만 것을 안다면, 그들은 과연 땅 속에서 지금 무슨 생각을 하고 있을까? 물론 공산주의는 진리가 아니었다. 권력의 주변에서 덕을 보는 사람에게는 그것이 진리요, 복음이었을지 모르지만 그 밖의 사람들에게는 그들을 지배하며 착취하는 또 하나의 선제정권일 뿐이었다.

2000년 전, 이스라엘 땅 나자렛이라는 마을에서 목수의 아들로 태어난 예수는 철이 들자 유대인 사회의 부조리를 보고 그것을 고쳐보겠다고 다짐한다. 당시 사회에서는 가난과 질병이 바로 용서받지 못할 죄였다. 젊은 예수가 아무리 애를 써도 벗어날 수 없는 가난과 치료해 볼 희망도 없는 질병으로 절망 속에 허덕이던 사람들에게, "너희는 행복하다. 하늘나라가 너희들 것이다."라고 선포했을 때, 그 말은 억눌리고 따돌림을 당하며 누구한테서도 도움받기를 기대할 수조차 없는 사람들에게 말할 수 없는 큰 기쁨과 위안을 주었다.

"아니, 내가 행복한 사람이라고? 나 같은 사람도 하늘나라에 갈 수 있다고?"

그들은 예수의 말이 너무나 신기하고 분에 넘치는 일이라 도무지 믿을 수가 없었다. 그 말은 바로 "기쁜 소식"이요, 복음이었다.

인류 역사상 그때까지 예수 말고는 아무도 "원수를 사랑하라"고 가르친 사람은 없었다. 논어의 자로子路 편에 나오는 화이부동和而不同이라는 말이 "의견이 다른 사람들끼리도 서로 화목하게 지내라"는 뜻으로 이 말에 가장 가깝다고 할 수 있으나, 원수를 사랑하라는 말에는 비교가 되지 않았다. 사실 어느 사회에서나 원수를 사랑하기만 하면 크고 작은 분쟁과 다툼이 모두 해결될 수 있다는 점에서 이 말은 진리라고 할 수 있었다. 그러나 예수의 가르침을 따른다는 기독교가 그들이 자랑하는 2000년의 역사에서 이 말을 진리로 알고 그대로 실천했던가?

예수는 그 사회의 중심세력이며, 또한 오만하고 무례하던 유대인 지도자들을 맞대고 사람들 앞에서 "독사 같은 무리", "회칠한 무덤"이라고 비난을 퍼부으며, 가난하고 억눌린 사람들 편에 서서 제도적 모순을 개혁해 보려다가 유대인 지도자들에게 미움을 받아 하느님을 모독한다는 이유로 로마군의 총독에게 백성을 선동한다는 죄로 기소되어 서른세 살 젊은 나이에 십자가에 못 박혀 죽고 말았다. 하느님의 아들이며, 구세주라고 굳게 믿으며, 희망을 가지고 따르던 가난하고 억눌린 사람들은 예수가 맥없이 죄인으로 붙잡혀 죽어버리자 허망하고 두려워 어찌할 줄을 몰랐다. 예수에게 특별히 선택되어 한동안 예수의 주위를 맴돌며, 으스대던 열두 제자들조차 도망가거나 숨어버리고 아니면 부인하기에 바빴다.

예수가 죽은 뒤, 밑바닥 인생을 살던 가난하고 억눌린 사람들은 숨어 지내면서도 예수가 살아있을 때 그들을 대하던 그 따뜻한 눈빛을 잊을 수가 없었다. "가난한 사람들아, 너희는 행복하다"고 희망을 심어주던 그 "기쁜 소식"이 귓가에 뱅뱅 돌았다. 그들은 은밀하게 하나, 둘씩 한곳에 모여 예수 이야기로 꽃을 피우며 위안을 받았다. 시간이 지나면서 이 은밀한 모임은 점점 무리가 늘어나 단체를 이룰만하게 되었다. 더러는 바오로 사도가 보낸 편지를 돌려가며 읽기도 하고, 더러는 예수가 죽은 지 30여 년이 지나자 기억을 더듬어가며, 예수가 하던 말을 기록하여 모인 사람들에게 들려주기도 하였다. 이때의 초기 기독교 교회는 어려운 처지에 있는 공동체의 모든 사람들이 한 형제처럼 서로 사랑하며, 그야말로 예수의 가르침을 몸으로 실천하는 참으로 "섬기는 교회"였다고 한다.

서기 312년, 로마제국의 콘스탄티누스 황제가 기독교를 받아들이고, 얼마 뒤에는 로마제국의 국교로 선포하자 탄압을 받아 숨어 지내던 교회는 의기양양하게 밝은 세상으로 나왔다. 막강한 정권의 비호를 받으며, 기독교는 삽시간에 전 유럽과 아프리카 북부, 중동지방까지 퍼져 나갔다. 교회의 세력은 엄청난 것이 되었고, 지도자들은 점점 교만해지고 거들먹거리기 시작했다. 바로 얼마 전까지 섬기던 교회가 이제는 화려하게 장식된 교회 안에서 번쩍거리는 제의로 치장하고 백성들 위에 군림하며, 몹시 섬김을 받는 교회가 되고 말았다. 높은 지위와 권력, 돈이 한꺼번에 손안에 들어오자 교회는 타락하기 시작했다.

성지를 탈환한다는 미명 아래, 전후 여덟 번에 걸친 200년 동안의 십자군전쟁이라는 약탈과 살육의 역사, 암흑의 시절 중세, 참혹했던 종교재판, 마녀사냥이나 화형의 이야기는 그만두더라도 식민지 개척에 앞잡이로 달려가 대항할 줄도 모르는 원주민들을 "거룩한 하느님"의 이름으로 마구 죽이고 약탈하기를 서슴지 않았던 그 악랄한 죄악상을 무어라고 변명한단 말인가. 역사는 기독교가 멕시코에서만 600만 명 이상을 학살한 것으로 증언하고 있다. 예수는 진리를 가르쳤는지 모르지만, 기독교는 진리를 따르지 않았다. 기독교는 원수를 사랑하라는 예수의 가르침을 따르기 보다는 오히려 자기들이 거두려고 하는 이익에 방해가 되는 것을 무자비하게 죽이고 없애는데 더 열심이었던 모양이다.

기독교는 물론이고 이 세상 모든 종교는 진리라고 할 수는 없다. 종교는 각 민족이 그 시대의 생활환경에 맞게 만들어서 지켜온 자기들만의 생활규범이요, 이념이지 진리는 아니다. 무엇보다도 진리는 사람을 죽이지 않는다.

무지몽매無知蒙昧한 사람들이 한 번 주워들은 말을 바로 진리인 줄 착각할 때 보이는 현상은 항상 비슷하다. 다른 이야기에는 전혀 귀를 기울이지 않고 무작정 고집을 부린다는 점이다. 지리산 속에 숨어서 싸우던 공산 게릴라들이 그렇고, 종교에 현혹된 사람들도 마찬가지다. "네가 나가 죽으면 오늘 밤 꽃다운 일곱 선녀가 너를 옹위하여 알라신 앞으로 모셔 갈 것이다."라는 말을 곧이듣고, 폭탄 띠를 몸에 두르고 사람들이 모인 곳에 가서 아무 관계도 없는 사람들을 무더기로 죽이며 자폭하는 알카에다 자살테러 단원. "조선 사람이 부모님 제사를 모시지 않는다는 것이 말이 되나? 아무 말 말고 제사는 드리겠다고 하게. 그러면 살려는 줄 테니까."라고 달래도 제사 지내는 것이 무슨 하느님을 크게 모욕하는 것인 줄 알고 끝까지 고집을 부리며, 버티다가 목이 잘려 죽은 불쌍한 조선 시대의 우리 천주교 신자들. 아무것도 몰랐던 그 사람들은 그렇게 죽으면 바로 그날 천당으로 올라가 온갖 행복을 끝없이 누릴 것으로 굳게 믿었다.

그렇다면 과연 무엇이 진리란 말인가?

철학적으로 진리를 정의定義한 것을 보면, "진리는 보편적普遍的으로 타당妥當한 것, 즉 시간적으로나 공간적인 차이에 관계없이 항상 사실로 인정되는 것"이라고 되어 있다.

더 쉬운 말로 하면, 2,000년 전이나 지금이나 또 5,000년 뒤에도 변하지 않고 기독교 국가에서나 이슬람국가에서나 불교 국가에서나 상관없이 이 세상 어디에 가도 사실이라고 인정되는 것이 진리라는 말이다.

가장 간단한 예를 든다면, "1 더하기 1은 2이다."라는 것과 같은 것이다. 이것이 옛날에는 3이었다거나 아프리카의 어느 나라에 가면 4가 된다거나 하는 일은 절대로 없다.

진리의 속성屬性은 이와 같다. 기독교의 경전인 바이블Bible은 기독교

안에서는 "하느님의 말씀"이니까 진리라고 주장하지만, 이슬람교를 믿는 사람들은 물론이고 기독교 밖에 있는 사람들한테서는 전혀 다른 소리를 듣는다.

코란이나 불경도 사정은 마찬가지다. 이렇게 가는 곳에 따라서 또는 시대에 따라 다른 말을 듣는 것을 진리라고 할 수는 없다. 진리는 언제나 어디서나 변하지 않는 것이라야 한다.

진리의 정의가 이렇게 엄격하기 때문에 진리가 흔하게 발견되지는 않는다. 오랫동안 진리인 줄 알고 있었던 것이 어느 날 진리가 아닌 것으로 드러나는 일은 과학의 분야에서는 그리 드문 일이 아니다. 그만큼 참된 진리를 찾아내기가 쉽지 않다는 뜻이다.

뉴턴의 만유인력의 법칙은 천체의 운행을 관찰할 때는 잘 들어맞아서 오랫동안 그것이 진리인 줄 알았으나, 수성의 운행을 자세히 관찰하면서 보니까 약간 차이가 나는 것이 발견되었다. 아인슈타인의 상대성 이론은 이 차이를 보완해 주었고, 만유인력의 공식이 해결하지 못하는 전기, 자기의 영역에서까지 적용되는 것이 입증되었다. 그러나 상대성 이론도 원자의 세계에 들어가서 전자나 양성자, 중성자 같은 소립자의 운동에는 맞지 않는다는 것을 알게 되었다. 이 미시 세계의 운동은 양자역학과 불확정성 원리로 다시 보충이 되었다. 그렇지만 이렇게 보완된 이론도 소위 특이점特異點이라고 하는 블랙홀이나 빅뱅이라고 불리는 우주가 시작하던 순간의 극한적인 환경에서는 맞지 않는다고 한다. 그러니까 이 우주의 모든 조건에서 두루 들어맞는 운동법칙이라고 할 수 있는 "중력의 양자론 The Quantum Theory of Gravity"은 아직 찾아내지 못했다는 뜻이다.

진리는 항상 열려 있으면서 모든 비판과 검증을 언제나 받아들인다. 몇십 년 동안 수백 번 혹은 수천 번의 실험을 거쳐서 확정된 결과라고 해도 단 한 번의 실험결과가 다르게 나온다면, 그 이론은 진리로 대접 받지 못한다. 유명한 학자의 말이거나 아무것도 모르는 무식쟁이의 말이거나 구별하지 않고 항상 귀담아 듣고 그 말이 맞을지도 모른다는 생각, 혹시 이 이론에 틀린 점은 없을까? 하는 겸손한 태도로 모든 의견을 들으려고 애를 쓰며 좀 더 완전한 진리를 찾아보려고 최선의 노력을 다한다.

『The God, Delusion』이라는 책을 써서 거의 2년 동안 베스트셀러 1위를 유지했던 리처드 도킨스Richard Dawkins는 그 책에서 종교인들의 고집불통과 편협하고 철저하게 배타적인 태도를 비판하면서, "유전생물학자인 나는 다윈의 진화론을 사실이라고 굳게 믿는다. 그 이론이 발표된 이래 150년 동안 끊임없는 비판과 반대가 있었지만 수 많은 학자들의 연구 결과와 계속되는 새로운 화석의 발견으로 진화론이 사실인 것은 이제 부인할 도리가 없게 되었다. 그러나 나는 지금이라도 진화론이 사실이 아니라는 확실하게 증명할 수 있는 증거가 나온다면 아무 때나 주저 없이 내 생각을 바꿀 준비가 되어 있다."라고 선언하며, 진리에 대하여 아무 편견 없이 완전히 열려 있는 자신의 태도를 밝히고 있다. 이것이 진리를 사랑하는 사람의 참다운 태도가 아닐까?

진리와 이념의 두 번째 뚜렷한 차이는, 진리는 이미 이 우주 자연 안에 내재하고 있는 사실을 찾아내는 것이지만 이념은 없는 일을 새로 만들어낸다는 점이다. 오래 전부터 공산주의나 기독교가 어디에 감추어져 있던 것을 찾아낸 것이 아니고, 어느 날 누군가가 그것을 새로 만들어 낸 것임은 누구나 다 아는 일이다. 그러나 진리는 만들어진 것이 아니라 찾아낸 것이다. 이것이 진리가 예술과도 다른 점이다. 파스칼의 원리는 파스칼이 찾아내기 전부터 이미 액체의 성질로서 내재內在되어 있었지만, 사람들은 파스칼이 그것을 찾아낼 때까지 있는 줄도 몰랐다. 몰랐다고 해서 그 성질이 없었던 것은 물론 아니다.

사람은 누구나 죽는다. 죽어야 한다는 이 사실 때문에 사람은 숙명적으로 공포에서 벗어날 수가 없다. 종교는 사람보다는 더 뛰어난 능력이 있는 존재에게 기대어 이 공포에서 벗어나 보려는 가련한 몸부림이다. 옛날에는 호랑이가 神이었던 적도 있었다.

그러다가 호랑이도 죽는 것을 본 다음에는 한동안 천둥, 번개, 태양이 대신 神의 자리를 차지했다. 사망률이 아주 높은 천연두라는 전염병이 만연했을 때 사람들은 이 병에 대한 공포에서 좀 벗어나 보려고 높은 사람을 부를 때 쓰는 "마마" 또는 "손님"이라고 불렀다. 그렇게 불러주면 좀 은혜를 베풀까 하는 기대를 가졌던 것은 물론이다. 그래서 천연두가 좀 사정을 보아 주었던가?

2차 대전 중, 일본군이 점령한 태평양의 어떤 작은 섬에서는 미군 전투기가 날아와 불을 뿜어대며 일본군을 손 하나 대지 않고 죽이는 것을 보고, 그 섬의 원주민 토인들은 그 비행기가 神인 줄 알았다. 전쟁이 끝난 뒤 미군들이 그 섬에 가 보니까 토인들은 떨어진 비행기 앞에 단을 쌓아 놓고, 그 앞에 모여 머리를 조아리며 예배를 드리더라고 한다. 지혜가 발달한 오늘날에는 이런 것들을 神이라고 생각하는 사람은 거의 없을 것이다. 호랑이나 천둥 번개나 태양, 떨어진 전투기의 정체가 밝혀졌기 때문이다.

그러나 현대인이라고 해서 죽음에 대한 공포가 없는 것은 아니다. 죽음뿐만 아니라 죽음으로 몰아가는 질병, 사고, 자연재해 등에 대한 공포도 있다. 소위 문명이라고 하는 것은 오늘날 우리가 마시는 물, 숨 쉬는 공기, 먹는 음식에 이르기까지 온갖 화학물질과 중금속으로 오염시키고 있어서 아무도 암이라는 불치병의 공포에서 자유로운 사람은 없을 지경이 되었다. 뿐만 아니라 교통사고, 범죄, 9·11사건 같은 정신 나간 종교인들의 끔찍한 만행은 언제 어디서 나와 내 가족, 자식들을 해칠는지 알 수가 없다. 공포는 끝이 없고 그래서 지금도 종교는 성황을 이룬다. 옛날처럼 천둥 번개를 神이라고 믿는 것은 아니지만 있는지 없는지 도무지 알 수도 없는 이상한 神을 만들어 놓고 그것이 우리를 보호한다고, 영원한 행복의 극치로 인도한다고 주장하며, 그 神에게 기도하고 최고의 경배를 드리라며 사람들을 현혹한다.

그래서 神이 우리를 보호한 적이 있었던가? 암에 걸려 죽어가는 사람이 기도해서 살아난 사람이 있었던가? 9·11사건 때, 월드 트레이드 센터 안에 있던 수 천 명의 사람들 중에는 그 건물이 내려앉기 전까지 수 분 동안 간절히 기도하는 종교인도 수없이 많았을 터인데, 단 한 사람인들 그들의 神이 구해 주었던가? 아무 죄도 없는 200여 명의 승객과 더불어 건물 속으로 자폭하여 들어가며 "알라신은 위대하다"고 외치던 알카에다 테러대원들은 어떻게 되었을까? 알라도 神이라니까 그 행동을 갸륵하게 여기고 선녀들을 보내어 천국으로 모셔 갔을까?

거듭 말하거니와 종교는 진리가 아니다. 심리학자 로버트 퍼시그 Robert Pirsig는 말한다.

"어느 한 사람이 망상에 시달리면, 그 사람을 정신 이상자라고 한다. 여러 사람이 망상에 시달리면, 그것을 종교라고 한다."

진리는 시간적 공간적 변화에 상관없이 언제나 사실로 인정된다. 진리는 끊임없이 비판과 의심과 검증을 받아들이며 편협하지 않고 항상 열려 있다. 진리는 만들어지지 않고 찾아낸다.

이번에는 과학자들은 이 우주가 어떻게 생겨나고 생명이 어떻게 생겨났다고 하는지 들어보기로 하자.

3. 맨 처음 우주가 생기던 이야기

(1) 대폭발 Big Bang

2003년 2월 말경, 미국 항공우주국NASA에서는 역사상 처음으로 믿을 만한 우주의 나이를 계산해 내어 세상에 발표했다. 우주선 콜롬비아호가 대기권에 들어오던 순간 산산이 부서지는 끔찍한 비극이 마침 그때에 일어나 사람들이 너무 놀라 새로 계산된 우주의 나이에는 별로 관심을 두지 못하고 지나가고 만 것 같다. 그러나 이것은 콜롬비아호의 비극에 묻혀 버릴 수는 없는 가히 역사적인 쾌거라고 할 만한 일이다. 우주의 나이는 오차범위 1% 이내에서 137억 년이라고 한다.

이 세상이 과연 언제 어떻게 시작되었을까 하는 것은 너무나 막연하고 황당한 문제라서 오랫동안 그저 철학자들이나 생각을 해 보고 아니면 천지창조라는 말로 조물주에 의해서 만들어졌다고 생각하는 종교의 테두리였을 뿐이었다. 그러다가 1918년부터 허블Edwin Hubble (1889~ 1953, 미국)이라는 천문학자가 미국 윌슨 산에 설치된 100인치 망원경으로 우주를 관찰하면서 대부분의 은하들이 우리로부터 멀어지고 있다는 사실을 발견한다. 그리고 그 멀어지는 속도는 우리로부터 멀리 있을수록 더 빠르게 멀어지고 있는 것도 알아낸다.

그렇다면, 이 은하들이 언젠가는 서로 매우 가까이 있었을 때가 있지 않았을까 하는데 생각이 미치자 허블은 거꾸로 계산을 해서 연구를 시작한지 11년 만인 1929년에 그것이 대략 100억 년에서 200억 년 사이에 일어났을 것으로 계산해 내었다. 그러니까 이 우주는 약 100억 내지 200억 년 전에 밀도가 대단히 높은 에너지의 한 덩어리 모양으로 있다가 소위 빅뱅Big Bang이라고 하는 대 폭발을 일으키며 팽창을 시작했다는 것이다. 이렇게 해서 오랫동안 철학이나 종교의 영역에 머물러 있던 우주의 시작 문제는 과학의 영역으로 넘어왔다. 빅뱅 이론을 기초로 한 우주의 시작과 팽창을 발견한 사실은 20세기에 이룩된 놀라운 물리학적 성과들 중에서도 상대성 이론, 양자 역학 등과 함께 특별히 기억될 만한 위대한 업적이다.

우주의 나이를 계산하는 원리를 간단히 이야기하자면 다음과 같다. 맨 처음 우주가 폭발할 때, 무한이라고 할 수 있는 밀도의 에너지의 일부가 물질로 변화하면서 대단히 높은 열을 우주 공간으로 발산했다. 그때 발산 된 열의 흔적이 우주의 배경에 아직도 초단파 상태로 남아 있어서 그것을 측정하여 초기 우주의 모습을 잡아낼 수 있었다고 한다. 본래 이러한 생각을 처음으로 내 놓은 사람은 가모브George Gamow (1904~1968, 우크라이나)라는 과학자이다. 그는 1948년에 발표한 연구 논문에서 아주 주목할 만한 예언을 했다. 즉, 우주가 시작하던 초기의 빅뱅 이후 뜨거웠던 상태에서 오는 광자 형태의 복사輻射가 오늘날에도 공간을 떠돌고 있고 그 온도가 절대 영도(-273℃) 보다 겨우 몇도 정도 높은 상태로 냉각되어 있으리라는 것이다.

그 후, 1965년에 펜지아스Arnold Penzias와 윌슨Robert Wilson이라는 두 과학자가 아주 정밀한 마이크로 파 탐지기를 가지고 실험하는 중에 우연히 출처를 알 수 없는 잡음이 들려오는 것을 알게 되었다. 처음에는 그것이 기계의 고장인 줄 알았으나 오랫동안 그것을 추적하고 연구하여 그것이 저 멀리 우주 저편에서부터 오는 것임을 알아내어 가모프의 예언이 사실임을 증명하였다. 즉 우주 배경 초단파를 잡아낸 것이다. 이 초단파가 있다는 것을 알면서도 한동안 그것을 더 이상 확실한 물증으로 잡아내지는 못하고 있었는데 1992년 NASA에서는 우주 배경 탐사위성COBE: Cosmic Background Explorer을 쏘아 올려서 초점이 흐릿하지만, 그런대로 우주 안의 온도 분포를 짐작할 만한 사진을 얻을 수 있었다. 2003년 2월에는 COBE보다 40배나 성능이 우수한, 보다 정밀한 관측 기계를 사용하였다.

지구에서 1백 50만 Km 되는 거리에 떠 있는 WMAPWilkinson Microwave Anisotropy Probe (우주배경 초단파 관측) 위성이 찾아내는 초단파에서 섭씨 1백만 분의 1도 정도의 온도 변화까지 알아낼 수 있다니 그 정밀함이 놀라울 뿐이다. 망원경 하나만 가지고 허블이 100억 내지 200억 년이라고 막연하게 추정했던 우주의 나이를, 이번에는 우주관측 위성과 고성능 전파 탐지기로 137억 년이라고 비교적 정확하게 알아낸 것이다. 그러니까 이 숫자는 철학자나 신학자가 짐작으로 추측하던 것과는 전혀 차원이 다른, 많은 과학자들이 오랫동안 끊임없는 관측과 연구가 거듭되어 얻은 분명한 열매다.

물리학자들의 계산에 의하면 대폭발 1초 후 온도는 약 100억 도나 된다고 한다. 이때는 너무 뜨거워서 우주 공간에 생기기 시작하는 광자, 전자, 뉴트리노와 이들의 반입자, 그리고 약간의 양성자와 중성자들은 그냥 맹렬한 속도로 떠돌고 있을 뿐 서로 결합하여 원자핵을 만들지 못하고 약 100초가 지나면 우주는 더욱 팽창하면서 온도가 10억 도로 떨어진다. 이 온도가 되면 양성자와 중성자가 결합해서 중수소의 원자핵이 되고 그 핵은 다시 양성자 중성자를 더 붙들어서 헬륨의 원자핵이 된다. 대 폭발 후 불과 몇 시간 안에 헬륨이나 기타 원자핵의 생산은 끝난다. 그리고 그다음 약 100만 년 동안은 팽창을 계속할 뿐이고 별로 뚜렷한 일이 없이 지나간다. 온도가 몇천도 쯤으로 떨어지면 각각 떠돌고 있던 전자와 원자핵이 결합을 시작하여 원자를 만들기 시작한다. 우주 전체적으로는 팽창을 계속하는 가운데 원자들이 좀 더 빠른 속도로 만들어지는 어떤 구역에서는 밀도가 높아지면서 원자 서로 간에 생기는 인력 때문에 팽창 속도가 주춤하다가 끝내는 그 부분에서는 팽창을 멈추고 수축하면서 밀도가 높아지고 자체의 중력이 생기면서 주위의 다른 원자들을 끌어드리게 되어 그 힘으로 회전이 시작된다. 수축이 계속되는 사이 중력이 더욱 커지게 되고 따라서 회전도 빨라지게 되어 회전에 의한 원심력과 수축하려는 중력이 균형을 이루면서 지금 우리가 보는 회전하는 나선형 은하가 태어나게 된다.

이 우주에는 천억 개가 넘는 은하가 있을 것으로 생각되며 우리 태양계가 속해 있는 은하도 이런 나선형 은하 가운데 하나다. 우리가 살고 있는 태양계는 지름이 약 10만 광년인 은하의 중심 둘레를 수 억 년에 한 번씩 천천히 돌고 있다. 그리고 우리 태양은 이 종이로 접은 바람개비처럼 생긴 나선형 은하를 이루는 여러 개의 바람개비 날개 중의 한 팔(줄기)의 안쪽 가장자리에 자리 잡고 있는 보통 크기의 노랑별이다. 지구가 그 태양을 중심으로 1년에 한 바퀴씩 도는 것은 누구나 아는 이야기. 그런데 지금은 이 누구나 다 아는 이야기를 갈릴레오는 300년 전에 했다가 그때의 교황 우르바노 8세한테 죽을 때까지 가택에 연금 당하는 벌을 받은 얘기는 과학이 발달함에 따라 종교와 마찰을 일으키는 예로 코페르니쿠스의 일화와 더불어 고전에 속하는 얘기다.

(2) 태양과 지구, 생명의 시작

다시 대 폭발이 있었던 시대로 돌아가자. 시간이 지남에 따라 은하 안의 수소와 헬륨으로 된 기체는 더 작은 구름 모양의 여러 덩어리로 갈라지고 이들은 스스로의 중력으로 수축한다. 이 구름 덩어리가 수축함에 따라 그 속의 원자들은 서로 충돌하면서 기체 온도가 올라간다. 마침내 그 온도가 핵융합반응을 일으킬 만큼 되면 수소들이 결합해서 헬륨이 되고 이 과정은 수소폭탄의 원리와 똑같아서 대단한 열이 발생한다. 우리가 보는 태양도 이렇게 해서 생긴 별들 중의 하나다. 태양과 같은 별이 생길 때, 구름 모양의 가스체 대부분은 태양을 만드는 데 쓰이거나 더러는 흩어져 떨어져 나가고 떨어져 나간 소량의 무거운 원소들은 서로 뭉쳐져서 태양을 도는 지구와 같은 행성을 만들었다.

이렇게 해서 태양은 약 50억 년 전에, 지구는 약 45억 년 전에 생겼다고 한다. 처음에 지구는 매우 뜨겁고 대기층이 없었다. 시간이 지나면서 지구는 냉각되고 지구 표면에서 분출되는 가스로 대기층이 생긴다. 그러나 초기의 이 대기층은 우리가 숨을 쉴 수 있는 지금의 공기와는 전혀 다른 것이었다. 그 속에 산소는 없고 황화수소 H_2S와 같은 유독한 가스를 많이 가지고 있었다. 오랜 세월이 지나 바다가 생기고 온도가 높은 바다 속에서는 원자들이 활발하게 서로 결합하면서 여러 가지 새로운 물질들이 만들어지기 시작한다. 여기에서 잠깐 짚고 넘어갈 일이 하나 있다.

생명이 없는 것은 무생물이다. 무생물은 생명은 없지만 그렇다고 그 실체가 죽은 듯이 조용히 있는 것은 아니다. 앞에서 보았지만 무생물도 원자, 분자의 미시微視세계로 들어가면 그 안에서 전자와 양성자 중성자들이 활발하게 움직이고 있다는 것을 우리는 알고 있다. 이 활발하게 움직이고 있는 전자 중성자 양성자들이 서로 결합하고 있는 상태에 따라 자기보다 더 강력한 힘을 가진 원자와 만날 때 그 원자 안으로 끌려들어 가기도 하고 혹은 떨어져 나오기도 하면서 주어진 조건에 따라 끊임없이 결합과 분열을 계속한다. 이러는 과정에서 어떤 원자들은 거대 분자라고 불리는 여러 가지 큰 구조의 분자를 만들기도 하는데 그 중에 어떤 거대분자는 간혹 바다 속의 다른 원자들을 자기와 비슷한 구조의 분자로 만들어 내기도 한다. 즉 그들 중에 어떤 것은 아주 드물지만 자신을 재생산하고 증식 할 수 있게 되는 것도 생겨나게 되었다. 이것이 초기 원시적 생명 형태라고 할 수 있다.

그러나 이러한 거대분자의 재생산은 그렇게 순조롭게 이루어지는 것이 아니고 대부분 비슷하게 거대분자를 만들기는 했으나 재생산까지 이르지는 못하고 재생산이 불가능해서 그대로 소멸되는 경우가 많았지만 아주 드물게, 어떤 극소수의 것은 재생산을 더 잘 하는 새로운 것이 생겨나기도 한다. 수백만 개의 결합 중 한 두 개가 자기와 같은 모양의 분자구조를 복사複寫할 수 있게 된 것이다. 오랜 세월에 걸쳐서 이런 방식으로 아주 느리게 진화의 과정이 거듭되어 차츰 더 복잡한 자기 증식의 유기체가 발달하게 되었다. 최초의 원시적 생명체는 황화수소를 비롯하여 여러 물질을 소비하여 산소를 방출했다. 이렇게 해서 점점 오늘날 우리가 보는 대기층으로 그 성분을 변화시켜서 오존층이 생기고 이 오존층이 강력한 자외선을 막아주어서 땅 위에는 여러 가지 식물들과 함께 물고기, 파충류, 포유동물, 끝으로는 사람과 같은 복잡하고 지능을 가지는 생명체로 진화하게 되었다.

바다 속에서 원시적 최초의 생명 형태의 것이 생긴 것은 지금부터 약 35억 년 전, 그러니까 지구가 생기고 나서 10억 년 후에야 겨우 원시적 생명이 시작되었으니 그 과정에서 얼마나 많은 분자 결합의 시행착오가 반복되었을까를 미루어 짐작할 만하다. 땅 표면에 처음으로 식물이 나타난 것은 약 4억 3천만 년 전이라고 하니 원시 생명이 생겨나고서도 30억 년 이상의 세월이 지난 다음이다. 많은 신학자들이 생명이 우연히 생겼다는 말을 들으면 아주 질색하며 반대한다. 원인이 없이는 절대로 결과가 나올 수 없다는 것이 그들의 지론이다.

그러나 이렇게 생각을 좀 해 보자. 복권에 당첨되어 백만장자가 될 확률은 6/49의 경우 계산상 한 가지 번호를 하나만 만든다고 할 때 약 1억 분의 1이다. 다시 말하면 1억 개의 복권 중에서 하나가 당첨이 되는 것이다. 그러나 거의 매주 당첨자가 나온다. 복권에 당첨된다는 것은 그야말로 하늘에서 별 따기 식의 도무지 가망이 없는 요행(우연)이지만 그러나 그 숫자가 많게 되면 누군가는 당첨이 되는 것이다. 초기의 지구 바다 물속은 온도가 높아서 분자 활동이 매우 활발하였을 것을 생각한다면 10억 년이라는 장구한 세월 동안에는 어떤 일이라도 일어날 수 있지 않았을까? 10억 년이라면 1,000년 전, 신라시대보다 100만 배나 더 오래 전 일이라는 점을 알아야 한다.

어느 날, 갑자기 사람이나 양과 같은 고등 동물이 생겨난 것이 아니라 10억 년 동안 더운 물속에서 분자들이 활발하게 움직이며 끊임없이 서로 결합하기도 하고 부서지기도 하는 과정을 되풀이하다가 어떤 것은 극히 원시 상태의 생명체로 조합이 되는 수도 있었을 것이다. 이것은 결코 우연이나 요행은 아니다. 헤아릴 수도 없는 반복과 시행착오의 연속 끝에 얻은 결과이며 그때 주어졌던 환경과 조건이 원인이었다.

1952년, 유명한 생화학자 우레이Harold Urey(1893~1981, 미국) 박사 밑에서 연구를 하고 있던 밀러Stanley Miller(1930~2007, 미국)라는 대학원 연구생은 아주 간단한 장치를 만들어 가지고 실험을 했다. 그는 메탄가스, 암모니아, 수소 및 수증기가 혼합되어 있는 시험관 안에 벼락칠 때와 같은 환경을 만들려고 6만 볼트 전압의 전기를 통과시켜 보았다. 이것은 초기 지구의 환경과 아주 비슷한 상태다. 그랬더니 시험관 안에 단백질을 이루는 화합물인 아미노산과 생명체를 구성하는 기본적인 물질이 만들어졌다고 한다. 이 실험결과가 생명의 시작은 어떤 절대자의 간섭 없이도 가능하다는 암시를 주는 것이 아닌가 싶다.

神을 믿는 사람들이 또 하나 인정하지 않으려는 것은 가장 근본적인 진리나 자연 현상 그 자체도 그냥 생긴 것이 아니고 神의 섭리로 창조

되었다고 하는 점이다. 그러나 수학이나 과학의 기초에는 증명할 수는 없지만 자연 현상 그 자체로 진리인 것이 있다. 그것을 우리는 공리公理라고 하는데 예를 들면, 평면기하학에서, "두 점 사이에 가장 짧은 거리는 직선이다."라는 것과 같은 경우다. 이것은 아주 간단하고 기본적인 진리이지만 그것이 왜 사실인지 증명할 길은 없다. 그러나 분명한 것은 아무리 전능한 神이 와도 두 점 사이의 거리를 직선보다 더 짧게 만들 수는 없다는 사실이다.

이 세상에는 神이나 또는 다른 어떤 힘의 작용을 받지 않고 자연 그대로 존재하는 아주 기본적인 진리가 있다. 위에 예로 든 직선에 관한 공리도 그 중에 하나다. 물리학에서는 원자 구조 안에서 원자핵과 전자가 각 원자의 특성에 따라 여러 가지로 서로 결합하여 분자를 만들고 분자들이 모여 물질을 만드는데 이 과정도 사실이지만 왜 그렇게 되는지 증명할 길은 없다. 이것도 직선의 공리와 마찬가지로 가장 기본적인 진리다. 물질의 가장 작은 단위를 분자라고 하는데 그 작은 분자는 그 나름대로 물질에 따라 각각 독특한 분자력을 가진다. 응집력 표면장력 같은 것들이 그것이다. 물의 응집력은 기름(석유)의 응집력보다 커서 기름 위에 물방울이 떨어지면 그 응집력의 힘으로 기름 위에서 동그랗게 방울을 만든다. 그러나 물위에 기름방울이 떨어지면 반대로 기름의 응집력은 물의 표면장력보다 작아서 물위에 넓게 퍼지고 만다.

神을 믿는 사람들은 이 현상도 神의 섭리라고 하고 싶겠지만 이 세상에는 神이 없어도 저절로 그렇게 되는 현상이 있다. "두 점 사이에 가장 짧은 거리는 직선이다."라는 직선공리는 神이 있거나 없거나 변하지 않는 자연 그대로의 진리다. 이것을 자연법칙이라고 하는데 자연

법칙이란 사물들이 어떻게 움직이고 반응하는가 하는 것을 사람이 기술하는 것뿐이지 그 이상도 이하도 아니다. 그것이 그렇게 되도록 가르친 존재가 반드시 있어야 할 이유는 없다. 노자가 『도덕경』에서 말하는 무위 자연無爲自然이 아마 이것을 말하는 것이 아닌가 싶다. "아무의 도움도 없이 스스로 그렇게 된다."는 말이다. 여기에서 자연自然이라는 두 글자는 명사名詞 Nature 라는 뜻이 아니고 '스스로 그렇게 된다.' Self-so는 뜻을 가진 하나의 문장이다.

천문학이 발달하면서 이 우주 안에는 수조 개가 넘는 별들이 있고 그 별들이 일정한 질서로 움직인다는 것을 처음으로 알았을 때 사람들이 경이의 눈으로 하늘을 쳐다보며 神의 섭리를 찬양했으리라는 것은 짐작하기 어려운 일은 아니다. 그것은 마치 지구가 둥글다는 것이 알려지고 마젤란이 처음으로 배를 타고 지구를 한 바퀴 돌아오면서 그것을 실증하는 것을 보았을 때, 이 커다란 지구가 어떻게 허공에 떠 있을까 하고 놀라던 일이나 마찬가지다. 그러나 오늘의 과학은 이 우주가 어떻게 생겼으며 어떻게 움직이고 있다는 것을 거의 알게 되었고 거기에는 神의 섭리가 비집고 들어 갈 자리는 아무 데도 없다는 것도 알게 되었다.

4. 동양의 神, 서양의 神

유태교, 기독교, 이슬람교 들이 지리적으로는 지금 우리가 중동이라고 부르는 아시아에 속하는 땅에서 생겼지만 유태교와 기독교의 세력은 주로 유럽과 아메리카 대륙에 퍼져 있다. 그래서 우리는 이 종교들을 서양 종교라고 부른다. 기계문명과 현대 과학을 만들어 낸 서양 사람들은 구체적이고 확실한 것을 좋아하는 경향이 있다. 애매하고 모호한 것은 참고 보지 못하는 성미다. 그래서 그들의 神도 구체적이고 확실하다.

맨 먼저 기독교의 경전인 구약에 나오는 야훼 神을 한번 보자. 구약의 기록에 의하면 야훼는 이스라엘 민족을 특별히 선택하여 인류의 구원사업을 펼치고자 한다. 이스라엘 백성에게 그 준비를 시키기 위해서 이스라엘의 神 야훼는 필요할 때마다 나타나서 지시하고 인도하고 가르치며 자상한 어버이 같이 말을 잘 안 들으면 야단도 치고 가끔 벌도 내린다. 그러면서도 이스라엘 백성에 대한 편애偏愛가 어찌 심한지 옹졸한 홀어미가 외아들 대하듯 한다. 위급할 때마다 나타나서 야훼는 이스라엘 백성을 위해서 별 험한 일을 다 한다. 이집트에서 종살이를 하고 있는 이스라엘 백성을 데리고 나오기 위해서 이집트의 백성들한테는 열 가지 재앙을 내리고 마지막에는 이집트의 모든 가족의 첫 아들과 가축의 첫 새끼까지 모조리 죽이는 견딜 수 없는 고통을 주기도 한다. 젖과 꿀이 흐르는 가나안 땅을 자기 백성에게 빼앗아 주려고 그 안에 살고 있던 사람들은 남녀노소를 가리지 않고 그들의 가축까지 모조리 살육하는 잔인한 짓도 서슴지 않는다.

이것은 이스라엘 백성만을 위하는 저들의 부족 神이라고 할 수는 있겠지만 온 세상 사람을 모두 사랑하는 인류 전체의 神이라고는 할 수가 없다. 물론 이런 이야기를 재미있는 신화라고 생각하고 들으면 아무 문제가 없지만 글자 하나도 틀림이 없는 하느님의 말씀이니까 틀림없는 사실이라고 생각한다면 이스라엘 민족이 아닌 사람들은 기독교 근처에도 갈 것이 못 된다. 신구약 경전이 글자 그대로 사실이라고 한다면 말이다. 구약은 유대 민족의 신화, 역사서, 생활 규칙서, 문학 전집, 예언집 들을 한데 모은 고대 유대인 문집 총서라면 모를까 지금 세상에 그것이 인류 전체를 사랑하시는 하느님의 말씀이라고 한다면 누가 그 말을 믿을 것인가. 유대인들이 자기들끼리 그렇게 믿고 주장하는 것이야 누가 말릴까 마는 그것을 다른 사람들에게도 진리이니까 믿으라고 강요한다면 말이 되지 않으려니와 들을 사람도 있을 턱이 없다. 마치 그것은 신라의 박혁거세가 알에서 나왔다는 이야기나 단군왕검이 하늘에서 내려온 환웅이라는 사람과 곰이 사람으로 되었다는 여자를 어머니로 하여 태어났다고 하는 우리의 개국 신화를 사실이니까 반드시 믿어야한다고 강요하는 것과 별로 다를 것이 없다.

신약시대에 와서도 神은 같은 야훼 하느님이지만, 구약에서처럼 그렇게 자주는 아니고 역사적인 순간이라고 할만 할 때에는 어김없이 나타나서 인간사에 관여한다. 처녀인 마리아에게 가브리엘 천사를 보내어 성령으로 임신될 것을 알리고 그 아이가 하느님의 아들이라고 불릴 것이라고 통보한다. 예수가 세례 요한에게 세례를 받을 때에는 하느님의 성령이 비둘기 모양으로 예수의 몸에 내려오는 것이 보이고 하늘에서 "이는 내 사랑하는 아들, 내 마음에 드는 아들이다."라는 소리가 들려 왔다. 또 한 번은 예수가 베드로, 야고보, 요한만 데리고 높은 산에 올라갔을 때 예수의 얼굴은 해와 같이 빛나고 그의 옷은 빛과 같이 눈부셨다. 이 때, 빛나는 구름이 그들을 덮더니 구름 속에서, "이는 내 사랑하는 아들, 내 마음에 드는 아들이니 너희는 그의 말을 들어라." 하는 소리가 들려왔다.

기독교의 야훼 하느님은 그리스 신화에 나오는 神들과 많이 닮았다. 원래 기독교가 지중해 연안 그리스 문화권에서 생긴 것이고 초대교회의 선교지역도 그리스를 비롯하여 지중해 연안지역을 중심으로 삼고 있었기 때문에 그리스문명 문화, 소위 헬레니즘의 영향을 많이 받았으리라는 것은 짐작하기 어렵지 않다. 하느님은 볼 수도 없고 만질 수도 없는 초월적 존재인데 그 神이 아들을 낳는다는 사고방식도 그리스 신화에서 神들이 사람들처럼 서로 사랑하기도 하고 질투도하고 미워하기도 하고 결혼도 하고 아이도 낳고 하는 이야기를 많이 들었기 때문일 것이다. 보통 神이라고 하면 전지전능하고 전선全善 공의公義하며 무소부재無所不在하고 이 세상 모든 것에서 초월해 존재한다고 하면서도 다른 한편에서 서양의 神은 그저 사람과 비슷한 수준까지 끌려 내려와 있는 것이 아닌가 싶다.

그리스 신화에 나오는 神들은 그림이나 조각으로 형상화되어서 더욱 사람들의 마음속에, 생각 속에 사람과 비슷한 존재로 각인이 되었던 모양이다. 미켈란젤로가 로마의 시스틴 성당에 천지 창조라는 제목으로 벽화를 그리면서 神을 그릴 때 이미 그의 생각 속에 神은 사람과 비슷하다는 관념이 박혀 있었을 것이니까 아마 그는 조금도 주저하지 않고 神을 건장하고 잘 생긴 남자 노인으로 묘사했을지도 모른다. 또 그 후 사람들은 시스틴 성당의 벽화를 보고 감탄하면서, 교회가 인정하는 그 神의 그림을 보고 神은 사람의 모습과 비슷하다는 생각을 더욱 굳혀 갔을 것이다. 미켈란젤로의 천지창조라는 일련의 그림들은 서양 사람들에게 神의 모습은 사람과 비슷하다는 생각을 하게 만드는데 결정적인 역할을 했을 것이라고 나는 생각한다.

이렇게 神이라는 존재를 사람과 비슷한 존재로까지 끌고 내려와 버렸으니 세상에 그런 神이 있다고 생각할 수는 없는 노릇이 아닌가. 神을 너무 가까이 구체적으로 파악하려다 보니 이런 일이 일어난 것 같다. 그러나 2,000년 가까이 전 유럽에 퍼져 있는 기독교 사상에 물들어 살았다면 마치 물고기가 물속에 살면서 물을 알아보기가 어려운 것처럼 서양 사람들이 기독교를 비판하는 것이 거의 불가능했을 것이다. 그러나 하늘에서 말을 하고 인간의 역사에 일일이 간섭하는 그런 神이 있다고 하는 생각이 현대문명 속에서 오래오래 계속되지 않으리라는 것은 불을 보듯 뻔한 일이었다. 결국, 서양에서도 좀 현명하고 냉정하게 생각할 줄 아는 사람들 가운데서 무신론자가 생기는 것은 시간문제일 뿐이었다.

　그리스신화를 보면, 제우스신이, 인간들이 못되게 노는 것을 보고 화가 나서 온 인류를 물로 휩쓸어 버리는 장면이 있다. 그 이야기는 구약의 노아 때 홍수 심판과 어쩌면 그렇게 닮았는지 모른다. 제우스는 인간을 축복하기 위하여 판도라라는 여인을 프로메데우스 형제에게 내려 보냈다. 처음에는 잘 되어가는 것 같더니 얼마 안가 인간 세상은 타락, 방종, 질투, 싸움으로 얼룩져 갔다. 제우스는 땅의 형편이 돌아가는 것을 보고 몹시 화가 나서 다른 神들과 의논하여 인간 세상을 물로 쓸어버리기로 했다. 한꺼번에 온 세상의 먹구름을 보내어 장대비가 계속해서 쏟아지고 물의 神 포세이돈에게 부탁하여 강물이 범람하고 바다 물도 대지로 쏟아 부었다 순식간에 대지는 물바다가 되었고 산들도 물에 잠겼다. 오직 파르나소스 산 만이 물위로 머리를 내밀고 있었는데 거기에는 프로메데우스의 아들 데우칼리온과 그의 아내 피라가 피신해 있었다. 이 두 사람은 神들을 잘 섬기는 의로운 사람이었다. 대충 이런 이야기다. 구약의 노아 홍수 이야기도 책이 별로 없었던 시절에 문명이 먼저 발달했던 그리스를 중심으로 하는 지중해 연안 지방에 떠돌던 옛날 이야기들이 입에서 입으로 구전口傳되면서 부족들마다 조금씩 다르게 전달 된 것이 아닌가 싶다.

서양의 神을 알고 나서 내가 몹시 궁금하게 생각하는 것은 옛날에는 그렇게 자주 사람들에게 말을 하고 필요할 때는 부지런히 천사도 보내 메시지를 전달하고 하던 神, 야훼가 요즈음은 왜 조용히 가만히 지내는지 참 알 수가 없다. 세상 형편을 살펴보건대 옛날보다는 지금 이 세상이 더욱 야훼의 충고와 도움이 필요하다고 생각되는데 말이다.

동양에는 서양에서 말하는 것과 같은 神은 아예 없다. 우선 동양 어디에도 神을 모신 신전神殿이라는 것이 아무 데도 없다. 불교의 절이 있고 중국이나 한국, 일본에 사당祠堂이라는 것이 있지만 이것은 神을 모시는 곳이 아니라 부처님을 모시거나 조상의 혼백을 모시는 곳이다. 부처님은 神이 아니다. 또 부처 그 자체가 신령한 존재는 아니다. 불교의 교리에 의하면 사람에게는 누구나 불성佛性이라는 것이 있고 참선이나 공부를 통해서 해탈하여 그 불성을 찾아내기만 하면 누구나 부처가 된다고 한다. 옥황상제니 상제니 하는 것이 있지만 이것은 아주 옛날 태양신을 받들던 흔적이 남은 것이고 실제로 상제한테 제사를 지내는 일도 옛날에나 있었는지 모르지만 근세에 와서는 없다. 가뭄이 들거나 무슨 천재지변이 있을 때 하늘에 제사를 지내는 일이 더러 있지만 그 대상은 옥황상제인지 비의 귀신인지 애매하다.

고대 인도에서 발생한 힌두교에 시바나 비슈누 등의 神이 있으나 이런

神도 원래 힌두교의 神이 아니고 기원전 1,500년 경에 인도 서북부로 들어와 정착하기 시작한 유럽계인 아리안족에 의해서 시작되었다고 한다. 아리안족이 들어오기 전의 힌두교에는 인격 신이라는 것이 없었다.

어쨌거나 동양에서는 인간 역사에 시시콜콜 관여하고 더구나 가끔 하늘에서 소리를 내어 직접 사람들에게 말을 하는 그런 神은 생각해 본 적도 없었다.

『맹자孟子』에,

天將降大任於是人
천 장 강 대 임 어 시 인

必先苦其心志, 勞其筋骨, 餓其體膚
필 선 고 기 심 지　노 기 근 골　아 기 체 부

空乏其身, 行拂亂其所爲
공 핍 기 신　행 불 난 기 소 위

"하늘이 어떤 사람에게 큰 임무를 맡기려고 할 때, 반드시 먼저 그 마음을 괴롭히고 그 근골을 고생시키고 그 몸을 굶주리게 하고 그 육체를 곤핍하게 하고 그의 하는 일이 다 어지럽게끔 한다."
는 말이 있지만 여기서 하늘이라고 하는 것은 서양에서의 인격이 있는 神이라기 보다는 천도天道 즉 하늘의 도리라는 뜻이 더 많다.

『장자莊子』에,

若人作不善 得顯名者 人雖不害 天必戮之
약 인 작 불 선　득 현 명 자　인 수 불 해　천 필 륙 지

"만일 사람이 착하지 않은 일을 하고서도 이름을 세상에 나타내는 자를 사람은 비록 해하지 못하나 하늘이 반드시 무찌를 것이다."라고 할 때의 하늘도 하늘의 도리라는 뜻이다.

『주역周易』에,

易以推天道 以明人事
역이추천도 이명인사

"역이란 천지의 도, 즉 자연의 힘과 법칙을 알아서 인간의 도리를 밝히는 것"이라고 할 때의 천도天道가 바로 위에 나오는 천天과 같은 뜻이다.

다시 말하면 동양에는 神은 없고 天道, 하늘의 도리가 있을 뿐이다. 하늘의 도라는 것은 막연하고 애매하지만, 사람이 지켜야 할 도리, 즉 윤리나 도덕의 가치관과 같은 관점인 것 같다. 하늘의 도리를 지키지 않으면 하늘이 벌을 내린다는 생각은 얼핏 서양의 神 개념과 비슷한 생각이지만 그렇다고는 해도 동양에서는 서양에서 생각하는 인격신人格神이 있다고 생각한 적은 없었다. 그리고 도를 터득했다, 또는 도를 깨쳤다 하는 것은 일반 사람들에게는 막연하기만 한 도를 깨달은 사람이라는 뜻이다.

동양에는 神이 없으니까 옛날부터 무신론자도 없고 유신론자도 없다. 다만 천도天道를 아는 사람과 그것을 모르는 사람으로만 구별할 뿐이다. 그리고 그것을 모른다고 해서 금방 어떻게 되는 것도 아니고 그것을 알아야 한다고 따라다니며 서양에서 예수 믿으라고 조르는 사람들처럼 조르는 사람도 없다. 몰라도 대강 세상 돌아가는 대로 따라 살기만 하면 되니까 별로 문제가 없었다. 대부분의 사람들은 사실 천도를 깨닫지 못한 채 살고 있다고 보는 것이 타당하다.

『논어論語』에 나오는 공자의 말에,

未能事人 焉能事鬼
미능사인 언능사귀

"사람을 섬길 줄 모르면서 어찌 귀신神을 섬길 수 있으랴"라는 말과,
未知生 焉知死
미지생 언지사
"아직 삶도 모르는데 어찌 죽음을 알 수 있으랴."라고 한 말로 어떤 사람들은 공자를 神에 관해서 불가지론자不可知論者로 본다. 유신론자들은 불가지론자도 넓은 의미의 무신론자로 취급한다. 그러나 공자는 神이 있는지 없는지를 말을 한 적이 없다.

천도天道라는 것은 말하자면 사람들이 희망하는 이상적理想的인 규범이고 최고 가치 기준이라고 할 수 있다.

『사기史記』를 쓴 사마천司馬 遷(한나라 무제武帝 때의 태사공太史公)이 동양 사람으로는 아마 처음으로 그 천도天道라는 것조차 있는 것 같지 않다고 생각했던 사람이다. 공자의 72명의 제자 중에서 공자가 "그는 참으로 학문을 즐기는 사람"이라고 극구 칭찬하던 안회顔回가 하도 가난하여 등겨조차 배를 채우기에 모자라서 결국 젊어서 굶어죽다시피 하였으며 그런가 하면 도척盜跖이라는 무뢰한 사람의 간을 내어 회를 쳐 먹을 정도로 포악 잔인한 인간이었는데 휘하에 수 천 명의 졸개를 거느리고 천하를 돌아다녔어도 천벌은커녕 호사를 다 해 가며 제명을 다 살았다. 이 사실을 보며 사마 천은, 천도天道라는 것이 있다면 어찌 이런 일이 일어날 수가 있단 말인가 하고 한탄한다.

중국 대륙에서 2,500여 년 동안 일어났다 사라져간 여러 나라들의 흥망성쇠와 그 역사를 창조하고 멸망시킨 헤아릴 수 없는 영웅호걸들의 행적을 기록하면서 사마천은 인간의 역사에서 정의가 반드시 이기

는 것도 아니고 착한 사람이 반드시 복을 받는 것도 아니라는 엄연한 사실을 확인하면서 관념적으로만 알고 있던 천도天道라는 것조차 존재하지 않는다고 본 것이다. 착한 사람이 잘 살게 되고 악한 사람이 벌을 받게 되기를 바라는 것은 보통 힘이 없는 사람들의 희망일 뿐이지 인간 사회 역시 다른 동물의 세계와 마찬가지로 엄연히 약육강식弱肉强食이 한 치의 착오도 없이 적용되는 살벌한 세상이 아닌가.

아무튼 동양에서는 죽음 저편의 세계에 대해서는 별로 관심이 없었다. 석가도 그 세계를 무기無記[1]라고 했다. 즉 관심 밖의 일이라는 것이다. 석가는 죽음 다음의 문제에 대해서는 대답조차 하지를 않았다. 지금은 서양 문물을 접한 지가 꽤 오래 되어서 많이 이해하는 편이지만 동양에서는 처음으로 서양 종교의 神에 관한 이야기를 들었을 때, 그것이 좋다든가 나쁘다든가 하는 생각을 하기 이전에 어떻게 알지도 못하는 일을 가지고 이러쿵저러쿵 구체적으로 말을 하는지 도대체 그것이 이상하게 들렸을 것이다.

동양 사람들의 사상 중에서 서양의 神 개념에 가장 가까운 것을 든다면 노자의 도道가 아닐까 하고 생각한다. 도덕경에 나오는 도道라는 것은 앞에서 말한 천도天道의 도라는 것과는 전혀 다른 개념이다. 그것은 만물의 근원이요 있기는 있는데 도무지 그 실체를 알 수가 없다고 하였다. 『도덕경』 제1장에 나오는 유명한 말을 한번 보자.

道可道 非常道, 名可名 非常名, 無名天地之始, 有名萬物之母
도가도 비상도   명가명 비상명 무명천지지시   유명만물지모

---

[1] 無記 : 석가모니가 다른 종교가로부터 받은 질문에 可否를 답하지 않고 침묵하였음을 이르는 말

"도를 도라고 부를 수는 있지만 그러나 항상 그런 것은 아니다. 이름을 지어 불러도 항상 그 이름으로 불리는 것은 아니다. 부르는 이름도 없이 천지가 시작되었고 이름이 있어서 만물의 어미가 된다."

(※ 이 말에 대한 해석은 학자마다 달라서, 노자 자신이 과연 어떤 뜻으로 썼는지는 분명하지가 않다.)

또, 4장을 보면,

挫其銳 解其紛 和其光 同其塵. 湛兮 似或存 吾不知誰之子 象帝之先
좌기예 해기분 화기광 동기진 담혜 사혹존 오불지수지자 상제지선

"도의 날카로움을 꺾고 복잡하게 얽힌 것을 풀면 그 모습은 빛이 어우러지는 광경과 같고 낱낱의 티끌과도 같다. 깊이 잠겨있어서 어찌 보면 있는 것 같기도 하지만 나는 그것이 어디서 왔는지 알 수가 없다. 다만 세상만물의 근원보다는 먼저일 것이다."

14장에는,

視之不見 名曰夷, 聽之不聞 名曰希, 搏之不得 名曰微,
시지불견 명왈이 청지불문 명왈희 박지부득 명왈미

此三者 不可致詰 故混而爲一
차삼자 불가치힐 고혼이위일

"보려고 해도 보이지 않으니 이를 이夷라 한다. 들으려 해도 들리지 않으니 이를 희希라 한다. 잡으려고 해도 붙잡을 수 없으니 이를 미微라 한다. 이 셋은 이치로 따져 밝힐 수는 없는 것임으로 한데 섞어서 하나로 본다."

여기서 이夷니, 희希니, 미微니 하는 것은 노자가 도를 두고 잠깐 이름을 붙여 본 것에 지나지 않는다. 즉 도道는 보려고 해도 보이지 않고

들으려 해도 들리지 않고 잡으려고 해도 붙잡을 수 없는 초월적 존재라는 말이다. 노자가 말하는 도道는 서양에서 말하는 우주 배경에 있는 궁극적 실재라는 것과 비슷한 개념이라고 할 수 있다. 그러나 앞에서 살펴 본 바와 같이 그것이 서양에서 말하는 전능, 전지全知, 전선全善, 공의公義하다고 정의되는 인격신은 물론 아니다.

동양에는 神은 없지만 그렇다고 서양 사람들보다 도덕적으로 뒤떨어졌거나 앞에서 인용한 한스 큉의 말처럼 심한 좌절감에 빠지지도 않고 극도의 회의와 공포에 빠지지도 않는다. 지금은 그렇지 않지만 한때 서양 사람들은 기독교를 모르는 지방에서는 어떻게 도덕적 생활을 할 수 있을까 하고 꽤 걱정했던 모양이다. 그러나 기독교가 들어오기 전에도 동양에서는 오히려 기독교를 믿는 사람들보다도 더 수준이 높은 도덕 생활을 하고 있었다는 것은 우리가 이미 알고 있는 바이다.

그렇다면 그렇게 대단해 보이지 않는 기독교가 어떻게 전 세계에 퍼진 제일가는 종교가 되었을까?
기독교의 교리가 이 세상 다른 종교의 교리보다 뛰어나서 그렇게 된 것 같지는 않다. 유대교 집안에서 태어난 예수가 유대교의 잘못된 점을 보고 그것을 고쳐 바로 잡으려다가 유대교의 지도자들에게 밉게 보여 그들을 지배하고 있던 로마 집정관에 고발하여 십자가에 매달아 죽였다. 예수가 죽은 뒤 그의 제자들 사이에서는 예수의 가르침을 유대인이 아닌 사람에게도 전파해야 하는지 안 해야 하는지를 몰라 한동안 다툼이 있었다고 한다. 그만큼 예수가 가르친 새 종교에 대하여 자신이 없었다고 할 수 있다.

그 뒤로도 그리스를 중심으로 한 지중해 연안에서 로마 정부의 박해를 받아가며 기독교는 어렵게 버텨나가고 있었다. 그러다가 서기 312년 로마제국의 콘스탄티누스 황제가,(그 이유야 어찌 되었든, 좀 더 자세한 이야기는 다음 장에서 하겠지만.) 기독교에 귀의하고 기독교를 로마제국의 국교로 선포하면서 기독교는 승승장구의 길을 걷는다. 기독교는 곧 전 유럽에 전파되고 교황권이 쇠퇴해서 유럽 각 지역에 독립 국가들이 생긴 뒤에도 유럽 대륙 전체에서 믿는 유일한 종교가 된다. 콘스탄티누스 황제의 귀의는 기독교 역사상 바오로 사도의 전향보다도 오히려 더 크게 기독교의 발전에 공헌했다고 나는 생각한다. 만일 그 황제가 기독교를 로마제국이 멸망할 때까지 국교로 받아들이지 않고 계속해서 박해를 가했더라도 오늘날 기독교가 지금만큼 번성했을까를 생각해 보면 그 황제의 영향이 얼마나 큰 것인지를 이해할 수가 있다. 그러나 한편 생각하면 콘스탄티누스의 귀의가, 프랑스의 신학자 장 카르도넬이 날카롭게 지적했듯이, 권력이 기독교화 되는 대신 기독교가 권력화 되어버리는 계기가 되고 만 것은 참으로 안타까운 일이었다.

산업혁명이 일어나면서 유럽 각국은 새로운 문명을 도입하고 기계문명을 발달시켜 국력을 신장하는 한편 남들보다 먼저 선박, 항해, 무기 등을 발전시켜 그 이점을 앞세우고 다투어 세계 각지로 식민지 개척에 나선다. 그래서 아프리카, 오스트레일리아, 남북 아메리카, 인도 등이 차례로 기독교 국가들의 식민지가 되고 식민지에서 자기들의 종교를 전파하여 오늘에 이르렀다. 이 과정은 이슬람교가 무함마드에 의해 창시된 후 불과 백년 안에 사산 제국의 영토였던 페르시아 전역과 비잔틴 제국의 영토 대부분을 차지하여 강력한 독립 국가를 이룩한 것이 이슬람교라는 종교가 다른 종교보다 우수해서 그렇게 되었다고 볼 수는 없고 다만 계속되는 영토 쟁탈 전쟁에서 이슬람교의 국가가 잘 싸워 이겼기 때문인 것과 마찬가지다. 남보다 앞선 무기를 사용한 침략적인 식민지 정책이 아니었으면 기독교가 오늘날 온 세계에 퍼졌을 이유가 없다.

그러나 기독교가 점령한 식민지 백성들을 처음부터 기독교의 정신에 따라 형제적 사랑으로 대하고 그들에게 선교하기를 우선했던 것은 아니다. 처음에는 오히려 원주민들을 대량으로 무차별 학살하고 그 땅에서 실권을 잡은 뒤에 비로소 힘이 없는 그 백성들에게도 자선을 베풀듯이 자기들의 종교인 기독교를 강제로 믿게 했다. 원주민들을 사랑해서보다는 그렇게 함으로써 다스리기가 쉬웠을 것이다. 천주교회가 다른 나라에 가서 세례를 줄 때, 그 나라 사람들에게 성인의 이름이라고 그럴듯한 이유를 대며 자기들이 쓰는 이름을 하나씩 붙여주는 것도 알고 보면 생소한 그 나라 말로 된 이름을 부르기가 불편하니까 자기들이 부르기 쉽도록 만든 제도이다. 이것도 자기들이 제일이라는 기독교의 오만한 태도를 엿볼 수 있는 일 중에 하나다.

우리나라의 경우에는 사정이 좀 다르다.
이조 정조 때 이승훈이 북경에 가서 세례를 받은 것(1784)이 역사상 우리나라 사람이 기독교에 입교한 효시가 된다. 1792년에 북경 주교 구베아가 조선 교구 창설을 교황에게 보고하고 주문모 신부를 조선에 파견한다. 그 뒤 계속되는 박해가 일어나 많은 사람이 잡혀 죽고 이조 말, 고종 때까지는 내 놓고 믿는 신자가 거의 없었다. 개신교는 고종 때인 1882년에 성공회가 처음으로 선교 사업을 시작했고 그 뒤로 감리교가 들어와 배재학당(1885), 이화학당(1886), 경신학당(1905) 등 교육

기관이 설립되었다. 왜정시대에 들어서면서 기독교에 대한 박해가 시작되었지만 이조 말의 천주교 박해만큼 심한 것은 아니었다. 배일사상을 가진 젊은이들이 정신적으로 의지할 데가 없어서 서양인의 교회와 접촉하는 일이 많아지고 특히 그들의 교육기관에서 공부를 하면서 지도자의 위치로 성장해 갔다. 그때의 민족적 지도자라고 할 만한 사람은 대부분이 기독교 신자였다고 말해도 과언이 아니다.

해방이 되자, 기독교 신자인 지도자들이 미국의 후원을 받으면서 정권의 중심에 진출하게 된다. 기독교는 미국과 접촉하는 지름길이 되었고 야심을 가진 많은 학생들이 미국 유학을 가기 위해서 기독교 신자가 되는 일도 많았다. 그리고 6·25 사변. 이 참혹한 전쟁 중에 우리 국민이 겪은 고초는 그야말로 말로 다 표현할 수가 없다. 그때 미국을 비롯한 우방국들이 보내준 원조 물자가 없었더라면 아마 많은 국민들이 살아남기 어려웠을 것이다. 각 기독교 교회가 원조물자 배급의 중심이 되었고 배고픈 사람들이 한꺼번에 교회를 찾아갔다. 그때 내가 아는 어떤 신부는 일본에서 10년을 근무하다가 한국으로 왔다고 하는데, 일본에서 10년 동안 세례를 준 사람이 겨우 세 명밖에 안 되지만 한국에 온지 1년 만에 300명이 넘는 사람에게 세례를 주었다는 이야기를 들어 보아도 난리 중에 얼마나 많은 굶주린 사람들이 도움을 받으려고 교회를 찾아갔는지 짐작할 수가 있다. 사무엘 헌팅턴Samuel P. Huntington이라는 사람이 쓴 『문명의 충돌』이라는 책을 보면 20세기 후반에 들어서면서 기독교 인구는 세계적으로 보아 점점 줄어들고 있는 추세인데 아프리카에 있는 몇 나라와 남한만이 예외로 증가하고 있다고 써 놓은 것을 볼 수 있다.

5. 예수의 생애와 신약의 기록

기독교는 예수가 죽은 뒤 예수를 따르던 제자들이 그의 가르침을 기쁜 소식이라고 하며 온 세상에 전파하기 위해서 만든 교회다. 기독교의 가르침은 신약의 복음서라고 하는 네 개의 예수 전기(傳記)가 그 핵심이다. 마태오 복음서를 보면 초기에는 모든 이스라엘 민족들이 다 같이 이 가르침을 따를 것으로 기대하고 예루살렘 성전에 가서 유대인들의 교회 의식에 함께 참례하고 있었다는 사실을 알 수 있지만 유대인들이 끝내 동조하지 않는 것을 알고는 바로 갈라선다. 여기에서 기독교가 유대교를 개혁하여 새로운 종교를 만들려고 하는 노력을 포기하고 기독교는 유대교와 관계없이 새로운 교회로 생겨난 셈이다.

네 개의 복음서가 예수의 전기라고는 하지만 그 내용이 서로 똑같지는 않고 기록된 연대도 예수가 죽은 뒤 20년 내지 70년 이상 지난 다음이라고 하며 사도 바오로의 서간들보다도 뒤에 쓰여졌다고 한다. 특히 문제가 되는 것은 이 복음서들의 역사성이다. 복음의 저자들이 예수의 생애와 그의 가르침에 관하여 사실대로 기록한 역사책이 아니라는 것이 정설이다.

사정이 이러니까 어떤 사람들은 예수라는 사람이 과연 실존했던 인물인가 하는 의문까지 제기하는 실정이다. 사실 네 복음서 말고는 예수에 관한 역사적 기록이라고 할 만한 것은 극히 미미하다. 역사상 맨 처음 기록된 것으로 보이는 예수에 관한 이야기는 기원후 95년경에 씌어진 유대인 역사가 '프라비우스 요세프스'라는 사람이 쓴 『유대 고사기古史記』라는 책에, "이 무렵에 예수라는 지혜로운 사람이 있었다. 그는 행실이 착하고 그의 덕망도 모두 인정하는 터였다. 많은 유대인들과 이방인들이 그의 제자가 되었다. 그런데 빌라도 총독이 그를 정죄하여 십자가에 매달아 죽게 했다. 그러나 그의 제자들이 그의 교리를 전파하였다. 그의 제자들의 말로는 예수는 죽은 지 사흘 만에 부활하여 그들에게 나타났다는 것이다."라는 기록이 있다. 그 뒤 116년 경에 씌어진 타치투스라는 사람의 『연대기』라는 책에는 "그리스도교 인들이라는 이름의 근원이 된 장본인, 즉 그리스도는 본디오 빌라도에게 처형되었다."고 짤막하게 씌어 있다. 기원후 110년이 지난 다음에 씌어졌다고 하는 『서간집』이라는 책에는 플리니오라는 사람이 트라야누스 황제에게 보낸 편지에 "그리스도교인들은 정한 날에 모여 그리스도가 마치 하느님인양 찬송가를 부르며 공경한다."는 기록이 있다고 한다.

아무튼 복음서의 기록들과 다른 역사 자료들을 종합하여 예수의 일생을 간단히 살펴보면, 예수는 로마 제국의 아우구스투스 황제(기원전 63 – 기원후 14년 재위) 때 요셉이라는 목수의 아들로 출생하여 티베리오스 황제 때 활약하다가 유대 지방을 다스리던 로마 총독 본디오 빌라도 치하에서 유대교 고위 성직자들한테서 하느님을 모독한다는 이유로 미움을 사서, 빌라도에게 정치적 선동자라고 고발되어 로마인들에 의하여 십자가 위에서 처형되었다는 것을 알 수 있다.

성서학자들이 각 복음서의 내용과 당시의 역사 상황을 분석하면서 연구한 바에 의하면 마태오복음서는 기원후 70년 이후에, 마르코복음은 60년대 말경에 루가복음은 70년 이후, 마지막으로 요한복음은 기원 후 90년 이후에 씌어졌다고 보는 모양이다. 대부분의 바오로의 서간(데살로니카 전·후서, 갈라디아서, 로마서, 고린토 전·후서)들이 기원후 50년에서 60년 사이에 쓰였다고 하니까 네 개의 복음서들은 이 서간들보다 뒤에 기록되었다고 보는 것이다. 어쨌거나 이 복음서의 내용을 검토하면서 중요한 이야기들의 역사성을 분석한 성서학자들의 의견을 들어보자.

(1) 예수의 탄생

네 개의 복음서가 다 예수의 생애와 가르침을 기록했다고 하지만 마르코복음과 요한복음에는 예수의 탄생 이야기는 전혀 없고 마태오복음과 루가복음에만 있다. 예수 탄생 이야기 가운데서 가장 핵심이라고 할 수 있는 것은 "성령에 의해서 동정녀에서 태어난 하느님의 아들"이라는 이야기다. 그런데 성서학자들의 연구 결과를 종합해 보면, 이 이야기는 역사적 사실이라고는 할 수 없다는 것이다.

예수 탄생 설화에서 마태오복음의 저자가 강조하고자 한 것은 구약에 이미 예언된 구세주가 바로 예수라고 하는 점이다. 그래서 예수 탄생 이야기를 쓰면서 마태오는 구약에서 예언되었다는 사실을, "이렇게 해서 예언이 이루어졌다"고 하면서 다섯 번이나 구약의 기사를 그 증거로 내세운다.

첫째는, "동정녀가 잉태하여 아들을 낳으리니 그 이름을 임마누엘이라 하리라 하신 말씀이 이루어졌다"고 하면서 구약 이사야서 7장 14절을 그대로 인용하고 있다. 그러나 이사야서를 잘 읽어보면 예수 탄생과 그 대목은 전혀 관계가 없다는 것을 누구나 알 수가 있다.

둘째로, 헤로데 왕이 동방박사들한테서 유다인의 왕이 태어났다는 말을 듣고 율법학자들에게 새 왕이 태어났다는데 어디서 났겠느냐고 물으니까, "베들레헴입니다. 예언서의 기록을 보면, '유대의 땅 베들레헴아, 너는 결코 유대의 땅에서 가장 작은 고을이 아니다. 네 백성 이스라엘의 목자가 될 영도자가 네게서 나리라'고 하였습니다."라는 이야기.

이 예언은 미가서 5장 1절에 있는 말이다. 마태오복음과 루가복음의 저자는 이 예언을 예수의 탄생과 결부시키기 위해서 좀 무리한 시도를 하고 있다. 성서학자들의 연구에 의하면 당시의 로마 제국의 황제 아우구스투스는 물론이고 그밖에 어느 황제도 자기가 난 고향으로 가서 호구조사에 응하라고 명령을 내린 황제는 없었다고 한다. 설사 그런 명령이 있었다 하더라도 요셉이 구태여 결혼도 하지 않은 상태에서 만삭이었다는 마리아를 데리고 사마리아 지방을 거쳐 산악지대를 통과하는 300리가 넘는 험한 길에 호구조사를 받으러 베들레헴까지 갈 이유가 없었다는 것이다.

셋째는, "내가 내 아들을 이집트에서 불러내었다. 하신 말씀이 이루어졌다."라는 말은 호세아서 11장 1절에 있는 말로, 이집트에서 종살이 하던 이스라엘 백성을 구해 내었다는 출애굽 이야기를 하고 있는 말이지 예수의 부모가 이집트로 피난 갔다가 돌아온다는 이야기가 아니다.

넷째는, 헤로데 왕이 새 왕이라는 아이를 찾을 수가 없으니까 베들레헴에서 낳은 두 살 아래 아기들을 모두 죽였다고 하면서, "라마에서 들려오는 소리, 울부짖고 애통하는 소리, 자식 잃고 우는 라헬, 위로마저 마다하는구나! 하신 말씀이 이루어졌다."라고 되어 있지만 본래 이 말 역시 인용된 구약 예레미아서 31장 15절의 내용과는 전혀 관계가 없다.

다섯째는, "예언자를 시켜 그를 나자렛 사람이라 부르리라. 하신 말씀이 이루어졌다."고 하는 예언은 판관기 12장 5절과 7절을 참고하라고 되어 있지만, 판관기에는 새로운 판관이 될 삼손이 하느님에게 바쳐진 나지르인이라고 불릴 것이라는 이야기를 하고 있다. 나지르인이란 하느님 야훼한테 온전히 몸을 바친 사람을 말하며 이런 사람이 지켜야 할 특별한 수칙이 민수기 6장 2절에 나와 있다. 신·구약을 통하여 나지르인이라고 불린 사람은 판관 삼손, 사제이며 예언자이기도 한 사무엘, 요한 세자 그리고 사도 바오로, 이렇게 네 사람을 꼽는다고 한다. 나지르인이란 말과 나자렛 고을과는 아무 상관이 없다.

재미있는 것은 꽤 오래전에 출판된 경전에는 이 예언들이 구약의 어디에 나오는 이야기인지를 알려주는 출처가 모두 각주脚註로 밝혀져 있었는데 새로 나온 경전에서는 그걸 없애 버렸다는 점이다. 누가 읽어 보아도 아무 관계가 없는 이런 예언들을 마태오 복음서의 저자는 왜 인용했을까? 마태오가 그 복음을 썼을 당시에는 유대교의 경전이라는 것이 양피지에 손으로 써서 대개 성전에나 보관하는 아주 귀한 책이었으므로 보통 사람들은 평생 그 뚜껑조차 보기가 힘들었을 테니까 내용이 좀 잘못되어 있어도 알 수가 없었지만 집집마다 신구약 합본으로 된 책이 몇 권씩 있는 지금은 사정이 다르다. 그 인용이 잘못된 것이라는 것을 교회 당국에서는 벌써부터 알았을 텐데 왜 그것을 밝히지 않았을까? 행여나 하느님의 말씀이라고 하는 성경에 잘못된 것이 있다고 말을 하면 사람들이 전체를 믿지 않을지도 모른다는 걱정을 했을까? 사실을 알고도 밝히지 않는 것은 거짓말하는 것과 같지 않은가?

예수탄생 설화에서 가장 문제가 되는 것은 역시 동정녀童貞女에게서 태어났다고 하는 점이다. 이것은 과학적으로 도저히 있을 수 없는 일이어서라기 보다 당시의 풍속에서는 동정녀 탄생이라고 하는 것이 훌륭한 사람을 더욱 돋보이게 하기 위해서 흔히 사용하던 방법이라는 것을 알게 되었다는 사실이다. 현대의 성서학자들 대부분이 예수의 동정녀 탄생은 사실이 아니라는데 동의한다. 성서학자들뿐만 아니라 대부분의 정직한 신학교에서도 이것은 사실과 다르다고 가르치는 모양이다. 노틀담 대학교의 신학대학 학장이며, 신부인 리처드 맥 브라이언 Richard McBrien(1936~2015)이라는 사람이 쓴 『CATHOLICISM』이라는 책에도 예수의 동정녀 탄생은 역사적 사실은 아니라고 분명하게 밝히고 있다. 그리고 이 책은 북미의 여러 기독교 신학교에서 교과서로 채택 사용되고 있다고 한다.

1983년에 주교로 서품된 캐나다 성공회의 젠킨스 David Jenkinson (1934~2004, 영국) 주교는 그의 서품 기념 특별미사 강론에서, 대주교를 비롯하여 여러 주교, 신부들이 참석한 가운데, "예수의 동정녀 잉태, 부활과 승천 이야기, 또는 예수가 행하였다고 하는 여러 기적들은 신약에 기록되어 있는 그대로 일어나지 않았을는지 모른다."라고 조심스럽게 이야기했으나 그 자리에 모여 있던 사람들 중에 어느 누구도 그 말을 반박하는 사람은 아무도 없었다고 한다.

(2) 예수의 부활

예수의 부활 사건은 기독교의 가장 중요하고도 핵심이 되는 사건이다. 심지어 바오로는 고린도 인들에게 보낸 편지에서 "그리스도께서 부활하지 않으셨다면 그때에는 우리의 복음 선포도 여러분의 신앙도

헛된 것입니다."라고 말 할 정도이다. 또 어떤 신학자는, 기독교는 "예수의 빈 무덤 위에 세워진 유일한 교회"라고 예수가 부활했다는 것을 강조한다. 그러나 성서학자들이 구체적으로 연구하고 분석한 결과로는 부활이 역사적 사실이 아니라는 점이다. 네 개의 복음에 기록된 부활 이야기를 비교해 가며 읽어보기로 하자.

① **부활 날 아침에 무덤을 찾아간 여인들**: 마르코와 루가는 이 부인들이 3명이라고 하는데 그 구성인원은 같지 않다. 즉 마르코복음에는 막달라 여자 마리아와 야고보의 어머니 마리아, 또 한 사람은 살로메라는 여자이고, 루가복음에는 살로메 대신 요안나라는 여자라고 되어 있다. 마태오복음에는 막달라 여자 마리아와 다른 마리아,(아마 야고보의 어머니 마리아인 듯) 두 명만 있고 요한복음에는 막달라 여자 마리아 한 명 뿐이다.

② **무덤을 찾아간 목적**: 마르코와 루가에 의하면 예수의 시체에 기름을 바르기 위해서였고 마태오와 요한복음의 여자들은 그냥 무덤을 보러 갔었다. 그런데 이상한 것은 죽은 지 사흘이나 지난 시체에 기름을 바르려 하는 것이 정상적 일은 아니고 더구나 예루살렘 기후에서는 더욱 말이 되지 않는다. 그리고 이른 새벽에 시체에 기름을 바르겠다고 가는 사람들이 가면서 무덤을 막은 돌을 어떻게 치울까 걱정을 하는 것도 이상하다. 그 말은 무덤에 가 보니 벌써 돌은 이미 치워져 있더라는 얘기를 하기 위한 전제로 밖에 보이지 않는다.

③ **무덤에서 만난 천사**: 마태오는 부인들에게 한 젊은이가 나타났다고 하고 마르코는 천사가 하나라고 하며 루가는 두 천사들이라고 하고

요한도 막달라 마리아가 두 번째 찾아갔을 때 두 천사를 보았다고 되어 있다.

④ **여인들의 반응**: 마르코는 부인들이 아무에게도 자기들이 겪은 이야기를 말 하지 않았다고 하고 마태오와 루가는 부인들이 제자들한테 달려가서 이야기를 해 주었다고 한다. 요한은 막달라 마리아가 돌이 치워진 무덤을 보고 바로 베드로와 다른 한 제자에게 자기가 본 것을 보고한다.

⑤ 성서학자들이 또 하나 의아하게 생각하는 것은 그 당시 여자들의 증언은 법정에서도 인정하지 않았다고 하는데 어째서 이 중요한 사건의 증인으로 네 복음사가들이 한 결 같이 여자들을 증인으로 내 세우고 있는가 하는 점이다.

⑥ **부활후의 발현**
㉠ 마태복음: 부활한 예수는 무덤을 찾아간 두 여인들에게 나타나 그는 갈릴레아로 갈 테니 제자들에게 가서 거기서 만나게 될 것이라고 말을 전하게 한다. 열한 제자는 갈릴레아로 가서 예수를 만나 엎드려 절하였다.
㉡ 마르코복음: 막달라 마리아에게 처음 나타나 보였고 두 제자가 시골로 가고 있을 때 "다른 모습으로" 나타난 적이 있다. 예수를 보았다는 두 제자가 그 말을 다른 제자들에게 했으나 제자들은 믿지 않았다. 그 뒤 제자들이 음식을 먹고 있을 때 그 앞에 나타나서 믿지 않는 제자들을 꾸짖었다.
㉢ 루가복음: 예수가 엠마오로 가는 두 제자들에게 나타나 말을 걸

었으나 제자들은 예수를 알아보지 못했다. 저녁 늦게 목적지에 도착한 제자들의 권유로 예수도 같은 집에 들어 저녁을 먹으려고 할 때 제자들은 예수를 알아보았으나 예수는 금방 자취를 감추고 만다. 제자들이 예루살렘으로 달려가 다른 제자들에게 그 얘기를 하려고 하는데 그들은 예수가 확실히 다시 살아나 시몬에게 나타났다는 말을 하고 있었다. 그들이 그런 이야기를 하고 있을 때 예수는 그들 앞에 나타나 상처 난 손과 발을 보여 주기도 하고 제자들한테서 생선 한 토막을 받아먹었다. 그리고 나서 제자들을 베다니로 데리고 가서 축복해 주고 제자들이 보는 앞에서 하늘로 올라갔다.

㉣ 요한복음: 예수는 빈 무덤 밖에서 울고 있는 막달라 마리아에게 나타나 제자들에게 예수를 만났다는 얘기를 전하라고 한다. 안식일 다음 날, 제자들이 무서워 방문을 닫아걸고 있는데 예수가 들어와 제자들에게 인사한다. 그때 자리에 없던 도마가 자기는 예수가 부활했다는 이야기를 믿을 수가 없다고 했다. 며칠 후 도마도 같이 있을 때 예수는 다시 나타나 도마에게 손과 옆구리의 상처를 보여주며 확신시킨다. 그 뒤 제자들이 티베리아 호숫가에서 고기를 잡고 있을 때 호숫가에 나타나 베드로에게 "나를 따르라"고 권고한다.

물론 복음서를 기록한 저자들이 한자리에 모여 의논해 가며 쓴 것도 아니고 같은 시간에 쓴 것도 아니다. 시간적으로 최소 10년, 많게는 30년 이상의 간격이 있기 때문에 서로 착오가 있을 수 있다고 인정하더라도 복음서의 다른 이야기들, 이를테면 수난 이야기는 네 복음서에서 그 내용이 거의 같지만 수난 바로 뒤에 일어나는 부활 이야기들이 이렇게 크게 차이가 나는 것은 좀 이상한 일이다. 예수가 죽은 뒤에 제자들에게 정말로 무슨 일이 일어났는지 복음서들의 기록만 가지고는 그 내용이 서로 너무 달라서 확실히 알 수가 없다.

사도 바오로가 썼다는 고린토전서 15장은 예수 부활에 대하여 자세히 설명하면서, "만일 그리스도가 다시 살아나시지 않았다면 여러분의 믿음은 헛된 것이 되고…"라는 유명한 말을 했지만, 그 부활이 육신의 부활은 아니라고 분명하게 말한다.

같은 장 42절부터 44절에, "썩을 몸으로 묻히지만 썩지 않는 몸으로 다시 살아납니다. 천한 것으로 묻히지만 영광스러운 것으로 다시 살아납니다. 약한 자로 묻히지만 강한 자로 다시 살아납니다. 육체적인 몸으로 묻히지만 영적인 몸으로 다시 살아납니다." 또 부활하신 그리스도가 베드로를 비롯해서 여러 사도들에게 나타났고, 나중에는 팔삭동이 같은 자기에게도 나타났었다는 말을 한다.

그렇지만 그 이야기는 사도행전 9장에 나오는, 사도 바오로가 다마스커스로 가는 길에 하늘에서 소리가 나며, "사울아, 왜 나를 박해하느냐" 하는 예수의 목소리를 들었다는 이야기를 하고 있는 것이지 실제로 부활한 예수를 만났다는 의미는 아니다. 바오로는 예수가 살아 있을 적에는 한 번도 만나 본 일이 없었고 죽은 다음 부활했다는 예수도 직접 목격한 적이 전혀 없었다. 바오로의 편지들은 대부분 복음서들보다 먼저 써졌다고 하며 바오로는 예수가 살아 있을 때의 이야기는 한 번도 한 적이 없다.

『예수 그리스도』라는 책을 쓴 발터 카스퍼는, 부활의 이야기가 역사적 사실은 아니고 신앙의 선포라고 본다. 예수는 죽었지만 제자들은 예수가 다시 살아났다고 믿는다는 신앙을 선포한 것이라고 보는 것이다. 발터 카스퍼는 독일 튜빙엔 대학의 교의 신학 교수이며 뮌스터, 그레고리안 신학교에서도 오랫동안 강의한 유명한 신학자다.

앞에서 인용했던 한스 큉도, "부활은 엄밀한 의미에서 역사학적으로 실증될 수 있는 사실史實 문제가 아니다. 촬영이나 녹음을 할 수 있는 그런 일이 있었던 것은 아니다. 사학적으로 확인할 수 있는 것은 예수의 죽음과 그 후 제자들의 부활 신앙과 부활 선포다."라고 부활이 역사적 사실임을 부인한다.

앞에서 말한 가톨릭 신부, 리처드 맥 브라이언이 『CATHOLICISM』이라는 그의 책에서 "어떤 사람이 복음서에 나와 있는 예수의 탄생, 부활, 승천의 이야기가 역사적 사실이냐고 묻는다면 우리는 아니라고 대답 할 수밖에 없다"고 분명하게 밝히고 있다. 또 그는 말하기를, "부활이라고 하는 것은 시체가 부활했던 것은 아니었다. 이를테면, 예수가 제자들 앞에 나타났을 때 제자들은 그를 알아보지 못했다. 그리고 예수는 보통 사람들처럼 오고 가고 하는 것이 아니고 문을 닫아 건 방안에 홀연히 나타나기도 했다고 묘사되어 있다. 특히 마르코 복음서의 저자는 예수가 '다른 모습으로' 나타났었다고 분명하게 기록하고 있다."라고 예수의 부활이 육신의 부활은 아니었다고 설명한다.

독일의 신학자 마르크센은, "역사학적으로 확인할 수 있는 것은, 사람들이 예수가 죽은 후에 어떤 체험을 겪었노라고 주장했다는 사실과 그들은 이 체험을 예수를 '보았다'는 체험으로 표현했다는 사실뿐이다."라고 말한다.

학자들의 의견을 종합해 본다면 예수의 부활은 다음과 같이 요약할 수가 있을 것이다.

예수의 제자들은 구세주이며 하느님의 아들이라고 믿으며 따라 다니던 예수가 십자가에 매달려 힘없이 죽어버리는 것을 목격하고 아연실색하여 겁을 먹고 몸을 피하고 있었다. 시간이 가면서 그들의 마음속에, "예수는 그래도 우리의 주님"이라는 생각으로 다시 스승에 대한 믿음과 존경하는 마음을 되찾았다. 즉 예수는 그들의 마음속에서 부활한 것이다. 이것이 제자들이 겪은 예수의 부활 체험이 아닐까.

그러나 복음서들이 예수가 죽고 나서 금방 기록된 문서들이 아니고 기원후 60년경에서 90년 후에 쓰였다고 하며, 그때는 교회의 공동체가 이미 어떤 모양으로든지 자리를 잡아가고 있던 때였기 때문에 복음서의 저자들이 예수의 생애를 역사적인 관점에서 기록했다고 하기보다는 새로이 만들어져 가고 있는 신앙 공동체를 위한 신앙 고백서로, 또는 신앙의 길잡이로 쓰였다고 보는 것이 더욱 사실에 가깝다.

6. 예수 그리스도의 정체正體

예수 그리스도라고 할 때, 이 말은 에이브라함 링컨이나 박정희라고 할 때처럼 예수의 성과 이름을 말하는 것은 아니다. 그리스도라는 말은 아람어로 메시아라는 말인데 "기름부음을 받은 이"라는 뜻이다. 그러니까 예수 그리스도라고 하는 것은 그냥 예수의 이름을 부르는 것이 아니고 "예수는 메시아시다"라고 하는 신앙고백을 하는 것이 된다.

기독교에서는 예수는 하느님의 아들이고 하느님의 삼위일체三位一體 가운데 성자의 위에 있는 神 그 자체라고 한다. 또는 하느님의 말씀 Logos이 육신을 취하여 사람으로 강생降生했다고도 한다. 그러나 예수의 신성神性에 관해서는 초대 교회 때부터 꽤 여러 의견이 있었던 모양이다.

문제의 발단은 요한복음이, 말씀이 태초부터 하느님과 같이 있다가 육신을 취하여 하느님의 아들로 강생하였다는 추상적이고 애매한 표현에서 시작한다. 하느님과 예수의 관계, 아버지와 아들의 관계를 어떻게 정리할 것이냐가 문제였다. 하느님과 예수가 하나라고 하면 아들이 강생하여 구원사업을 했다는 기독교의 특성이 없어지고, 하느님과 예수가 서로 다른 둘이라고 하면 유일신이라고 하는 원칙에서 벗어난다. 또 다른 문제로는, 아들이라는 예수도 神이라고 하자니 그렇게 되면 로마군에 붙잡혀 매를 맞고 십자가에 매달려 죽었더라도 조금도 고통을 당하지 않았을 것이라고 생각되어 인류를 죄악으로부터 구원하기 위하여 고통을 받았다는 이야기가 허황해지고 그렇다고 예수는 그냥 사람일 뿐이라고 하자니 그러면 무슨 힘으로 우리를 구원해 줄 것인가 하는 의문이 들기 때문이다.

앞에서도 잠깐 이야기 한 일이지만, 기독교가 로마제국의 콘스탄티누스 황제 때 공인을 받아 자유롭게 선교활동을 하게 되었다는 것은 역사를 통하여 다 알고 있는 일이다. 그러나 어떤 사람들은, 특히 기독교인들 중에는 그 황제가 신앙심이 깊어서 기독교를 공인한 것처럼 생각하는 모양이지만 사실은 그 황제가 정치적으로 기독교를 이용하려는 의도가 있었다는 사실을 잊어서는 안 된다.

당시 로마 제국은 마르쿠스 아우렐리우스Marcus Aurelius Antoninus (121~180, 이탈리아) 황제가 죽으면서 황금기를 지나 쇠퇴의 길을 가고 있었다. 180년에서 280년 사이의 황제들은 모두 군대의 반란과 내전에 의해 즉위한 사람들이며, 특히 238년 한 해 동안에 6명의 황제가 주살誅殺되는 등 사회 질서가 걷잡을 수 없이 흐트러지면서 국방, 경제, 문화 등 모든 면에서 찬란하던 제국의 면모는 사라지고 쇠퇴의 길로 치닫고 있었다. 사회가 혼란하고 기존의 가치관이 동요함에 따라 상하층을 가릴 것 없이 해몽 서적이나 점술 같은 미신에 기대어 불안감을 없애보려고 하거나 철학적 종교적 신비주의에 빠져들어 가는 경향을 보였다. 상류층의 지식인들은 플라톤 사상을 그때의 사정에 맞게 재해석한 신플라톤주의에 관심을 가지는 한편 여자들이나 사회적으로 약한 위치에 있는 사람들은 기독교를 포함하여 동방에서 일어난 종교에서 마음의 안식을 찾으려고 했다.

284년에 황제가 된 디오클레티아누스Diocletianus(244~311, 크로아티아)는 로마제국을 다시 한번 강력한 나라로 만들기 위해서 제국의 행정면에서 거추장스럽기만 하던 공화주의적인 요소들을 없애버리고 강력한 독재자가 되어 황제권을 강화하고 황제를 부를 때, '神적인Divinus' 또는 '성스러운Sacred'과 같은 말을 붙이도록 했다. 이것이 유일신을 신봉하는 기독교의 반발을 샀으나 디오클레티아누스 황제는 가혹한 탄압으로 기독교를 다루었다.

그 다음에 왕위를 계승한 콘스탄티누스는 기독교의 세력이 만만치 않음을 알아차리고 탄압보다는 화해와 관용정책으로 나가면서 기독교와 흥정을 하게 된다. 황제가 기독교를 공인해 주는 대신 기독교는 황제의 신위神位를 인정하라는 것이 흥정의 골자였다. 콘스탄티누스 황제는 기독교를 공인하고 황제 자신이 기독교에 귀의한 뒤에도 의식儀式이나 부르는 호칭 등 황제숭배를 위한 장치들을 결코 양보하지 않았다. 적어도 황제를 지상에서는 최고의 우두머리가 되는 통치자임을 인정하라는 것이었다. 황제는 여러 갈래로 분열되어 있는 제국의 민심을 수습하는데 한 가지 이념으로 통일되어 있는 기독교의 조직을 이용하려는 생각이 있었다. 그러나 내용을 알고 보니 기독교 안에서도 생각이 통일되어 있지 않다는 것을 알게 되었다. 콘스탄티누스 황제는 우선 기독교 내의 사상을 통일해 놓아야 할 필요를 느꼈다.

서기 313년 콘스탄티누스 황제가 기독교를 공인한 뒤에도 예수의 신성神性 문제에 대한 의견은 통일되지 않고 있었다. 특히 당시 지중해 연안에서 가장 문명과 문화가 발달하여 모든 학문의 중심지였던 알렉산드리아의 사제 아리우스라는 사람은 적극적으로 예수의 신성을 부인하고 있었으며 그의 의견을 따르는 사람들이 많았다. 그러나 황제는 자신의 신위神位문제도 함께 해결하려는 생각으로 예수를 神이라고 하는 교의를 확정하기로 결심한다. 황제는 325년 니케아에서 공의회를 소집하여 각지의 주교들 300여 명을 모아 "예수는 성부聖父와 동일본질"이라고 결의하도록 하여 예수의 신성을 처음으로 교의로 확립했다. 이 공의회의 결과로 아리우스 일파는 이단으로 몰려 추방되고 말았다. 그러나 예수의 신성을 부정하는 사람들은 사라지지 않고 있어서 381년에 콘스탄티노플에서 다시 공의회를 소집하고 이 교의가 다시 확인되었고 하느님의 제3위 성신도 한 가지로 신성이라고 확대 적용하였다.

그러나 니케아 공의회 이후 56년이라는 세월이 그렇게 쉽게 지나간 것은 아니었다. 콘스탄티누스 황제가 죽자, 피비린내 나는 왕자들의 난을 치루고 황제가 된 콘스탄티우스는 오히려 아리우스파에 호의적이었고 그래서 예수를 神이라고 주장하는 반 아리우스파가 핍박을 받아 한 동안 도망을 다녀야 했다. 그 뒤에도 율리아누스, 발렌스 등 神과 기독교에 대한 견해가 다른 황제가 집권할 때마다 아리우스파와 반 아리우스파는 부침浮沈을 거듭하다가 366년에야 반 아리우스파가 완전히 복권되어 예수의 신성 교의가 유지될 수 있었다. 이런 생사를 가르는 위기를 겪으면서 확립한 교의니 만큼 예수의 신성에 대한 집념이 지나치는 경향이 있었던 모양이다. 그렇게 되니까 예수의 신성이 너무 강조되는 나머지 인간 예수의 모습이 사라지게 되는 위험에 빠지게 되었다. 심지어 "예수는 외형만 인간으로 태어났으며, 그의 수난도 가상에 지나지 않는다"는 가현론假現論 Docetism을 주장하는 사람들이 생기고 이 사람들은 예수의 인간성을 완전히 부인하기에 이르렀다.

451년에 소집된 칼체돈 공의회에 이르러서야 비로소 "예수는 신성으로도 완전하고 인간성으로도 완전하여 참 하느님이시고 이성적 영혼과 육신으로 결합된 참 인간이시다."라고 하는 새로운 교의를 확립하게 되었다. 이 칼체돈 공의회에서 결정된 예수 그리스도에 관한 교의가 중세기를 지나 오늘에 이르기까지 그리스도에 관한 기독교 신앙 내지 신학사상을 절대적으로 규정하고 있었다.

그러나 겉으로 보기에는 아무 일 없이 잠잠하게 내려온 것처럼 보였지만 17세기 이후 강력하게 대두되기 시작한 계몽주의 사상가들에 의해서 이 문제가 다시 의문에 휘말리게 되었다. 성서 주석학에서 역사비판양식 이라고 하는 새로운 접근 방법이 개발되면서 예수의 생애를 연구하던 많은 신학자들이, 교회에서 하느님의 아들이라고 고백하는 예수 그리스도와 2천 년 전 유다 지역에서 살았던 나자렛 예수라는 사람은 같은 사람이 아니라는 의견이 대두되었던 것이다. 말하자면 기독교의 신앙의 원천 자체가 불확실한 기초 위에 서 있음이 드러나고 만 것이다. 우선 예수를 "하느님의 아들"이라고 하는 중요하고도 근본적인 문제가 로마제국의 황제가 소집한 공의회의 결정으로 해결이 될 일이냐 하는 것도 문제가 되었다.

이 난처한 입장을 극복하기 위해서 교회는 다시 한번 몸부림을 치지 않을 수가 없었다. 이번에는 초기 교회 공의회에서 결정했던 교의에 대하여 조금 태도를 바꾸어야 할 입장이 되었던 것이다. 즉 초기 교회에서 결정한 그리스도론은 하느님의 아들이 사람이 되어 지상으로 내려오는, 하강下降 그리스도론이라고 할 수 있는데 이렇게 하늘에서 내려오는 그리스도가 참으로 사람들이 살고 있는 땅 위에까지 이를 수 있는가 하는 것이 문제가 되었다. 즉 위에서부터 내려오는 그리스도라면 어떻게 나자렛 예수의 구체적 생활과 부합하며 십자가의 치욕적인 죽음이 있을 수 있단 말인가 하는 점이 지적되었다. 그래서 새로운 그리스도론은 예수의 정체正體규명을 위해서 너무 지나치게 본질주의에만 빠진 교회의 교의로부터가 아니라 역사상 실제로 살았던 구체적인 인물 예수로부터 시작해야 한다는 의견이 일어났다. 이것을 '아래로부터의 그리스도론'이라고 부른다.

시대적 상황으로 보아서도 어쩌면 이러한 견해는 불가피한 일이었다. '神은 죽었다'는 말이 공공연히 나오는가 하면 신학자들 중에서도 神이 없다고 주장하는 사람이 나오고 있는 현대는, 神의 존재가 아무 의심

없이 자명하게 받아드려졌던 중세나 고대와는 사정이 다르게 된 것이다. 무엇보다도 '아래로부터의 그리스도론'은 우선 신약성서의 기록에 그 근거를 두고 있다는 점을 강조할 수가 있었다. 신약성서에는 목수의 아들로 태어난 예수가, 때가 이르자 요한 세자에게 세례를 받고 복음을 선포하던 이야기와 십자가의 죽음, 부활하여 새로운 모습으로 현양되는 '아래로부터의 그리스도론'이 그 한 가운데 자리 잡고 있다.

그러나 이 '아래로부터의 그리스도론'에도 문제가 생겼다. 현대 성서 주석학의 연구 결과에 의하면 신약성서, 특히 복음서들은 예수 생애에 대한 정확한 전기가 아니라는 것이다. 복음서들은 예수의 생활을 역사적으로 기록한 것이 아니라 부활과 성령 강림이라는 사건을 겪고 나서 신앙공동체의 체험으로부터 예수가 살아 있을 때를 기억하며 기록한 초대교회의 신앙공동체와 복음사가들의 신앙고백이라는 점이 밝혀진 것이다. 말하자면 복음서만으로는 예수의 지상 생활의 실제 모습을 알아볼 수가 없다는 말이다.

문제는, 하느님의 아들, 성령으로 잉태, 동정녀 탄생, 부활이라는 지금까지 기독교의 가장 핵심적이고 사람들을 사로잡을 수 있었던 일련의 초자연적인 사건들, 말하자면 예수가 인간의 차원을 넘어선다고 생각되던 사건들이, 사실은 실제로 일어난 역사적 사실은 아니고, 예수의 탄생은 당시의 사회적 상황이나 다른 이야기들에 영향을 받아 좀 더 별다르게 나타내려 했던 것뿐이라고 한다면, 또 예수의 부활이 실제로 일어난 역사적 사실은 아니고 실망과 공포에 빠져 있던 제자들의 가슴속에서, "그래도 예수는 우리의 주님"이라는 생각으로 떠올라 용기를 되찾고 예수의 가르침을 선포한 것이라고 할 때, 과연 일반 기독교 신자들을, "그럼에도 불구하고 예수는 하느님이다."라고 설득할 수가 있을까 하는 점이다.

간단히 말하자면, 예수 탄생도 부활도 신약의 복음서에 있는 대로 된 것이 아니라 그런 표현은 그저 신학적인 표현일 뿐이라고 하면서도 기독교의 전파가 가능하다고 생각하는가 라는 점이다. 더구나 오랫동안 신구약 경전은 성령의 감도하심으로 기록된 하느님의 말씀이라고, 그래서 이 경전에는 결코 오류가 있을 수 없다고 가르쳐 온 교회가 앞으로 일반 신자들에게 무어라고 가르칠 것인가 하는 것이 문제다.

내가 책을 읽으면서 놀란 것은 발터 카스퍼나 한스 큉이 이 문제에 관해서 비교적 사실을 객관적으로 솔직하게 책을 쓴 것이 1974년경이었다는 사실이다. 그 뒤로도 교회에서는 계속해서 동정녀 탄생을 가르치고 실제로 부활이 일어났던 것처럼 신자들을 미혹해 왔다는 점이다.

천주교에서는 아직도 미사 때마다 "평생 동정이신 성모 마리아"를 노래하고 있으며, 개신교에서도 예수는 동정녀에게서 태어났다는 점을 강조하지 않는가. 아직도 서방 세계의 대부분의 나라들이 예수의 탄생과 부활을 가장 큰 명절로 지내고 있지 않는가. 이 선량한 시민들은 아직도 예수는 동정녀에게서 탄생하여 십자가에 매달려 죽었으나 사흘 만에 부활한 하느님의 아들이라고 굳게 믿고 있지 않는가.

만일 한스 큉이나 카스퍼가 이 책을 코페르니쿠스나 갈릴레오와 같은 시대인 17세기에 썼더라면 교황한테 잡혀가 화형을 면하기가 어려웠을 것이다. 왜 교회는 옛날에 가르치던 것이 잘못되었다는 이야기를 교회 안에서 사람들에게 전혀 하지 않을까. 세상에는 이미 이런 문제에 관한 책들이 많이 나와 있으니까 그것을 읽고 안 읽고는 각자에게 달린 일이라고 책임 회피를 하는 것일까.

또 하나 내가 책을 읽으면서 느낀 점은, 신학자들이 솔직하게 있는 그대로의 사실 이야기를 하면서도 그 마음 밑바닥에서는 매우 당황해 하는 것 같다는 점이다. 물론 신학적으로 그것을 극복하려는 장황한 설명을 하기는 하지만 논리가 정연하지도 않고 자신이 있는 것 같지도 않았다. 아마 지금이라도 예수의 탄생과 부활이 역사적으로 일어난 사건이 아니라는 것을 공식적으로 발표한다면 기독교 교회는 금방 큰 혼란에 휩싸일지도 모른다. 신학자들이 아무리 신학적인 논리를 전개하며 방어적으로 변명을 해도 지금까지 믿어 온 사실, "성경은 하느님의 말씀이니까 조금도 틀림이 없다."는 이야기가 사실이 아니라는 말이 되기 때문이다. 모든 사실이 사람들에게 알려지고 나서도 교회가 오늘처럼 유지가 되는지 나는 의문이다. 이것이야말로 기독교가 21세기를 맞이하면서 당면한 최대의 위기가 아닐까?

제 3 장 神의 실체實體와 종교의 만행蠻行

1. 神의 속성屬性에 대한 고찰考察

　이유야 어찌 되었든, 인류는 아주 옛날 원시시대부터 끊임없이 종교적인 행위를 하며 神을 모시고 살아온 셈이다. 神의 모습이 과연 어떤 것인가 하는, 神에 대한 개념은 시대마다, 지역마다 조금씩 다르지만 아무도 그 神이 과연 우리를 보호해 줄 능력이 있는지 아니면 우리 생명과 재산을 맡겨 놓고 부탁을 해도 되는지 알아볼 생각을 해 본 적은 한 번도 없었던 것 같다.

　그러나 지금은 21세기, 과학도 많이 발전했고 우리도 꽤 알 만큼 알게 되었다. 이제 우리는 神을 향하여, "당신은 과연 우리의 경배와 희생을 받을 만큼 자격을 갖추고 있는가?" 하고 좀 물어볼 때가 되지 않았을까 생각한다. 마치 은행에 가서 돈을 빌릴 때, 은행에서는 내가 꾸어준 돈을 갚을 능력이 있는지, 그동안 돈을 틀림없이 갚으리라고 생각될 만큼 신용을 쌓았는지, 직장은 확실한지 등을 꼼꼼히 따져 보는 것처럼 우리도 神에 대해서 좀 따져 볼 필요가 있지 않을까 싶다. 그래서 지금까지 神이 갖추고 있다는 여러 가지 자질이나 능력을 하나씩 검토해 보았으면 한다.

(1) 전능全能: Omnipotence

神을 이야기할 때 가장 먼저 떠오르는 말이 "전능하신 神"이다. 神을 표현하는 가장 대표적인 말이 바로 이 "전능"이다. 전능하지 않다면 그것은 이미 神이라고 부를 수가 없다. 두말 할 것도 없이 神은 이 세상에서 할 수 없는 일이 도무지 아무것도 없다는 말이다. 과연 그럴까? 19세기에 살았던 철학자 포이에르바흐 L. Feuerbach(1804~1872, 독일)는, "神이란 사람이 생각할 수 있는 가장 이상적理想的인 경지를 투사投射해 놓은 것에 불과하다."고 말한 바 있다. 그러니까 사람이 神을 생각할 때, "神은 이러이러할 것이다." 하는 상상을 하며 가장 좋고 가장 능력이 있는 이상적理想的 상태를 꿈꾸며 그려놓은 가설假說이라는 것이다.

한동안 『슈퍼맨Superman』이라는 영화가 어린아이들을 사로잡은 적이 있었다. 슈퍼맨은 인물도 잘났을 뿐만 아니라 마음씨도 착해서 불쌍한 사람을 도와주고 나쁜 사람을 혼 내주는 고마운 사람이다. 또 슈퍼맨은 힘도 엄청나게 세기 때문에 아무도 그를 이길 수 없는 것은 물론이고 갑자기 건물이 무너지거나 큰 바위가 굴러 많은 사람이 위험에 빠지면 날쌔게 그 커다란 바윗덩어리를 번쩍 들고 하늘을 가로질러 날아가서 안전하게 옮겨 놓기도 한다. 아주 초급 물리학만 아는 사람이라도 이것은 도무지 이치에 닿지 않는다는 것을 금방 알 수가 있다. 운동법칙에 의하면 어떤 물체를 움직이려면 그 물체의 무게보다 더 큰 힘이 반대로 작용해야 한다. 소위 반작용의 법칙이다. 케네디 우주센터에서 인공위성을 발사할 때, 로켓을 하늘로 쏘아 올리기 위해서는 로켓 밑에서 엄청난 불꽃과 연기를 쏟아내며 굉장한 힘으로 밀어주지 않으면 안 된다는 것을 우리는 이미 안다. 만일 슈퍼맨이 바윗덩어리를 들고 하늘로 올라가려면 그 무게보다 더 큰 추진력이 뒤로 밀어주어야 하기 때문에 그 주위에 있는 사람이나 물체에는 바위가 떨어지는 것보다 더 큰 충격을 주게 될 것이다. 그러나 영화에서 그 부근에 있는 사람들은 아주 조용히 감탄의 눈으로 하늘로 날아가는 슈퍼맨을 바라볼 뿐이다. 그러나 이것은 영화이기 때문에 재미있게 보면 그만이지 아무도 그것이 잘못되었다고 지적하는 사람은 없다.

神의 이야기가 하나의 영화나 가공된 전설이라고 하면 아무도 그것에 대하여 왈가왈부할 리가 없다. 슈퍼맨 영화나 같이 생각하면 되는 것이다. 그러나 神은 역사를 통 털어서 인류에게 너무나 큰 짐을 주어 왔고 그 神을 받들기 위해서 너무나 큰 비용을 지불해 왔다. 이제는 따져 보지 않고서는 더 이상 그 부담을 감당할 수가 어렵게 되었다.

먼저 전능하다는 말 자체가 모순덩어리다. 잘 아는 바와 같이 모순矛盾이라는 말은, "어떤 방패도 뚫을 수 있는 창矛"과 "어떤 창도 다 막을 수 있는 방패盾"라는 말에서 비롯되었다. 도무지 그런 창과 그런 방패가 같이 있을 수는 없는 것이다. 전능하신 神은 그 두 개를 한꺼번에 만들어 낼 수 있을까? 만들 수 있다고 해도 말이 안 되고 만들지 못한다고 해도 말이 안 된다. 또 어떤 동작이나 물리현상은 일단 한 방향으로 결정이 되면 다른 방향으로는 갈 수 없는 것이다. 한자리에서 동시에 해가 뜨고 지는 것이 가능할 수는 없고 바람이 한꺼번에 여러 방향으로 불 수도 없다. 전능이라는 말은 이와 같이 말 그 자체에 모순이 있기 때문에 처음부터 성립되지 않는 개념이다. 더 예를 들어보면, 뜨거운 얼음, 캄캄한 빛, 둥근 삼각형 등 끝이 없다. 『God, The Failed Hypothesis』라는 책을 쓴 Victor Stenger는, "神이 들어 올릴 수 없는 바위를 神은 만들 수 있을까? 없을까?" 하고 묻는다.

살펴본 바와 같이 전능이라는 말은 그 자체가 지극히 모순된 개념이고 따라서 전능한 神은 존재할 수가 없다. 뜨거운 얼음이 존재할 수 없다는 것과 똑같은 이유다.

(2) 전지全知: Omniscience

안다는 것도 능력이라고 할 수 있으니까 전능의 개념에 포함되는 것임으로 더이상 이야기할 거리가 못 되지만 한 번 이야기를 해 보자. 神은 모든 것을 다 안다고 한다. 심지어 내 머리칼이 몇 개인지도 알고 내가 무슨 생각을 하고 있는지도 다 안다고 한다. 무한한 과거 일도 다 알고 앞으로 올 영원한 미래 일도 다 안다. 그러니까 神이 애초에 이 세상을 만들고 사람을 만들었을 때, 그때 이미 사람들이 神의 말을 어기고 타락할 것도 다 알았고 그래서 할 수 없이 귀한 그의 외아들을 아무 죄도 없는 유대인 처녀를 임신하게 해서 사람으로 태어나게 하고 결국 십자가에 못 박혀 고통을 받다가 죽게 해야 된다는 것도 다 알았다고 보아야 한다. 결과를 이미 다 알고 있으면서 神은 왜 그런 거추장스러운 일들을 하고 있었을까? 구약시대 이야기를 보면 소돔과 고모라의 타락을 보며 神 자신은 사람 만들어 놓은 것을 후회하기도 한다. 미리 다 알았을 텐데 후회는 왜 하는지 알 수가 없다. 사람이 태어나서 평생 동안 어떻게 살다가 죽을 것인지도 미리 다 안다면 그 사람의 운명은 이미 결정된 시나리오에 따라서 살아가는 수밖에 다른 방도는 없다는 말이다. 자유의지란 없다고 보아야 한다. 그렇다면 이미 정해진 시나리오에 따라 움직인 자신의 행동에 대해서 왜 책임을 져야 한단 말인가? 사람이 정말로 자유의지가 있다면 神 자신도 사람이 다음 순간 어떻게 행동을 할 것인지 알 수가 없어야 한다.

   이 우주는 神이 창조했다고 한다. 해와 달, 모든 별은 물론이고 지구와 그 지구에 살고 있는 모든 생물 무생물도 神이 창조했다. 神은 그 자신 완전무결하고 神이 창조한 모든 것들도 완전무결할 것이 틀림없다. 神이 불완전한 것을 만들었을 까닭이 없기 때문이다. 그러나 지구상에 살고 있는, 또 옛날에 살았었던 수백만 가지 식물과 동물 중에는 환경에 적응할 수가 없어서 도태되어버린 것이 한두 가지가 아니다. 지금 살아있는 것 중에도 근근이 생존을 유지할 뿐 머지않아 멸종될 운명에 놓인 것도 많다. 왜냐하면 이 세상의 자연환경은 쉬지 않고 변화하기 때문이다. 모든 것을 다 잘 아는 神은 멸종될 생명을 왜 만들었을까? 태양도 태양이 가지고 있는 에너지 자원, 즉 그 안에 있는 수소를 다 태우고 나면 없어질 운명이고 지구는 그보다 훨씬 이전에 없어질 것이며 더구나 인류는 수백 년 안에 멸망할지도 모른다고 걱정을 하는 형편이다. 神은 이것을 몰랐다는 말인가? 알면서도 그냥 장난삼아 부질없는 일을 했다는 말인가? 137억 년이라는 우주의 나이에 비교하면 30만 년이라는 인류의 나이는 순간에 불과하다. 잠깐 있다가 없어질 운명의 인류를 神은 왜 만들었을까? 그러면서도 神은 사람을 매우 사랑한다고 누누이 역설한다. 아마 神은 아무것도 모르고 있는 것이 아닐까 싶다. 만일 神이 있다면 말이다.

(3) 전선全善: Omnibenevolence

선善이란 기본적으로 약하고 불쌍한 자를 보고 진정으로 마음 아파하며 자신을 돌보지 않고 희생적으로 도와주는 마음이라고 할 수 있다. 그러나 이 세상은, 특히 생물의 세계는 약육강식弱肉强食이 생존원리다. 어미 사슴이 새끼를 낳아 놓고 서서 일어나서 따라오기를 고대하고 있을 때, 느닷없이 늑대 떼가 나타나 아직 걸음마도 해 보지 못한 어린 새끼를 가로채어 그 자리에서 찢어먹는 경우는 흔히 보는 일이다. 이것이 자연 현상이다. 여기에 무슨 선한 요소가 있는가? 사람이 보기에도 새끼사슴이 불쌍하기 짝이 없는데 착하다는 神이 보기에는 어떨까?

그런데 "전선全善하신" 유대교와 기독교의 神, 야훼는 사람을 특별히 사랑한다고 한다. 어미가 갓난아이를 사랑하는 것보다 훨씬 더 사람을 사랑한다고 한다. 이 말도 神을 이상화하기 위해서 만들어 놓은 말이지 神이 착한지 아닌지는 아무도 따져 본 일이 없다.

인류의 역사를 잠깐 돌아보아도 神이 그토록 사랑한다는 인간은 참으로 힘들고 어렵게 살아온 것을 알 수가 있다. 30만 년 전, 사람이 처음으로 이 세상에 나타났을 때, 그 험악한 약육강식의 벌판에서 사람은 날카로운 이나 발톱 같은 무기도 없었고 그렇다고 빠른 다리나 날 수 있는 날개를 가진 것도 아니었다. 동굴을 찾아 들어가 살 때까지 25만 년 동안 맹수들이 우글거리는 그 벌판에서 멸종되지 않고 살아남은 것이 오히려 기적이라고 할만 하다.

문명이 제법 발달된 뒤에도 神의 특별한 사랑을 받아 본 것 같지는 않다. 지진과 해일, 질병과 기근飢饉이 시도 때도 없이 일어나 엄청난 수의 사람이 떼죽음 하는 일이 종종 있었다. 대충 생각나는 큰 규모의 자연재해를 한번 따져 보자.

14세기에 있었던 유럽지역의 흑사병은 유럽의 인구가 거의 절반으로 줄어 들만큼 막심한 피해를 입혔다. 이상하게도 그때는 기독교가 유일한 종교로 온 유럽에서 막강한 세력을 떨치고 있었을 때였다. 피해가 가장 컸던 영국의 경우 이 전염병이 돌기 전에는 약 600만 명이었던 인구가 병이 물러간 뒤에는 200 내지 250만 명밖에 남지 않았다고 한다. 온 가족이 몰사한 경우는 물론이고 온 마을, 온 도시가 전멸한 경우도 드물지 않았다고 한다.

1847년에 일어난 소위 아일랜드 대기근으로 800백만 인구 중 25%인 200만이 굶어 죽는 비극이 일어났고, 지진은 1755년 리스본 대지진(7만 명 사망 실종), 1923년 일본의 관동 대지진(18만 명), 1976년 중국 당산 대지진(45만 명), 2004년 이란 대지진(30만 명), 2008년 중국 사천성 대지진(7만 명) 등의 참혹한 사고들과 아직도 기억에 새로운 2005년 8월에 있었던 미국의 카트리나 태풍(2,500명 사망과 1,500억 달러의 재산피해)과 2004년 인도네시아 수마트라 섬 남쪽 해저에서 일어난 지진으로 생긴 대형 해일(쓰나미)은 약 30만 명 이상의 희생자와 120억 달러의 재산 피해를 입혔다. 특히 7만 명의 희생자를 낸 리스본의 대지진은 일요일 아침 수많은 사람들이 교회 안에서 미사를 드리고 있는 시간에 일어나서 인명피해가 더욱 컸다고 한다. 착하고 자비하신 神은 이때 무얼 하고 있었단 말인가.

갑작스런 자연재해로 수만 명이 죽었다고 신문에 보도가 되면 그 사고가 우리와 직접적인 연관이 없을 때, 우리는 그저 안 됐다는 생각은 하지만 그렇게 절실하게 비극이라고 느끼지를 못한다. 그러나 주위에서 잘 아는 사람이 갑자기 사고를 만나 죽었을 때, 그 가족이 당하는 고통을 직접 보면서 그 비극성을 몸으로 느낀다. 더구나 죽은 사람이 젊은 엄마거나 아빠일 때 어린 아이들이 받아야 하는 고통은 평생 동안 계속된다. 한 사람이 죽었을 때에도 사정이 이렇다면 수 만 명이 희생되었다고 할 때, 살아서 그 불행을 감당해야 하는 사람이 과연 얼마나 더 많을 것인가. 죽음은 죽은 사람에게 보다도 살아남은 사람에게 더 큰 비극을 가져온다.

神의 존재를 주장하는 사람들은 지구상에 살아 있는 갖가지 생물들의 기묘한 형태와 살아가는 환경의 빈틈없음을 설명하며 神이 아니면 도저히 만들어 낼 수 없는 최고 수준의 지적知的설계임이 분명하다고 역설한다. 그러나 지구의 환경이 생물들에 알맞게 설계된 것이 아니라 생물들이 그 환경에 맞게 진화되었다는 것이 증명되고 있는 것이 현실이다. 위에서 살펴본 바와 같이 지구에는 생물이 살아가는데 위협이 되는 여러 가지 재해災害와 질병이 끝임 없이 일어나고 또 지구 자체도 이 우주 안에서 안전한 곳이 아니라는 것도 알려지고 있다.

이 거대한 우주는 얼핏 보기에는 해와 달, 온갖 크고 작은 별들이 일사불란一絲不亂하게 일정한 궤도를 따라 돌며 질서정연하게 움직이고 있는 것 같지만 우주 안에는 헤아릴 수 없이 많은 유성流星들이 제멋대로 떠돌아다니기도 한다. 그러다가 어떤 큰 별 근처를 지나가게 되면 그 별의 인력에 끌려 그 별로 떨어지고 만다. 지구에 떨어지는 것을 우리는 별똥별이라고 하며 대부분은 지구의 대기권을 통과하면서 공기마찰에 의하여 타 버리지만, 규모가 큰 것은 다 타지 않고 가끔 큰 덩어리로 떨어지기도 한다. 지금까지 알려진 것으로는 나미비아에서 발견된 60톤 규모의 것이 있고 미국 애리조나 주에 남아있는 운석공隕石孔은 직경이 무려 1,280미터나 되고 깊이가 175미터라고 한다. 이 정도의 자취를 남기려면 적어도 6만 톤 정도의 크기라야 하며, 이만한 별똥이 떨어지는 충격은 30메가톤 수소폭탄이 터지는 것과 같다고 한다. 히로시마에 떨어진 원자탄이 5킬로톤(1메가톤은 1,000킬로톤) 정도라고 하니까 30메가톤이라면 얼마나 큰 것인지 짐작이 갈 것이다.

중생대 트리아스기 부터 백악기까지, 그러니까 2억 2,500만 년 전부터 6,500만 년 전까지 약 1억 7,000만 년 동안 지구상에는 공룡이라는 파충류 무리가 크게 번성했었다. 그 당시 공룡은 지구상에서 대적할만한 상대가 전혀 없이 온 땅 위를 휩쓸고 다녔다. 그런데 6,500만 년 전에 갑자기 알 수 없는 이유로 멸종하고 말았다. 공룡이 멸종된 원인은, 엄청나게 큰 별똥별(유성)이 지구에 떨어져 그 충격으로 어마어마한 양의 흙먼지, 파편 및 물이 공중으로 올라가 기류를 타고 대기권에 번지면서 지구상공을 덮어 햇빛을 가렸기 때문이 아니었을까 하고 추측한다. 햇빛을 가리니까 지구의 온도가 급냉急冷하면서 대부분의 식물과 동물이 얼어 죽거나 굶어 죽고, 공룡무리도 이때 멸종했다고 보는 것이다. 그때 인류가 있었다면 인류도 함께 멸종되었을 것이었지만 그러나 인류는 그 뒤 6,400만 년이 지난 뒤, 지금부터 30만 년 전에야 겨우 지구상에 나타났다.

그러면 이제는 별똥별이 떨어질 걱정은 안 해도 되는 것일까? 별똥

별은 정해진 궤도 없이 아무렇게나 떠돌아다니기 때문에 언제 어디에 나타날지 도무지 예측할 수가 없다. 그래서 유성流星이다.

2009년 3월 2일, 직경이 300미터가 되고 속도가 매우 빠른 〈2009 DD455〉라고 명명된 유성 하나가 지구를 향하여 맹렬한 속도로 달려오다가 겨우 63,500킬로미터의 거리를 두고 지구를 살짝 비켜나가는 아찔한 사태가 있었다. 이것은 통신위성 높이의 2배 정도 되는 거리로 천문학에서는 거의 명중한 것과 다름이 없다고 본다. 만일 이 유성이 지구에 떨어졌으면 그 충격이 여러 개의 원자탄이 폭발한 것과 맞먹는 피해를 입었을 것이라고 하니 인구가 밀집한 도시에 떨어졌다면 그 피해는 상상하기조차 어렵다. 2011년 9월에도 큰 여객버스 만한 크기의 유성이 지구 가까이로 지나가 사람들의 마음을 섬뜩하게 한 적이 있었다. 그리고 언제 어떤 크기의 유성이 또 지구에 떨어질지는 아무도 모른다. 위협이 될 만한 큰 유성이 그렇게 자주 떨어지는 것은 아니지만 작은 유성은 매일 밤 수백 개씩 밤하늘을 환하게 가로지르며 떨어지는 것을 볼 수 있다. 지구는 결코 안전한 곳이 아니다.

그러니까 神이 사람을 위해서 특별히 살기 좋고 안전한 곳을 마련해 준 것도 아니고 관심을 가지고 사랑해 준 것도 아니다. 사람은 옛날 원시시대부터 오늘날까지 그냥 자연에서 오는 온갖 위험에 노출되어 살아왔고 현대라고 해서 조금도 나아진 것은 없다. 다만 과학문명이 발달하여 다른 동물보다는 안전한 주거와 의료시설을 갖추어 놓았고 또 자연재해를 예측할 수 있어서 미리 대책을 마련할 수 있다는 것이 다를 뿐이다. 우리가 스스로 우리를 보호하며 살아가고 있을 뿐, 착하고 자비하다는 神은 옛날이나 지금이나 한 번도 우리를 보호해 준 적이 없었다.

그밖에 무소부재無所不在Omnipresence라고 하여 神은 이 세상 어디에나 빠짐없이 존재하기 때문에 아무리 은밀한 곳에서도 나쁜 짓을 하거나 좋은 일을 하더라도 그 작은 일 하나하나까지도 모르는 일이 결코 없다는 이야기, 또 공의公義하다는 말로 神은 언제나 철저하게 공평무사하고 정의롭다고 하는 말이 있지만 이 세상이 도무지 공평하지 않고 정의롭지 못하다는 것은 이미 오래 전부터 누구나 알고 있는 일이니 그저 허황된 말일 뿐이다.

만일에 그렇게 대단치는 않더라도 좀 힘이 있고 착한 神이 있었더라면 아마 이 세상은 살기가 퍽 좋았을지도 모른다. 흔한 이야기는 아니지만 옛날 잠깐이나마 어진 임금이 나라를 다스렸을 때 그 나라 사람들이 마음 편하게 잘 살았다는 이야기를 들어보더라도, 만일 神이 있다면 더도 말고 덜도 말고 그저 한 어진 임금만큼이라도 착하고 능력이 있어주었으면 더 바랄 것이 없겠다.

2. 神은 진화한다

사람을 달에 보내기도하고 피부의 세포를 떼어내어 줄기세포를 만들거나 동물의 작은 세포 한 개를 가지고 똑같은 모양의 동물 복제를 하기도 하는 21세기, 앞으로 컴퓨터 과학은 과연 어디까지 발전해 나갈지 내일 일도 예측하기가 어렵다. 과학이 과학답게 발전하기 시작한 것이 20세기에 들어와서도 후반에서 부터라고 할 수 있으니까 겨우 5, 60년 밖에 안 되었는데, 한 번 속도가 붙기 시작하니까 걷잡을 수가 없을 지경이다. 과학은 이렇게 눈부시게 발전해 가는데 종교는 아직도 제자리걸음만 하고 있는 것 같다. 앞에서 살펴본 바와 같이 종교는 어떤 특정 지역에서 그 지역의 자연적 사회적 환경에 맞추어가며 발전되어 온 하나의 생활규범이요, 이념이지 진리는 아니다. 각 민족마다 문화마다 자기 고유의 종교가 있는데 이것들이 모두 진리일 수도 없고 물론 진리도 아니다.

도대체 인류는 언제부터 神을 믿기 시작했을까? 고고학자들이 연구 조사한 바에 따르면 인류는 구석기시대 후반, 그러니까 약 5만 년 전쯤 돌창, 돌칼이나 뼈로 만든 정교한 도구를 쓰기 시작하여 물고기나 짐승을 사냥하며 동굴에 들어가 무리를 이루어 살기 시작한 때부터라고 한다. 그때 사람들이 들어가 살았을 것으로 추정되는 동굴 속에 원시적인 종교행위를 했을 것으로 보이는 벽화가 남아있다고 한다. 『神의 역사 A History of God』를 쓴 암스트롱 Karen Armstrong은 인간은 바로 종교적 동물 Homo Religiosus이라고 규정하며 인류의 종교행위는 원시시대 예술을 시작할 때 이미 동시에 시작되었다고 말한다.

그러나 종교 행위의 원인을 분석해 보면 사람의 힘으로는 감당할 수 없는, 뜻밖에 일어나는 죽음의 위협에 직면하여 그 위협으로부터 도저히 자신을 보호하거나 도망칠 수조차 없을 때 마지막 수단으로 그 위협의 원인이 되는 자에게 자비를 청해보는 방법으로 시작된 것이 아닐까 생각된다. 동굴 벽화는 우리가 오늘날 볼 수 있는 유일한 기록이기 때문에 그 벽화를 그렸으리라고 추정되는 구석기시대라고 추측을 했을 뿐이지, 그보다 더 오래전에도 피할 수 없는 위협에 직면했을 때 사람들이 어떻게 반응했을 것인지를 미루어 생각해 본다면 원시인들의 종교행위가 반드시 구석기시대에 시작되었다고만 할 수는 없다고 생각된다. 다만 동굴에 들어가 살기 전 기록이 없을 뿐이다. 그러니까 종교행위의 맨 처음은 사나운 짐승, 이를테면 호랑이나 승냥이, 아프리카 지역이라면 사자나 하이에나 같은 짐승들에 대한 공포로부터 시작되었을 것이다. 말하자면 인류 최초의 神은 맹수이었을 것이다. 그러니까 맨 처음 종교 행위는 공포로부터 벗어나려고 하는 몸짓으로 시작되었다고 할 수 있다. 그리고 죽음으로부터 오는 공포가 종교의 궁극적 원인이라는 점에서는 지금도 별로 달라진 것은 없다.

약 30만 년 전, 약육강식弱肉强食이 유일한 자연의 생존법칙이었던 험악한 세상에 태어난 인간은 자신을 보호할 아무런 무기나 수단이 없었다. 아마 그리 빠르지도 않은 다리로 도망 다니기에 바빴을 것이다. 손이 있으니 가끔 돌멩이나 나뭇가지를 들고 싸웠겠지만 그까짓 것은 맹수들의 상대가 될 수는 없었고 재빨리 나무위로 올라가 위험을 피하려고 해 보았겠지만 사람보다 나무를 더 잘 타는 동물도 여러 가지가 있으니 나무 위도 안전한 곳은 아니었다.

이렇게 끝없는 위험에 노출된 채 살아가야 했으니까 사람이 할 수 있는 유일한 방법은 숨는 것이었다. 숲속이나, 바위 틈 아니면 넘어진 나무둥치 사이에 몸을 숨기고 위기가 지나갈 때까지 눈치를 보며 기다렸다. 도망과 숨기를 거듭하면서 점점 더 좋은 방법을 생각해 내고 그러면서 점점 지능이 발달해 갔다. 맹수들과 맞서 싸울 수가 없었기 때문에 오히려 지능이 발달한 것이다. 지능이 어느 정도 발달해서 그것이 충분한 생존 수단이 되었을 때까지 살아남아 인류는 겨우 멸종되는 것을 면할 수가 있었다. 그렇지만 돌이나 동물의 뼈로 도구를 만들어 사용하면서도 인간은 항상 죽음과 맞서는 불안한 신세를 면할 수가 없었다. 그래서 동물 가운데서도 가장 힘이 센 호랑이나 사자를 사람 편으로 만들어 좀 도움을 받았으면 하는 생각이 간절했다. 그러나 어떻게 해야 그 맹수에게 좀 도와달라는 의사를 전달할 수 있을지 도무지 좋은 생각이 떠오르지 않았다. 맹수 앞에서 잘못 얼씬거리다가는 잡혀 먹히기 십상이니까 그 대신 은밀한 곳에 맹수를 그려놓고 그 앞에서, 서로 사이좋게 지내자고 중얼거려 보았다. 드물기는 하지만 사람을 공격하던 늑대가 호랑이에게 잡혀 먹히는 것을 보고 자기들의 뜻이 전달되었다고 믿었을지도 모른다. 원시종교는 이렇게 시작되었을 것이다.

2차 대전 중, 일본군이 점령하고 있던 서 태평양의 어떤 섬에서는 미국 전투기들이 날아와 불을 뿜으며 손 하나 대지 않고 일본군을 무더기로 죽이는 것을 보고 그 섬에 사는 토인들은 그 전투기가 神인 줄 알았다고 한다. 전쟁이 끝나고 미군들이 그 섬에 가 보았더니 토인들은 격추된 전투기 앞에 제단을 차려놓고 예배를 드리더라고 한다.

神은 어디서나 예배의 대상이 되었고 예배는 제물과 희생을 바치게 되었다. 그리고 神에게 드리는 제물은 사람들이 가지고 있는 것 중에서 가장 좋은 것, 가장 아끼는 것을 바치는 것이 당연한 일이었다. 맨 처음 제사를 드리기 시작했을 때의 제물은 족장이나 그 무리의 우두머리가 되는 사람의 아들이나 딸을 바치는 것이 관례였다고 한다. 흔히 동화에서 공주를 제물로 보내는 이야기가 나오는 것도 그 때문이다. 유대교와 기독교의 경전인 구약이라는 책에 유대인 조상 아브라함이 그의 아들 이사악을 제물로 바치려 한다는 이야기나 신약의 복음서에서 예수가 십자가에 못 박혀 사형당하는 일도 하느님께 그 자신을 제물로 바치는 것이라고 하는 이야기 등이 옛날에 사람을 제물로 바치던 풍속과 관련이 있다. 그러나 사람의 지혜가 점점 깨면서 사람대신 짐승을 바치게 된다. 가장 좋은 짐승을 화려하게 치장하여 제물로 바쳤다.

사람의 생명을 위협하는 것은 짐승만이 아니었다. 갑자기 하늘이 캄캄해 지면서 폭풍이 몰아치고 장대 같은 빗줄기가 쏟아지는가 하면 하늘에서는 천지를 진동하는 천둥소리가 나고 번갯불이 번쩍거리면서 느닷없이 아름드리나무가 벼락을 맞아 쓰러지는 등 엄청난 파괴력을 가진 자연현상을 보며 그 이유를 알 수 없는 그들은 얼마나 겁에 질렸을 것인가. 나무 밑에서 비를 피하던 사람들이 벼락을 맞아 무더기로 죽기도 하고 갑자기 불어난 홍수에 미쳐 피할 새도 없이 떠내려가기도 했다. 이런 재앙이 일어날 때마다 태양이 몸을 숨기는 것을 보고 사람들은 태양이 노해서 그런 일이 일어나는 줄만 알았다.

그래서 이번에는 태양이 神이 되었다. 실제로 태양신 풍속은 고대문명이 발달한 중국이나 이집트, 인도, 메소포타미아 등에서 전혀 서로 연락할 방법이 없었음에도 불구하고 예외 없이 골고루 일어났고 꽤 오랜 기간 계속되었다. 사람이 희생되는 것은 폭풍우나 홍수뿐 만이 아니었다. 땅이 요란한 소리를 내며 흔들리더니 쩍 갈라져서 사람들이 빠져 죽고 우레 같은 소리와 함께 느닷없이 불과 연기를 뿜어내는 화산, 산사태와 해일 등 자연재해와 질병도 있었다. 지금도 가끔 사람들의 생명을 무더기로 빼앗아 가는 이러한 자연 재앙을 그 당시 사람들은 도저히 이해할 수가 없었을 것이다. 알 수 없는 것은 두렵고 그래서 모두 神이 되었다. 이때의 神은 단순히 공포의 神이었다. 제물을 바치고 예배하여 그저 성내지 말고 용서해 주기를 빌었다. 그때 사람들은 벼락이나 화산, 홍수를 만나 죽는 것은 사람들이 무슨 큰 잘못을 저질렀기 때문일 것이라는 생각이 들었고 그래서 사실 무엇을 잘못했는지 자신도 알지 못하면서 무조건 빌었다. 무엇을 향해서 빌어야 할는지도 알 수가 없어서 큰 바위에게도 빌고 아름드리나무에게도 빌었다.

그런데 왜 빌어야 한다는 생각을 하게 되었을까? 생명의 위험에서 벗어나기 위해서는 용서를 구해야 하고 용서를 구하기 위해서는 빌어야 한다는 생각은 어떻게 시작 되었을까?

좀 더 깊이 생각을 해 보면 용서란 神에게 있는 속성屬性이라기 보다 오히려 인간의 여러 모습 중의 하나가 아닐까 하는 생각이 든다. 맨 처음, 사람이 모여 살면서 무리를 이루게 되고 서로 다른 무리끼리 다투는 일이 일어난다. 말하자면 원시시대부터 소규모이지만 끝없이 전쟁이 되풀이 되었다. 한번 전쟁을 치루고 나면, 이긴 쪽과 진 쪽이 판가름 나고 이긴 쪽은 진 쪽이 가지고 있던 모든 소유물을 차지하고 포로가 된 적국의 우두머리와 전쟁에 참가했던 전사戰士들을 처벌했을 것이다.

이때, 포로들을 죽이는 경우도 있었을 테고 살려서 부하로 삼는 경우도 있었다. 승자가 패자보다 실력이 뛰어나게 강할수록 아량을 베풀 수 있었고 그래서 패자는 승자의 자만심을 자극하기 위해서 간절하게 용서를 빌었다. 가끔 이 비는 행위가 효과를 내서 살아남는 수가 있었다.

수 만년, 크고 작은 싸움이 거듭되는 동안 사람들 마음속에는 위기에 닥쳤을 때 용서를 구하는 행위가 생존할 수 있는 가장 효과적인 방편의 하나로 깊게 자리 잡게 되었을 것이다. 다시 말하면 살아남기 위해서, 약자가 강자에게 비는 행위는 어느덧 사람의 유전인자에 기록되어 내려왔을지도 모른다.

　역사상 가장 용맹스러우면서도 가장 너그러웠다고 알려진 마케도니아의 알렉산더 대왕(BC 356~323)의 이야기를 한번 들어보자.

　그는 적국을 정복한 뒤에도 적국의 왕이나 왕족들에게 전쟁 전과 같은 정도의 생활을 할 수 있게 해 줄 정도로 너그러웠다고 한다. 그러나 상대가 완전히 굴복하고 절대적인 복종을 약속할 때에만 그렇게 했고 조금이라도 자신의 우월성을 인정하지 않으면 가혹한 형벌을 가하고 끝내는 죽였다. 그 한 예로, 지중해 동쪽에 있던 가자 성을 공격할 때, 그 성을 방위하는 군대가 얼마나 용감하게 대항을 했던지 알렉산더 대왕의 군대가 천신만고의 싸움을 했으며 대왕 자신이 두 번이나 부상을 당하는 혹독한 피해도 입었다. 끝내 성은 함락되고 성을 지키던 장수 베티스는 체포되었다. 모든 부하를 잃고 무기도 빼앗긴 그는 이미 장수가 아니었다. 그러나 알렉산더 대왕 앞에 끌려 와서도 그는 고개를 똑바로 들고 쳐다보며, 털끝만큼도 비굴한 모습을 보이지 않고 당당했다. 이 모습을 본 알렉산더는 몹시 화가 나서 베티스를 발가벗기고 밧줄로 발목을 묶어 전차戰車로 질질 끌며 등가죽이 벗겨지고 살이 흩어져서 뼈가 드러나고 머리통이 깨져서 숨이 끊어질 때까지 시가지를 달리게 하였다.

　용서는 힘이 있는 자가 베푸는 아량이다. 그러나 자기보다 분명히 힘이 세다는 것을 인정하고 절대적인 복종을 보이는 자에 한해서 베푸는 아량이다. 그러나 사람의 지혜와 윤리관이 발달함에 따라 용서는 덕德이 되었다. 용서를 하는 사람은 덕이 있는 인자仁者로 칭송을 받았다.

어느 제자 하나가 공자에게, "선생님, 한평생 지켜야 할 가장 중요한 준칙準則을 한마디로 한다면 어떤 말이 되겠습니까?" 하고 물었더니, 공자는 서슴없이, "용서하라其恕乎"라고 대답했다고 한다. 그만큼 용서는 사람의 덕목德目 가운데서 가장 중요한 것이라는 뜻이다.

神은 가상假想에 지나지 않는 것이지만 가상이기 때문에 사람이 생각하는 최고 최선의 모습을 가지게 되었다. 그래서 神은 무한히 마음이 넓어서 누구나 용서를 구하고 빌면 틀림없이 용서받을 수 있다는 생각이 굳어갔다.

기원전 4천 년경부터 시작되었다고 하는 이집트의 태양신 숭배는 여러 가지로 다르게 전해 오고 있어서 한마디로 이야기할 수는 없지만, 태양신은 라Ra라는 이름으로 불렸다.

"라"는 창조자라는 뜻이며, 하늘의 절대적 지배자였다. "라"는 젊고 활력이 넘치는 때에는 다른 神들과 사람들을 잘 다스릴 수 있었지만 세월이 흘러 그의 젊음과 건강은 사라지고 이시스Isis가 절대적인 권력을 물려받는다.

여기서 눈여겨볼 일은, 고대 이집트에서는 神도 나이를 먹고 늙는다고 생각했다는 점이다. 이시스는 "라"의 딸이고, 오빠이자 남편인 오시리스Osiris가 있었지만, 처녀의 몸으로 호루스Horus를 낳았다고 한다. 4천 년 전의 기록인 이 이야기에는 호루스가 물 위를 걸었다든지, 죽은 사람을 살렸다든지 하는 이야기가 실려 있어서, 예수가 동정녀한테서 태어났다거나 죽은 나사로를 살렸다는 이야기와 너무나 비슷해서 어떤 학자들은 신약에 나오는 기적 이야기들이 고대 이집트의 신화를 표절한 것이라고 주장하는 사람들도 있다. 정신분석의 창시자인 지그

문트 프로이트 Sigmund Freud (1856~1939, 오스트리아)도 그중의 한 사람이다.

그다음에 나타나는 것이 그리스 신화에서 보는 바와 같이 다신교 시대다. 이때에 오면 神은 끊임없이 성을 내고 화풀이만 하는 것이 아니라 때맞추어 비를 내리는가 하면 곡식이 자라게 하고(데메테르) 술의 신(디오니소스), 음악과 시를 관리하는 신(아폴론)도 있다. 사람들의 생활이 다양해지면서 신들도 문화적으로 진화한 셈이다.

고대 그리스에는 신들이 많기도 했는데 그중에서 특별히 예배를 드리던 신은 주로 천지 만물을 주재하는 제우스를 비롯해서 제우스의 아내(헤라), 누이(헤스티아), 아들(아폴론, 헤파이투스), 딸(아르테미스) 등 열두 명의 신이었다. 이때의 신들은 사랑도 하고, 질투도 하고, 결혼해서 아이도 낳는다. 신은 신끼리만 결혼하는 것이 아니고, 마음에 드는 사람이나 요정(님프)들과도 결혼한다. 신과 사람들의 아버지로 불리는 제우스는 원래 크로노스의 아들인데 크로노스를 왕위에서 쫓아내고 스스로 왕이 되었다. 그리고 헤라, 레토, 디오네 등 무려 열 명의 아내를 두었다. 크로노스는 하늘과 땅의 자식이고 하늘과 땅은 카오스(혼돈混沌)의 자식이라고 한다.

그리스 신화는 기원전 1,500년 경 다뉴브강 유역에서 살던 그리스인 조상들이 발칸 반도로 남하하기 시작해서 기원전 1천 년경에는 그리스반도 전역에 퍼져 살면서 생긴 그리스인들의 종교 이야기다. 이때쯤에는 동쪽 중동 땅에서는 히브리족의 유대교가 첫 모습을 나타내기 시작하고 있었고 약 250년 뒤에는 이탈리아반도에서 로마 제국이 일어난다(기원 전 753년). 주신 제우스는 벼락을 무기로 가지고 있으면서 마음에 들지 않는 것은 무엇이든지 때려 부술 수가 있지만, 바다와 강을 맡은 포세이돈과 지하세계를 맡은 하데스 등 3자가 이 세상을 분할 통치하는 형편이었기 때문에 그 능력에는 많은 제약이 있었다. 그리고 중요한 일을 할 계획이 있으면 다른 신들을 불러 의논하고 가끔 도움을 청해야 하는 입장이었다.

유대교는 유일신을 숭배하는 종교라고 하지만 그들의 경전을 보면 神이 하나가 아니라 자기들이 믿는 神이 하나라는 뜻인 것 같다. 모세를 통해서 神, 야훼가 내려주었다는 십계명을 보면 자기 외에 다른 神을 공경하면 안 된다고 강조하고 있고 구약 모세의 율법 여러 곳에서 번번이 이것을 강조한다. 창세기 1장부터 2장 3절에 나오는 하느님은 원래 히브리어로 엘로힘elohim으로, 이 말은 복수형이라고 한다. 그러니까 제대로 번역을 한다면 "하느님들"이라는 뜻이 된다.

그러니까 유대교 초기에는 다신교이었는데 시간이 가면서 일신교로 변화한 것이 아닌가 싶다. 정말 神이 하나밖에 없다면 다른 神한테 공경을 빼앗길 것을 걱정할 필요가 없었다. 엘로힘이 야훼라는 말로 바뀌고 나서도 그 능력은 그리 대단하지는 않았던 모양이다. 사람을 만들어 놓고 인구가 늘어나 많은 사람이 자신이 정해준 계명을 지키지 않는 것을 보고 사람 만든 일을 후회하며 노아의 식구들만 빼고 대홍수로 온 세상 사람들을 몽땅 쓸어버리기도 한다. 자신이 선택한 민족 이스라엘 백성들에게 그렇게 자상하게 배려를 하면서도 혹시 잘못되지나 않을까 하고 항상 걱정이다. 전능과는 한참이나 거리가 멀다.

아무튼 유대인들의 神, 야훼는 그리스神 만큼은 아니지만 그래도 역시 매우 인간적이다. 몹시 질투도 하고 성내고 잔인하게 복수도 한다. 특히 자기 백성이 아닌 이방인에 대해서는 역사상 그 유례가 없을 정도로 잔인하게 군다. 십계명에 사람을 죽이지 말라고 되어 있지만, 이방인을 죽이는 것은 죄가 되지 않았다. 이집트로부터 유대인들을 해방시키고 "젖과 꿀이 흐르는 가나안 땅"으로 인도할 때, 그들의 神 야훼는 예리고 성과 아이 성을 빼앗으면서 성안에 있던 남자들은 물론이고 어린아이, 부녀자, 가축들까지 수만 명이 넘는 사람들을 모조리 칼로 쳐 죽인다. 이것은 야훼의 지시였다. 야훼는 사람과 가축은 다 죽이지만 금은보석과 동이나 철로 된 물건들은 거룩한 것이니 버리지 말고 거두어 야훼의 궤안에 넣도록 당부하는 것도 잊지 않았다. 만일 조금이라도 탐을 내어 몰래 가지는 자가 있으면 엄한 벌을 받으리라고 경고하고 실제로 아간이라는 자가 외투 한 개와 금과 은을 몰래 감추어 두었다가 들켜서 그 가족까지 모두 화형을 당하는 가혹한 처벌을 받는다. 기독교는 지금도 그렇지마는 원래 옛날부터 재물에 많은 관심을 가지고 있었던 모양이다.

앞에서 소개한 스텐저Victor Stenger는 야훼를 "중동지방 사막에 흩어져 살던 유목민 히브리족의 부족 神"이라고 정의한다. 특히 출애굽기에 나오는 야훼는 모세와 아주 친밀하게 지내며, 마치 사람이 친구와 이야기하듯 야훼 하느님과 대면해서 이야기한다. 구약에서는 모세 전에도, 아담과 이브, 노아 및 아브라함에게도 직접 이야기하고, 모세의 후계자 여호수아와 그 뒤 사무엘, 엘리아, 욥 등에게도 직접 말을 한다. 심지어 모세는 하느님의 얼굴을 보여 달라고 할 만큼 하느님은 눈에 보이는 존재로 묘사된다. 그러나 예언자들의 시대(이사야, 예레미아, 다니엘, 호세아 등)에 와서는 반드시 어떤 중개자를 통해서만 이야기를 한다. 예언자는 하느님의 계시를 보거나 하느님의 말씀이 그에게 임하여 그 메시지를 사람들에게 전한다.

신약시대에 들어와서도 가브리엘 천사를 보내어 마리아가 성령으로 임신할 것이라고 전하고 요셉에게는 마리아의 임신은 성령으로 된 일이니 두려워하지 말라고 충고하며 요안세자의 아버지 즈카르야에게도 천사가 찾아와 메시지를 전한다. 그런데 예수가 요안세자에게 세례를 받을 때와 세 명의 제자를 데리고 높은 산에 올라가 모세와 엘리아를 만났다고 할 때, 하늘에서 "이는 내 사랑하는 아들"이라는 소리가 들리며 오래간만에 하느님의 목소리를 듣게 된다. 물론 예수가 부활하고 난 뒤 무덤을 찾아간 여인들에게도 천사가 나타나 여인들에게 예수가 부활했다는 것을 알려준다.

『신약』이라는 기독교의 경전에 따르면 예수가 죽었다가 부활하고 승천한 다음에는 야훼 하느님 대신 예수의 목소리로 대치된다. 사울이 예수를 따르는 사람들을 잡으러 다마스커스로 갈 때 하늘에서 "사울아, 사울아" 하는 소리가 들리고 사울이 "당신은 누구십니까?" 하고 묻자, "나는 네가 박해하는 예수다."라고 대답한다. 이 사건으로 사울은 회개하여 세례를 받고 바오로가 된다.

바오로는 회개한 다음부터 발 벗고 선교에 나서서 팔레스타인의 그리스도교를 그리스와 로마 세계로 까지 확장하는데 큰 공로를 세운다. 그러나 바오로는 예수가 선포했던 "하느님 나라의 도래" 보다는 "부활하신 그리스도"를 신앙의 대상으로 삼아 "주님"이 교회의 의식에서 중심이 되었다. 바오로는 한 번도 살아있는 예수에 관하여 말을 한 적이 없었다. 그래서 초대 기독교는 "부활하신 그리스도"의 재림을 기다리는 믿음이 중심이 되는 교회가 되었다.

이렇게 되자, 기독교 초기에는 예수가 神이냐 아니면 사람이냐 하는 문제로 오랫동안 의견이 갈리고 활발한 토론이 일어났다. 그러다가 앞에서 살펴본 바와 같이 니케아 공의회, 칼체돈 공의회를 거치면서 반대 의견들도 상당히 많았지만, 콘스탄티누스 황제의 막강한 입김도 작용하여 "예수는 인성으로도 완전한 사람이요, 신성으로도 완전한 神이다." 하는 교의를 채택하게 된다. 이렇게 해서 지중해 연안을 중심으로 일어나고 있던 기독교에서는 사람이 神이 되었는지 아니면 神이 사람이 되었는지는 분명하지 않지만, 神과 사람이 하나가 되는 결과가 되었다.

오랫동안 박해를 받던 기독교가 콘스탄티누스 황제의 특혜를 받아 로마 제국의 종교가 되었고 로마가 멸망하고 유럽 전역에 봉건국가가 일어나고 왕국으로 이어지면서 유럽 전역에 퍼지는 종교가 되었다. 18세기에서 20세기 초엽까지 계속되는 유럽 국가들의 팽창과 식민지 정책으로 온 세계에 퍼져 가장 강력하고 영향력이 많은 종교가 되었다. 암흑의 세기 중세를 지나고 계몽주의 사상의 대두 및 자연과학의 발달로 위협을 받으면서도 기독교는 그때마다 임기응변의 태도를 보이며 꾸준하게 세력을 유지하여 왔다. 천동설을 주장하는 갈릴레오와 코페르니쿠스 등 과학자들을 권력으로 억압하며 위협하던 기독교가 지동설이 진리라는 것이 만천하에 밝혀진 뒤에는 조금도 뉘우치는 법 없이, "우리가 언제 그랬었더냐?"는 듯이 어물쩍하고 지동설을 받아들이며 민첩하게 주장을 바꾸는 모습도 보였다. 일부 철학자들과 과학자들의 도움으로 현대 과학 문명에도 맞설 수 있는 神의 논리를 만들어 놓고, 神은 전능全能, 전지全知, 전선全善한 존재이며, 영원하고 무소부재無所不在하다는 황당한 논리를 전개한다. 구석기시대의 神, 호랑이나 사자 또는 그 뒤에 보이는 태양신뿐만 아니라 고대 그리스 시대의 제우스신을 생각해 보더라도 오늘날 기독교나 유대교 및 이슬람교가 주장하는 神이란 그동안 얼마나 몰라보게 진화되었는지 짐작이 갈 것이다.

최근에 와서 神은 또 한 번 그 모습을 바꾸려는 움직임을 보이고 있다. 1970년경부터 일부 기독교 신학자들은 예수의 동정녀 탄생이나 부활 승천과 같은 일련의 기적 이야기가 사실은 당시 사회에 널리 퍼져 있던 전설이거나, 기원전 4천 년경에 이미 있었던 이집트 신화에서 모방했을 가능성이 많다는 것을 알게 되었다.

그래서 예수의 신성神性이 부정되기에 이르렀다. 예수가 神이 아니라면 기독교는 그 뿌리가 없어지는 셈이다. 삼위일체라는 매우 위압적이던 교리도 설 땅이 없고 바오로가 말한 바와 같이, "만일 그리스도가 부활하지 않았다면 여러분의 믿음은 헛된 것이 되고" 만다. 그래서 일어나기 시작한 것이 기독교의 현실을 비판하고 새로운 길을 모색하려는 운동이다.

그 첫째는, 지금까지 "예수에 대한 믿음"에 치중했던 종교를 "예수의 믿음"에 초점을 맞추는 신앙으로 바뀌어야 한다는 것이다.
다시 말하면, 더 이상 예수 자체를 神으로 떠받들고 신앙의 대상으로 삼는 일을 그만두고 "예수의 신앙으로" 돌아가야 한다는 것이다. 말하자면, 바오로가 부활한 예수 그리스도에 초점을 맞추어 하느님의 아들 예수를 믿었던 것을 버리고, 한 경건한 유대 청년이었던 예수가 지녔던 하느님에 대한 사랑으로 돌아가야 된다고 주장하는 것이다. 예수만 神이 아니고, 우리 안에 모두 신적神的인 요소를 지니고 있기 때문에 우리가 예수의 가르침을 잘 본받는다면 우리도 예수와 똑같이 될 수 있다는 생각이다. 한국인으로서는 캐나다의 리자이나 대학 비교종교학 교수인 오강남 박사를 비롯해서 서강대 종교학과 길희성 교수를 중심으로 하는 일단의 진보적 학자들이 보여주는 길이다.

둘째로 보이는 새 운동은, 神(하느님) 자체에 대한 생각의 변화다. 오랫동안 강조되었던 것처럼 神(하느님)은 "거룩하고 전능, 전지, 전선, 공의하며 무소 부재하고 영원한 분으로 저 높은 곳에서 두 눈을 부릅뜨고 항상 우리의 생활을 감시하는 엄한 분"이 아니고 "일상생활에서 사람들과 만날 때 사랑을 느끼면 하느님을 느끼는 것이고, 불의를 보고 분개하면 하느님의 음성을 듣는 것이고, 고통당하는 사람을 보고 그 아픔을 느끼면 하느님을 보는 것이고, 소박한 음식에도 감사하는 생각이 들면 하느님을 맛보는 것"이라고 말한다.

이러한 맥락에서 전통적인 기독교는 "성서의 권위, 예수의 신성, 구속론救贖論, 교회의 권위, 기독교의 우월주의 등으로 인간의 능력으로는 온전히 이해할 수 없는 신비스러운 하느님을 조그마한 교리상자나 신학 이론 속에 가두어 놓고 말았다."고 비판한다.

말하자면, 지금까지 그처럼 구체적이고 당당했던 神의 모습을 관념적이고 초월적인 존재로 이해하기 시작했다고 볼 수 있다. 이러한 생각은 과학이 발달함에 따라 폭넓은 지식을 가지게 된 현대인들이 그동안 주장해 온 神의 모습을 더이상 받아들이지 않는다는 것을 깨닫고 다시 한번 현실에 적응해 보려는 노력이 아닐까 생각된다.

한편, 이러한 자각은 사람들의 생각이나 행동을 실제로 어떻게 변화시키고 있을까?

주로 미국 남부에 모여 있는 완고한 기독교 근본주의자들과 한국을 비롯한 몇 나라에서 아직도 기독교가 시작되던 때의 신화적인 믿음을 고수하고 있는 폐쇄적 종교인들을 제외하고는, 구약의 창세기에 나오는 천지창조 기사나 신약의 기사, 이를테면 神의 섭리로 神의 아들이 동정녀한테서 태어났다든지, 예수가 행하였다는 기적 이야기들, 또는 예수가 죽었다 다시 살아나고 하늘로 올라갔다는 이야기들이 실제로 일어난 일이었다고 믿는 사람들이 이제는 별로 없다. 그러나 아직도 神이 있느냐 없느냐 하는 문제는 결론이 나지 않은 채, 서로 간에 활발한 토론이 계속되고 있는 것이 현실이다.

오랫동안 기독교의 보루堡壘였던 유럽에서조차 교회에 나오는 사람들이 갈수록 줄어들고 있고 神의 존재에 대하여 의심을 가지는 사람들이 점점 늘어나는 경향을 보일 뿐만 아니라 학자들이 논리적으로 神의 존재를 부정하는 이론을 발표하는 일이 활발해지자 유신론의 신학자들은 서둘러 방패막이를 해 보려고 야단이다.

神은 인간의 감각이나 이성理性을 초월해서 존재하는, 그리하여 인간의 언어로 정의할 수 없는 그런 초월적 존재라고 주장하면서 슬쩍 그 예봉銳鋒을 피해 보려고 하는 것 같다. 한편 지금까지의 神에 대한 이해가 잘못되었다고 생각하는 이른바 신비주의자들은, 神은 존재나 비

존재非存在라는 개념을 넘어서 있기 때문에 사람의 이성理性으로도 인식할 수 없는 초월적 존재라거나, 神은 존재하는 것이 아니라 God does not exist 존재의 근원 The ground of Being 그 자체, 즉 궁극적 실재 Ultimate Being라고도 한다. 그러나 이러한 상태의 神이라면, 아인슈타인이 말하던 "우주에 가득 차 있는 질서"라는 것과 별로 다를 바가 없다. 우주의 질서에는 어떤 특정한 의지나 목적이 있다고 볼 수는 없다.

최근에 나타나고 있는 Post Modern 신학에서는 여기서 한 걸음 더 나가는 형국이다. 예를 들어, 정의正義, 평화, 사랑 심지어 민주주의라는 것도 우리가 항상 간절히 바라는 바이지만 완전히 그 바람이 실현되지는 않는 것과 같이 神도 우리의 바람, 또는 갈망渴望 Desire이라고 한다. Jacques Derrida

"神은 존재하는가?"라는 질문은 결국 "神에 대한 갈망이 존재하는가?"라는 질문에 지나지 않고, 따라서 우리는 "무엇을 갈망하는가?"라고 물어야 한다는 것이다. John D. Caputo

지식인이라고 자처하는 신앙인들이 흔히 하는 말 중에, "기복신앙祈福信仰은 미신에 가까운 것이니까 참 신앙인의 태도가 아니다."라고 하는 것이 있다. 그러나 인류가 神을 만들어 놓고 받들기 시작한 이유는 도움을 좀 받고 싶어서였을 뿐 다른 이유는 없었다.

맹수들의 공격에서, 벼락과 폭풍, 지진, 해일 등의 자연 재해에서 보호해 주기를, 또는 사냥이나 농사가 풍성하게 거둘 수 있기를 간절히 바라면서 神의 존재를 찾기 시작했다. 지금도, 우리나라를 보호해 달라고, 병에 걸리지 않게 해 달라고, 또는 병이 낫게 해 달라고, 전쟁에서 이기게 해 달라고, 심지어 좋은 대학에 붙게 해 달라는 등 끊임없이 무얼 좀 해 달라고 도움을 청하면서 神을 찾는다. 살아 있을 때는 그런 정도로 그치지만 죽은 다음에도 천당에 가게 해 달라고 기도한다. 그것은 기복신앙과 무엇이 다른가?

그래서 그 神에게 잘 보이려고 제물을 바치고 기도를 하고 끝없이 경배를 드린다. 만일 神이 있기는 있지만 이런 요청에는 아랑곳하지 못하고 인간의 감각이나 이성으로도 인식할 수 없는 상태의 막연한 것이어서 사람의 일상생활과는 아무 관계가 없다면 그런 神을 찾아 경배하고 제물을 바치며 웅장한 교회 건물을 지어놓고 "하느님의 영광"이라고 찬양할 사람이 과연 몇이나 될 것인가? 그것은 마치 가난한 사람에게 100만 달러의 저금통장을 주면서 죽을 때까지 절대로 쓰면 안 된다고 하는 것과 같다. 다시 말하면, 쓸 수 없는 돈은 아무리 많아도 없는 것과 전혀 다를 것이 없는 것이다.

만일 神이 인간사에 간여하지도 않고 의지도 없고 특별한 능력도 없다면 인간은 神이 있거나 말거나 별로 관심을 가질 필요가 없다. 그것은 마치 몇백만 광년 떨어진 우주의 어떤 곳에 지구와 똑같은 별이 하나 있다는 것과 별로 다르지 않을 것이다. 일부의 천문학자들이 관심을 가지고 그 별에는 어떤 생물이 살고 있을까 하고 관측하고 연구해 볼 수는 있을 것이다. 그러나 빛의 속도를 가지고도 몇백만 년이 걸리는 거리에 있다면 그런 별은 우리 인류에게 있으나 마나다.

神은 원래 사람이 만들어 놓은 것이기 때문에 시간이 지나면서 사람의 지능이나 문화가 발달함에 따라 神도 그에 따라서 변화할 수밖에 없는 운명이었다. 그래서 神은 끊임없이 진화해 왔다. 그러나 이제는 더 이상 진화해 볼 방법이 없을 만큼 막다른 골목까지 오고 만 것이 아닌가 싶다. 神은 이제 더 이상 당당하고 위엄을 갖춘 모습으로 우리 위에 군림하던 종교의 주체로서가 아니라 윤리 도덕의 개념과 비슷한 상태에 까지 온 것이다. 아마 이 세상 모든 사람들이 함께 "神은 없다"고 합의하게 되는 날이 그렇게 멀지 않은 것 같다.

캐나다의 메모리얼 대학에서 종교학을 가르치는 종교학 박사 Rainley Lee 교수는, "종교란 사실이 아닌 것을 광고와 선전으로 사실인 것처럼 믿게 만든다는 점에서 화장품과 같은 것이다."라고 말을 한다. 자기 나라에서도 쓸 만한 물건이 생산되는데도 구태여 외국제만 찾으려고 한다는 점에서도 종교는 화장품과 비슷하다는 생각이 든다.

3. 종교의 만행蠻行

(1) 자살 테러리스트

2007년 3월 어느 토요일 오후 2시쯤, 이락의 바그다드 시 버스정류장, 스무 살을 갓 넘긴 듯한 젊은이 하나가 손님들을 따라 버스에 올랐다. 승객은 20여 명, 그리 많은 편은 아니어서 대부분 자리에 앉았다. 그 젊은이는 40대로 보이는 중년 부부의 옆에 앉았다. 그 중년 부부는 새 냉장고를 사러 가는 길인 듯 카탈로그를 펴들고 어느 것이 좋을까 하고 서로 의논하고 있었다. 젊은이는 철이 좀 지났는데도 오버를 입고 있었지만 아무도 이상하게 보는 사람은 없었다. 그러나 그 오버 안

쪽에는 폭탄 띠를 두르고 있었고 호주머니에는 날카로운 못, 볼 베어링, 쥐약 가루 등이 가득 들어 있다는 것을 누가 짐작이나 했으랴. 다음 정류장에서 더 많은 사람이 타고 버스는 거의 만원이 되었다. 젊은이는 보일 듯 말 듯, 빙긋이 웃었다. 이제 호주머니에 넣고 있는 손안에 쥐고 있는 스위치를 누르기만 하면 폭탄이 터지면서 버스 안에 있는 사람은 물론이고 밖에 있는 사람까지 날카로운 못과 볼 베어링 쇠알이 폭탄과 함께 터지면서 죽어 넘어질 것이었다. 쥐약 가루도 더 많은 사람을 죽이는데 한몫을 할 것이다.

버스가 도심지로 접어들자 거리에는 많은 사람들이 보였다. 젊은이는 '이때다.' 싶어 망설이지 않고 스위치를 눌렀다. 천지를 진동하는 폭음소리와 함께 버스는 박살이 나고 불길에 휩싸였으며 길거리에도 수많은 사람이 죽거나 부상을 당하여 넘어져 신음소리를 내며 뒹굴었다.

젊은이의 부모는 곧 아들의 계획이 성공했다는 소식을 전해 들었고 아들을 잃은 슬픔을 어찌할 수는 없었지만, 가슴 속에서는 더 큰 자부심(?)이 끓어올랐다. 그 부모는 아들이 이미 천국에 올라가서 알라신의 영접을 받고 있으며 그의 용기 있는 행동으로 죽은 사람들은 모두 영원한 지옥 불에 떨어졌다는 것을 굳게 믿었다. 한꺼번에 두 가지 승리를 이룩한 셈이다. 이웃 사람들은 그 젊은이의 용기를 칭찬하며 부모에게 음식과 돈을 가지고 와서 축하해 주었다. 이것이 요즈음 우리가 뉴스에서 자주 보는 자살 폭탄 테러리스트 이야기이고 이것이 어떤 사람들에게는 神을 위해서 할 수 있는 가장 훌륭한 행동이라고 생각되는 종교적 행위이다. 이따위 살인행위를 잘했다고 칭찬하는 神이 과연 있을까?

자살 테러행위를 이야기할 때, 911 사건을 빼놓을 수는 없다. 이 사건은 2001년 9월 11일 오전 9시경에 미국의 심장부인 뉴욕에 자리 잡은 110층 높이의 세계무역센터와 워싱턴에 있는 국방부 청사를 공격한 테러행위를 말한다. 오사마 빈 라덴(1957~2011, 사우디아라비아)이 지휘하는 모슬렘 극단주의자들인 알카에다 테러조직과 기타 테러리스트들이 오랫동안 치밀하게 계획하고 훈련을 받은 끝에 감행하였다. 이날 아침 보스턴과 뉴저지 공항에서 떠나 미국 서부 도시 로스앤젤레스와 샌프란시스코를 향해 가는 대륙 횡단 비행기 4대를 공중에서 납치하여 2대는 무역센터 건물을 하나씩 공격하여 무너뜨렸고 1대는 미 국방성 건물에 충돌하여 대파시켰다. 다른 1대는 아마 백악관을 목표로 했던 모양이었으나 짐작컨대 자신들의 운명을 알아차린 승객들이 테러리스트들과 싸워 비행기가 공격 목표로 가는 것은 막았으나 결국 피츠버그 남쪽 들판에 추락하여 승객과 테러리스트들이 함께 폭사하고 말았다. 다른 3대의 비행기에 타고 있던 승객들은 어떤 반응을 보였는지는, 타고 있던 비행기가 목표한 건물에 충돌하여 모두 폭사하였기 때문에 전혀 짐작조차 할 수가 없다.

　이 사건으로 미국의 자존심은 말할 수 없이 상처를 입었고, 비행기에 타고 있던 승객을 포함하여 3,500여 명의 인명 피해와 무역센터(11억 달러)와 국방성 건물의 피해 등 재산상의 손해는 말할 것도 없고 테러 응징을 위한 긴급지출 400억 달러, 재난극복 원조액 111억 달러 등 직접 지출과 국가 안전보장을 위한 보안 강화에도 어마어마한 돈을 쏟아부었다.

독실한 모슬렘 교도들인 테러리스트들은 계획에 참여하여 훈련을 받을 때부터 이미 자기들은 납치하는 비행기와 함께 폭사할 것이라는 것을 잘 알고 있었다. 그날 테러 행동에 참여한 사람만도 30명 가까이 되었을 것이라 하며, 훈련을 받은 사람들은 백 명이 넘었을 것으로 추산되지만 꽤 오랫동안 미국 땅에서 비행 훈련을 받으며 준비를 했다는 데도 그 유명한 미국의 정보 시스템이 전혀 눈치를 챌 수가 없었다. 파괴된 건물의 잔해 속에서 찾아낸 비행기의 블랙박스에는 건물로 충돌하기 직전에 테러리스트들이 "알라는 위대하다."라고 소리치는 것이 녹음되어 있었다고 한다.

　그 테러리스트들은 지도자한테서 들은 대로, 과연 그날 밤 일곱 선녀의 옹위를 받으며 알라신에게 가서 환대를 받았을까? 神이란 도대체 어떻게 생겨 먹었기에 이런 무자비한 일을 부추기고 있는 것일까? 과연 이따위 神이 있다고 생각하는 것이 온전한 정신을 가지고 가능한 일일까?

(2) 십자군 전쟁 十字軍 戰爭 [2]

　로마 제국이 망하고 유럽에 기독교가 퍼지고 있을 때, 마침 각지에 봉건제도가 확립되면서 대체적으로 사회는 안정되어 가고 있었다. 기독교 신자가 된 사람들이 개인적으로 또는 단체로, 예수가 태어나 활동하고 십자가에 못 박혀 죽었다는 팔레스타인 지방의 예루살렘을 찾아가는 먼 길의 순례를 다녀오는 것이 유행처럼 되어가고 있었다. 이

---

2) 십자군 전쟁 : 11세기 말에서 13세기 말 사이에 서유럽의 그리스도교들이 성지 팔레스티나와 성도 예루살렘을 탈환하기 위해 8회에 걸쳐 감행한 대원정

때 예루살렘은 이슬람교도들에 의하여 점령되어 있었지만, 이슬람교도들은 기독교 신자들이 성지를 순례하는 것을 방해하지 않았다.

그러나 1037년에 일어난 셀주크 투르크 제국이 20년 만에 이슬람 제국을 지배하게 되자, 기독교들의 성지순례를 방해하기 시작했다. 395년에 동서로 갈라진 로마 제국의 동쪽 로마는 서로마가 멸망(476)한 뒤에도 비잔틴제국이라는 이름으로 명맥을 유지하고 있었는데, 셀주크 트루크에 위협을 느끼고 먼저 이들을 공격하다가 오히려 황제가 포로가 되고 대패하고 말았다. 비잔틴제국의 알렉시우스 1세는 교황 우르바노 2세에게 원조를 요청하자, 교황은 비잔틴교회를 다시 로마교회로 통합할 절호의 기회라고 생각하고 1095년 프랑스의 클레르몽에서 공의회를 소집하고 유럽의 왕과 봉건 제후들에게 성지를 탈환해야 한다고 역설했다. 이슬람교도가 그리스도교의 성지를 점령하고 있는 것은 기독교의 수치라고 강조하며 이 싸움에서 죽더라도 천국에서 영광스러운 보상을 받을 것이라고 강조하는 한편 동방에는 금, 은, 보석 등 온갖 재화가 널려 있는 고장이라고 봉건 제후들의 물질적 탐욕을 부채질하기도 했다.

1099년 6월, 제1차 십자군은 잔인한 살육과 거침없는 약탈을 일삼으며 예루살렘의 성벽에 도달했다. 6주일이나 계속된 예루살렘 전투에서 십자군은 적의 병사들은 물론 주민들까지 닥치는 대로 죽였다. 결국, 예루살렘 성을 탈환하여 기독교 왕국을 세우고 고드프로이를 왕으로 세웠다. 그러나 이 왕국은 오래 가지 못하고 곧 이슬람에게 빼앗기고 말았다. 1144년에는 다시 성지를 탈환하기 위해서 2차 십자군이 파견되었다. 2차 십자군은 프랑스 왕 루이 7세와 독일 왕 콘라드 3세의 지휘 아래 출발했으나 시리아에서 다마스커스 공격을 계획하고 있는 도중에 적군의 꾀에 넘어간 병사들의 이탈로 도중에서 좌절되고 말았다. 그다음 신성 로마의 황제 프리드리히 1세와 프랑스 왕 필리프 2세, 영국 왕 리처드 1세 등이 참가하는 3차 십자군이 출전했으나 지휘자들 사이에 협조가 잘 안 되고 제각각 행동하는 바람에 별로 성과를 거두지 못하고 다만 기독교도의 성지순례를 보장한다는 약속을 받아내는 것으로 만족했다. 전후 모두 200년간을 계속하며 4차, 5차, 6차, 7차까지 십자군 이름으로 싸움을 했다.

겉으로 보기에는 기독교 신자들이 이슬람교 교도들과 싸움을 했다는 점에서 종교적인 운동이라고 규정할 수도 있겠으나 사실은 종교와는 거의 관계가 없는 일이었다. 성지탈환이라는 본래의 목적은 갈수록 희미해지고 경제적인 이익, 다시 말하면 이 기회에 한탕해서 부자가 되려는 욕심으로 나섰던 사람이 더 많았다. 봉건영주나 하급기사들은 새로운 영토를 차지하려는 욕심에서, 또 가난한 농민들은 지주의 압박에서 벗어나 보려는 생각에서, 그렇지 않으면 단순한 모험심, 호기심, 약탈하려는 생각 등, 저마다 다른 여러 가지 이유가 신앙이라는 포장을 둘러쓰고 있었다.

더욱이 딱하고 안타까운 일은 〈소년 십자군〉이라는 이름으로 수만 명의 어린이가 끌려나가 희생된 일이다. 프랑스의 에티엔이라는 목동이 神의 계시를 받았다고 주장하면서 3만여 명의 소년, 소녀들을 모았고 독일에서는 쾰른 지방의 니콜라스라는 소년이 2만 명의 아이들을 모아 성지탈환의 깃발을 들고 나섰다. 한심한 일은 교황 이노첸시오 3세가 이때 아이들을 나가라고 부추겼다는 사실이다. 이 아이들은 악덕 상인들의 농간에 빠져 아프리카의 이국땅에 끌려가 노예로 팔려가기도 하고 가는 도중에 폭풍을 만나 배가 파선하여 수많은 아이가 물에 빠져 죽어 예루살렘 근처에 가보지도 못하고 희생되어 집으로 돌아온 아이가 거의 없었다고 한다.

십자군 전쟁은 기독교의 기치를 높이 들고 교황의 사주 아래, 겉으로는 가슴에 십자 무늬를 새긴 갑옷을 입었지만, 속마음은 물질적 욕망에 사로잡혀 남의 땅에 쳐들어가 살인과 약탈을 일삼으며 무려 200여 년 동안 계속된 무뢰배들과 어중이떠중이들의 광란狂亂의 잔치였다.

(3) 마녀사냥

마녀사냥이란 말은 수없이 많이 들었지만, 그 실상이 어떠한지는 그 내용을 자세히 알려주는 기록이 많지 않아서 대부분 사람은 모르고 있기가 쉽다. 마녀사냥이란 15세기 초부터 18세기 초까지 거의 300년 동안 주로 유럽 여러 나라와 북아메리카에서 기독교에 의해서 자행되었던 종교적 만행蠻行이다. 마녀나 마법 행위를 근절한다는 명분 아래 아무 죄도 없는 사람들, 주로 여자들을 붙잡아 고문하고 강제로 자백을 받아내어 참형, 화형 혹은 교수형에 처했다. 가끔 팔과 다리에 각각 밧줄을 매어 4마리의 말이 사방으로 달리게 하여 산채로 몸을 찢어 죽이는 소위 육시戮屍하는 경우도 있었다.

이 시대는 100년 전쟁, 기근, 페스트 만연, 또는 대규모의 지진 등으로 한꺼번에 수많은 사람이 죽고 사회의 기반이 흔들리며 경제적으로도 살기가 몹시 힘든 시대였다. 神의 특별한 사랑과 보호를 받고 있다는 인류에게, 특히 기독교를 잘 믿고 있는 유럽 사람들에게 왜 이런 불행이 계속되는 것일까 하고 몹시 궁금해하면서 납득할 만한 이유를 찾고 있었다. 결국, 찾아낸 이유가 마녀였다. 마녀의 농간으로 이런 불행이 일어난다고 결론을 내린 것이다. 그러나 실제로 마녀가 있었을 리는 만무고 애매한 사람들이 걸려들어 희생당했다.

그 과정에서 인류 역사상 그 유례를 찾아보기 힘들 만큼 무자비하고 참혹한 일들이 벌어졌다. 누구라도 한번 마녀라고 고발되기만 하면 벗어나기가 거의 힘들었다. 따라서 시기 질투의 대상이나 평소에 좋지 않은 감정을 가지게 만들었던 사람들이 무더기로 걸려들어 죽어갔다. 돈이 많은 과부는 돈을 뺏을 목적으로 고발되었고 똑똑한 여자, 아름다운 여자도 질투와 시기의 대상이 되어 무사하기가 힘들었다. 심지어 영국과의 전쟁에서 여러 번 패하여 프랑스가 위기에 빠졌을 때, 샤를 황태자를 도와 프랑스를 구해낸 영웅 소녀 잔 다아크도 전쟁 중에는 황태자였던 왕과 너무 가까이 지내는 것이 질시의 대상이 되어 마녀로 몰려 화형되는 지경이었다.

〈Sam Harris〉라는 사람이 『The End of Faith』라는 책에 나와 있는 마녀의 체포, 고문, 화형의 과정을 한번 읽어보자.

1595년, 콘스탄스라는 마을에 사는 어떤 할머니는 동네잔치에 자기를 초대하지 않았다고 은근히 화가 나 있었다. 그런데 어떤 사람이, 그 할머니가 혼자서 무어라고 중얼거리는 것을 보았다. 그때 할머니는 들을 가로질러 언덕 쪽으로 한참을 걸어가고 있었는데 홀연히 자취를 감추었다고 한다. 그리고 나서 두어 시간이 지났을 때 갑자기 천둥 번개가 요란하게 울리며 한참동안 폭우가 쏟아졌다. 잔치에서 춤을 추며 놀던 사람들이 모두 흠뻑 젖고 농작물도 꽤 피해를 입었다. 그 할머니는 포도주를 구멍에 부어 넣고 막대기로 휘저어서 폭풍우를 불러왔다는 죄로 체포되었다. 즉 그 할머니가 마녀라는 것이다.

옷을 발가벗기고, 두 팔을 뒤로 묶어놓고, 겨드랑 밑으로 밧줄을 끼워 천정에 매달아 놓는다. 발목에는 무거운 돌멩이를 달아서 몸이 더 늘어지게 한다. 매단 밧줄은 천정에 있는 도르래에 걸어 놓고 줄을 붙잡고 있다가 손을 놓으면 주르르 아래로 떨어지게 해 놓았다. 한참 떨어지고 있을 때 갑자기 밧줄을 붙잡으면 떨어지던 몸이 멈추면서 온 몸의 무게와 돌멩이 무게로 어깨, 발목, 정강이, 엉치뼈 등 관절이 모두 빠지며 극심한 고통으로 할머니는 기절하고 만다. 냉수를 끼얹어 깨워 놓고는 마녀임을 자백하라고 윽박지른다. 그래도 자백하지 않으면 빨갛게 달군 쇠꼬챙이로 팔 다리를 쑤시거나 뜨거운 쇠판 위에 세워 놓고 발바닥을 태운다.

마침내 자백을 받아내면 화형에 처한다. 그러나 그냥 불에 태워 죽이는 게 아니다. 우선 거꾸로 매달아 놓고 밑에서 불을 때서 얼굴이 새카맣게 되도록 그을린다. 다음에는 불꽃이 몸에 닿지 않을 만한 높이로 매달아 놓고 밑에서 불을 질러서 될 수 있는 대로 오랫동안 살아 있으면서 고통을 받도록 장치를 해 놓는다. 태워 죽이는 것이 아니고 구워 죽이는 것이다. 비명을 지르며 꿈틀거리는 것을 구경하며 사람들은 킬킬거리며 좋아한다. 화형이 있는 날은 구경꾼들에게 돈을 받고 자리를 팔았다.

더욱 한심한 일은 고문과 화형을 집행하는 과정에 들어가는 모든 비용, 고문 기구의 임대료나 집행하는 자의 인건비까지 피의자, 즉 마녀로 지목된 사람이 지불해야 하며 죽은 다음에 모든 재산은 교회에서 압수한다. 그래서 돈 많은 과부나 유태인들이 마녀로 몰리는 경우가 많았다. 기독교가 그때 그런 악랄한 방법으로 거두어들인 돈은 엄청난 것이었다.

고문의 방법은, 차마 여기 옮기기가 민망할 만큼 잔인하고 악랄하다. 특히 잡혀 온 사람이 젊은 여자일 경우 참혹한 방법으로 성기性器를 유린하며 즐겼다고 한다. 잡혀온 사람이 마녀인지 아닌지 알아보는 방법 중에는 팔다리를 꽁꽁 묶어서 깊은 물에 빠트려 보는 방법이 있었다. 그때 생각으로 물은 깨끗한 것이기 때문에 마녀가 들어가면 자동적으로 밀어낸다고 생각되었다. 그래서 떠오르면 마녀라고 판정되어 화형을 시키고 다행히 가라앉으면 마녀라는 혐의는 벗는다. 그러나 아무 죄도 없는 사람은 이미 물속에서 숨을 거둔 뒤다.

고문 과정에서 고통에 못 이기거나 억울하고 분한 마음에, 아무개 아무개도 자기와 같은 마녀라고 이름을 대면 그 사람들도 모두 잡혀가 죽는다. 희생당한 사람들의 신분을 보면 가지각색이다. 고관의 부인, 시의회 의원의 처자, 그 지방에서 가장 예쁜 자매가 마녀로 몰려 잡혀가 죽었는가 하면 여덟 살짜리 소녀가 희생되는 경우도 있었다. 가끔 남자도 걸려드는 수가 있었지만 대부분 여자들이었다. 여자는 인류에게 원죄를 짓게 한 장본인이라고 생각되었으며, 여자의 육체 자체가 두려움의 대상이었다고 한다.

마녀사냥이라는 전무후무한 광란의 회오리바람이 한창 몰아칠 때가 바로 유럽 전역에서 기독교의 세력이 가장 크게 떨치고 있었던 소위 말하는 암흑시대, 중세다. 교황은 물론이고 지방 주교도 나라의 행정력을 능가하는 절대 권력을 누리고 있었다. 그 악랄하고 잔인한 학살은 기독교의 神이 지시한 것이었을까? 설사 지시하지는 않았다고 해도 전능하다는 神이 왜 그 엄청난 범죄 행위를 그렇게 오랫동안 보고만 있었을까? 기독교의 神도 그 만행을 같이 구경하며 불법적으로 돈을 빼앗아 크고 화려한 교회를 짓는 것을 보며 즐거워했을까? 기독교는 300년이나 계속된 이 무자비한 만행에 대하여 사과한 적이 있는가? 이따위 神이 있다고 믿는 사람이 정상이라고 생각해도 괜찮을까?

아무튼, 이렇게 해서 희생된 사람은, 확실한 기록이 남아 있지 않아서 자세한 내막은 알 수가 없고 여러 설이 있지만 대략 4만 내지 5만여 명으로 추산하는 모양이다. 이에 관해서 폭넓은 연구를 한 브리그스 R. Briggs가 쓴 책, 『마녀와 이웃들: 유럽지역의 마법과 그 사회적, 문화적 상황』Witches and Neighbours: The Social and Cultural Context of European Witchcraft(1996)이라는 책에는, "어떤 여권 운동가들이 주장하는 바로는 마녀로 지목되어 화형당한 여자가 9백만 명이나 된다는 이야기가 있지만, 그 숫자는 약 200배 정도 부풀린 것 같고 가장 믿을만한 최근의 추산에 따르면 1450년에서 1750년 사이에 약 10만 건의 마녀 재판으로 대략 4만 내지 5만 명이 처형되었을 것으로 보인다."라고 되어 있다.

300년 동안에 10만 건이라면 평균 1년에 330여 건, 거의 매일 한 번씩 마녀사냥이 자행되었다는 셈이 된다. 그러나 이 숫자도 정확하지 않기는 매 한 가지다.

(4) 카하마르카Cajamarca의 대학살大虐殺

16세기 초엽 유럽 여러 나라들이 앞을 다투어 가며 잠자고 있던 다른 대륙을 공격해 가는 과정에 남아메리카의 페루 지방에 자리 잡고 있던 잉카제국의 카하마르카 주민들을 학살하는 처참한 이야기를 들어보자. 원주민을 학살한 경우는 제대로 기록된 것이 없어서 대부분 자세한 내막을 알 수가 없지만, 카하마르카 대 학살의 경우는 그 학살 현장에 참가했던 여섯 명의 군인이 자신들의 빛나는 승리를 자랑하기 위해서 자세히 기록해 두었다고 한다. 퓰리처상을 받은 다이아몬드Jared Diamond의 『Guns, Germs and Steel』이라는 책에 소개되어 있는 내용은 그 여섯 사람의 기록을 모아서 정리해 놓은 것이다. 그 기록의 요점만 간추려서 여기에 소개한다.

때는 1532년 11월 16일, 스페인의 왕 찰스 1세의 명을 받은 정복자 프란치스코 피자로가 이끄는 한 떼의 스페인 군대가, 당시 아메리카 대륙에서 가장 문명이 앞서 있고 규모가 큰 잉카 제국의 아타후알파Atahuallpa 황제와 그의 백성들을 아무 이유도 없이 무자비하게 학살하는 이야기다. 그때 피자로가 이끄는 스페인 군대는 거의가 부랑자들로 모두 168명 밖에 되지 않았다. 피자로는 우연히 카하마르카에서 나온 원주민을 붙잡아 그들의 왕은 이미 백인들이 접근해 오고 있다는 것을 알고 있다는 자백을 받아낸다. 피자로의 군대는 계속 전진하여 카하마르카 도시 입구에 이르러 바라보니 멀리 산자락에 아타후알파의 주민들이 살고 있는 천막촌이 눈에 들어왔다.

그 천막촌은 얼마나 규모가 크고 질서 정연한지 스페인 군사들은 더

럭 겁이 났다. 그때까지 그렇게 큰 규모의 인디언 집단은 본 적이 없었다. 스페인 군대는 공포와 혼란에 휩싸였다. 그러나 그들이 무서워한다거나 돌아 설 기미를 보인다면 인디언들이 그 약점을 알고 공격해 올지도 모른다고 생각되었기 때문에 아주 당당한 체 해 보였다. 주의 깊게 마을 주위와 천막들을 자세히 관찰한 다음 스페인 군대는 도시를 향하여 내려갔다. 스페인 군대들은 앞으로 어떻게 할 것인지 의논이 많았다. 그들은 너무 적은 수의 군대를 가지고 너무 깊이 들어왔으며 본대의 기지가 있는 파나마 지역에서 너무 멀리 와 있기 때문에 쉽사리 보충 병력이 와서 도와 줄 희망도 없었다. 그날 저녁 총독(피자로)은 군인 한 사람 한 사람에게 다음날 어떻게 할 것인지 지시했다. 그날 밤 아마 잠을 제대로 잔 사람은 없었을 것이다. 장교나 졸병의 구별도 없었고 보병이나 기병이라고 다를 것이 없었다. 모두가 공포에 떨며 완전 무장을 한 채 밤을 새웠다. 총독은 침착하게 부하들을 격려하며 돌아다녔다. 총독의 동생 페르난도 피자로는 인디언의 수가 4만 명 정도라고 추산했다. 그러나 그는 스페인 군사들을 안심시키려고 그랬을 뿐이지 사실은 얼핏 보기에도 8만 명이 넘을 것 같았다.

다음 날 이른 아침, 아타후알파 왕으로부터 전령이 찾아왔다. 총독은, 그 전령에게, "가서 너의 왕에게 언제든지 우리를 찾아오고 싶을 때, 너의 왕이 편리한 방법으로 찾아오라고 일러라. 나는 그를 형제로, 친구로 맞이할 준비가 되어 있다. 나는 너의 왕을 될 수 있는 대로 빨리 만났으면 좋겠다. 절대로 해를 끼치거나 모욕을 주지는 않을 것이다."라고 말을 했다.

그렇지만 총독은 전령을 보내고 나서 바로 공격할 준비를 서둘렀다.

기병대를 두 부대로 나누어 한 부대는 그의 동생 페르난도 피자로에게 지휘를 맡기고 다른 한 부대는 페르난도 드 소토라는 장교에게 맡겨 동네 광장 주변에 매복해 있도록 지시했다. 보병도 둘로 갈라 하나는 자기가 맡고 하나는 다른 동생인 후앙 피자로에게 맡겼다. 나머지 보병 서너 명은 페드로 칸디아라는 장교에게 붙여주고 트럼펫과 작은 대포를 가지고 광장 안에 있는 성채 안에 숨어 있다가 신호를 하면 대포를 쏘면서 트럼펫을 불어 대도록 지시를 해 두었다. 트럼펫 소리가 나자마자 숨어 있던 기병들은 뛰어나오면서 원주민을 공격하도록 되어 있었다.

점심 때가 되자, 아타후알파 왕의 무리가 떼를 지어 몰려나오면서 가까이 오기 시작했다. 금방 온 들판은 인디언들로 가득히 메워졌다. 가끔 뒤에 나오는 무리들을 기다리노라고 정지하기도 하면서 제각기 다른 여러 부대들이 따라 나왔다. 선두부대는 이미 가까이 와 있는데도 뒤에서는 계속해서 더 많은 무리가 꾸역꾸역 몰려나오고 있었다. 아타후알파 왕 앞에는 2천 명이 길을 쓸면서 앞서 가고 있었고, 왕 양쪽에는 전사戰士로 보이는 사람들이 두 편으로 갈라서서 왕을 호위하며 뒤따르고 있었다.

맨 앞에서 길을 쓸며 오는 부대는 장기판 무늬처럼 두 가지 색깔로 된 옷을 입은 사람들이 질서 있게 움직이고 있었으며, 그 다음에 오는 3개의 부대는 또 다른 색깔의 옷을 입고 노래하고 춤을 추며 행진하고 있었다. 그 다음에 금과 은의 투구를 쓰고 커다란 쇠붙이 판으로 치장한 무리가 따랐다. 그들이 가지고 있는 금은으로 장식된 장비들이 얼마나 요란스러운지 햇빛을 받아 번쩍이는 그 큰 무리를 보고 감탄을 금할 수가 없었다. 아타후알파 왕은 손잡이의 끄트머리를 은으로 장식한 아주 훌륭한 가마를 타고 모습을 나타내었다. 진한 푸른색 제복을 입은 여덟 명이 가마를 어깨에 둘러메고 있었다. 왕 자신도 목에는 커다란 에메랄드 목걸이를 걸고 머리에는 관을 썼으며, 아주 훌륭하게 차려 입고 있었다.

그가 탄 가마는 공작의 깃털을 가지고 색색으로 줄무늬를 놓고 금과 은으로 된 장식으로 잘 꾸며져 있었으며, 그 위에 의자를 놓고 푹신한 방석을 깔고 앉아 있었다. 아타후알파 왕 뒤에는 다른 두 채의 가마와 두 개의 들고 운반하는 의자에 앉은 높은 사람들인 듯싶은 사람들이 따르고 있었고, 그 뒤에는 금, 은으로 장식한 관을 쓴 부대가 따랐다. 인디언 무리들은 요란한 노래를 부르며 광장으로 들어와서 광장을 가득 채웠다. 인디언들은 전혀 싸움이 있으리라고는 생각하지 않는 것 같았고 따라서 아무도 무기 같은 것을 가지고 있지 않았다. 행진하면서 노래하고 춤을 추었던 것으로 보아서 외부에서 찾아온 사람들에게 자기들의 문화와 풍속을 소개하고 싶었던 것 같다.

한편, 스페인 군대들은 두려움에 떨면서 숨어서 신호를 기다리고 있었다. 얼마나 무서웠던지 많은 병사들이 오줌을 싸고도 싼 줄도 몰랐다. 아타후알파 왕은 광장의 한 가운데 도착하여, 그의 부하들이 다 들어와 정렬을 마칠 때까지 가마 위의 의자에 높이 앉아 있었다. 피자로 총독은 같이 데리고 온 빈첸트 발베르데 수사를 왕에게 보내어 스페인 왕과 신의 이름으로 아타후알파가 주님이신 예수 그리스도와 스페인 제국의 왕 폐하의 신민(臣民)임을 받아들일 것을 요구하는 말을 하게 하였다. 그 수사는 한 손에 십자가를, 또 한 손에는 성서를 높이 들고 인디언의 군중 사이를 걸어 아타후알파 왕 앞에까지 가서 왕에게 일장 연설을 하였다.

"나는 하느님의 종인 사제이다. 나는 사람들에게 하느님의 말씀을 가르치는 사람이다. 그리고 이제 당신을 가르치려고 한다. 내가 가르치는 것은 이 성경 안에 기록되어 있는 하느님의 말씀이다. 나는 하느님과 크리스챤의 편에 서서 당신이 우리와 친구가 되기를 간곡히 바란다. 왜냐하면, 그것이 하느님께서 바라시는 바요, 또한 그렇게 하는 것이 당신에게도 좋을 것이기 때문이다."

아타후알파 왕이 그 책을 좀 보자고 해서 수사는 더 가까이 가서 책을 덮은 채 주었다. 왕이 그 책을 어떻게 여기는지 모르는 것 같아서 수사가 팔을 뻗어 책을 열어주려고 했다. 왕은 수사가 도와주려는 것이 마음에 들지 않는 듯, 몹시 화를 내며 수사의 팔을 뿌리쳤다. 그리고는 그 자신이 책을 펼쳐보고는 성서의 내용에 대하여는 전혀 아무런 반응조차 보이지 않고 얼굴이 붉으락푸르락하여 화를 내면서 그 책을 땅바닥으로 내동댕이치고 말았다. 그 수사는 피자로 총독을 향하여 돌아서면서 소리를 질렀다.

"크리스챤들은 나서라. 하느님의 성서를 거역하는 이 짐승만도 못한 놈들에게 돌격하라. 저놈의 폭군이 하느님의 말씀을 기록해 놓은 성경책을 땅으로 던져 버렸다. 저놈이 무슨 짓을 했는지 보지 않았소. 인디언들이 벌판에 가득 차 있다고 해서 이 짐승 같은 건방진 놈들에게 그렇게 비굴하게 가만히 있는 거요? 지금 당장 저놈들한테 쳐들어가시오."

그러자 총독은 칸디아에게 신호를 보내고, 칸디아는 즉각 대포를 쏘아대기 시작했다. 그와 동시에 나팔소리가 요란하게 나면서 숨어 있던 기병과 보병들이 일제히 뛰어나와 전혀 무장이 되어 있지 않은 광장에 가득 찬 인디언들을 향하여 스페인 군대의 돌격 구호 "산치아고"를 외치며 돌진했다. 갑자기 대포가 터지는 소리와 함께 요란한 말 발굽소리, 트럼펫 소리가 천지를 진동하자 인디언들은 놀라서 완전히 기가 질려 어쩔 줄을 몰랐다. 스페인 군대는 그들에게 달려들어 사정없이 난도질하기 시작했다. 인디언들은 너무나 놀라 갑자기 한꺼번에 뒤로 물러서다가 넘어지고, 넘어진 위에 또 엎어지고 하면서 서로 눌리고 엉켜서 숨이 막혀 죽는 사람들도 있었다. 그들은 전혀 무기를 가지고 있지 않았으니까 설사 스페인 군대에 달려들어 보았자 두려울 것이 없었다. 기병들은 도망가는 사람들을 쫓아가며 칼로 베어 죽이고 자르며 넘어뜨렸다. 보병들도 얼마나 잘 싸웠는지 그 짧은 시간에 남아 있는 대부분의 인디언들을 칼로 베어 죽였다.

피자로 총독은 몇 명의 병사를 데리고 칼과 단도를 두 손에 들고 두터운 인디언의 사람막이를 뚫고 들어가 아타후알파의 가마에 다다랐다. 그는 아타후알파의 팔을 붙잡고 "Santiago!"를 외치며 끌어 내리려고 했지만 가마가 너무 높아 끌어 내릴 수가 없었다. 스페인 군인들이 달려들어 가마를 메고 있는 사람들을 죽였지만 금방 다른 사람들이 대신 나서서 다시 가마를 높이 들었다. 그래서 계속해서 가마를 메는 사람들을 죽이는데 시간이 많이 걸렸다. 이때 7, 8명의 기병들이 달려와 가마 한쪽으로 접근하여 가마위로 올라타는데 성공했다. 그렇게 해서 아타푸알파는 끝내 총독의 손에 붙잡혀 총독의 숙소로 끌려갔다. 아타후알파의 가마를 메었던 사람들과 그를 호위하던 사람들은 끝까지

한 사람도 포기하는 사람이 없었다. 그 자리에서 모두 다 죽고 말았다.

갑자기 들이닥친 상황에 완전히 넋이 나가버린 인디언들은 그 경황 중에도 광장에서 도망치려고 울타리 벽을 무너뜨리고 벌판으로 뛰는 사람들도 있었다. 그러나 날쌘 기병들은, "좋은 옷 입은 놈은 높은 놈이다. 한 놈도 놓치지 말고 모조리 죽여라." 하고 소리치며 뒤를 쫓아가 닥치는 대로 죽였다. 마을에 남아 있던 인디언들도 이 광경을 보고는 소리를 지르며 도망을 했다. 거의 40킬로나 되는 그 골짜기에는 인디언 시체로 가득 차고 말았다. 참으로 끔찍한 광경이었다. 이미 저녁 어스름이 내려 깔리고 있었는데도 살육전은 계속되고 있었다. 그때 집합을 알리는 나팔 소리가 들렸다. 아마 그때 까지 날이 저물지 않았더라면 4만 명 이상 되는 인디언들 중에서 살아남은 사람이 거의 없었을 것이다. 6천 명 내지 7천 명이 죽었고 더 많은 사람이 팔이 잘리거나 다른 부상을 당했다.

스페인 군에게 포로가 된 아타후알파 왕이 가만히 관찰해 보았더니 그 사람들이 금을 얼마나 좋아하는지 자기 백성들한테서 약탈한 금을 놓고 야단들이었다. 그래서 자신이 갇혀 있는 방에 가득 찰 만큼의 금을 주면 그를 놓아 주겠느냐고 물었다. 침략자들은 눈이 둥그래져서, 두 말없이 그렇게 하겠다고 약속하는 것이었다. 아타후알파 왕은 자기 부하를 시켜서 가지고 있는 모든 금부치를 가져오게 하여 정말로 그 방에 가득 찰 만큼 되었다. 그러나 스페인 침략자들은 그 금도 차지하고 아타후알파 왕도 죽이고 말았다.

아타후알파 왕의 백성들이 모아 온 금은 그냥 금덩어리가 아니라 금으로 만든 장식품이거나 금 세공품이었을 것이다. 침략자들은 지금 그것이 남아 있었으면 귀한 가치가 있는 공예품이었을 것을 모두 녹여 금덩어리로 만들어 스페인으로 가지고 갔다. 그들은 약탈품의 20%를 국왕에게 바치기로 되어 있었고 국왕은 그 일부를 교황에게 바쳤다고 한다.

아무튼, 이 기사를 쓴 사람은 그 기록의 끝에, "그때 그 자리에 있었던 스페인 군인은 별로 많지 않았으니까 이 엄청난 일을 한 것은 결코 우리 힘으로 한 것이 아니라 위대한 하느님의 은총으로 이룩하신 일이다."라고 적어 놓았다. 평화롭게 살고 있으면서 아무 대항도 할 줄 모르는 원주민을 한 나절 사이에 7천 명 이상이나 죽이도록 은총을 내리는 하느님, 그 하느님은 과연 어떻게 생겨 먹은 하느님이란 말인가?

(5) 파괴와 은폐隱蔽 – 기독교

오랜 박해와 수난의 세월을 보낸 기독교가 콘스탄티누스 황제의 관용으로 로마제국 안에서 자유를 얻었을 때(서기 313년) 그들의 기쁨과 감격은 하늘을 찌르고도 남았을 것이다. 특히 황제 자신이 기독교신자가 되고 기독교가 제국의 국교로 받아들여지자 막강한 정권의 비호를 받으며 기독교는 날개를 단 듯, 의기양양했다. 그러나 역사를 살펴보건대 기독교는 이 행운을 겸손하게 받아들이지 않았다. 고대 그리스 시대부터 전해오는 여러 가지 신상神像이나 아름다운 조각들을 우상偶像이라는 이유로 파괴했을 뿐만 아니라 값을 매길 수 없는 고대 이집트의 귀중한 기록들과 유태교의 경전 두루마리들을 사탄의 기록이라는 이유로 끌어내어 산더미처럼 쌓아놓고 불을 질렀으며, 기독교를 믿지 않는 다른 사람들을 이방인, 타종교인 또는 기독교를 믿지 않는다는 이유로 가혹하게 탄압했다.

아래에, 이집트의 원시종교 연구의 대가인 쿤Alvin Boyd Kuhn (1880~1963) 박사가 쓴 『Shadow of the Third Century』, 『The Lost Light』 두 권의 책과 영국 런던에서 성공회 신학대학 교수로 지내다가 한때 토론토의 일간지, The Star 지의 종교 관계 칼럼니스트로 활약하던 하퍼Tom Harpur의 『The Pagan Christ』라는 책에 실려 있는 내용들을 종합해 가며 간단히 이야기를 해 본다.

기독교는 1233년 프랑스에서 당대 이름난 유대교 철학자이며 신학자였던 Maimonides (1135~1204)의 저작물을 위시해서 모든 히브리어로 된 책들을 공식적으로 불태우는 일을 시작한다. 같은 해 파리에서는 무려 12,000권이 넘는 탈무드를 불살랐고, 1244년에는 18,000여 권의 책이 잿더미가 되고 말았다.

그보다 훨씬 앞서서, 4세기 Salamis지역의 완고한 보수적 주교 Epiphanius(315~403)는 삼위일체 교리를 믿지 않는 것으로 알려진 Sabellian 이교도들이 가지고 있는 고서적들을 "소위 이집트 복음이라는 데서 끌어들인… 온통 엉터리 얘기"라고 공격하며, 모두 불살라버렸다. 만일 기독교의 정신 나간 화풀이가 아니었으면 그 귀중한, 기원전 4천 년에 쓰였다는 고대 이집트의 복음이라는 책을 오늘날 우리도 볼 수가 있었을 것이다. 또 하나 참으로 아깝기 짝이 없는 책은 2세기에 살았던 아주 잘 알려진 이교도의 철학자 Celsus가 썼다는 『참된 말씀 The True Logos』이라는 책도 그때 함께 태워 버렸다. 나중에 알려진 바로는 이 책에, 기독교 복음서에 기록되어 있는 예수의 죽음과 부활, 나자로의 부활, 물 위를 걷는다든지, 가나안 잔치에서 물을 포도주로 변화시켰다는 기적 이야기들이 4천 년 전에 이미 거의 그대로 씌어 있었다는 것이다. 기독교의 복음서라는 책의 내용이 이미 4천 년 전 책에 그대로 있었다는 것이 기독교로서는 용납할 수가 없었을 것이다.

역사가 Eusebius의 기록에 의하면, 2세기 중엽에 알렉산드리아에서 가르치던 영민한 영지주의 철학자 Basilides (135~150)가 썼다는, 대단히 뛰어난 책이라고 잘 알려진, 『복음의 해석』Interpretations upon the Gospel이라는 24권의 불후의 명저도 교회의 명령으로 불살라지고 말았다. 당시에는 가장 공부를 많이 한 사람으로, 또 가장 존경받는 지성인이었던 신플라톤주의 철학자 Porphyry (232~303)가 썼다는 36권의 아까운 책들도 역시 교회의 명령에 따라 불태우고 말았다. 그 중 15권은 『기독교에 반대하며』라는 제목으로 쓴 책이었으며, 많은 현대의 학자들이 그 책을 보았으면 얼마나 좋았을까 하고 매우 아쉬워한다고 한다. Porphyry는 예수의 신성을 인정하지 않았으며 기독교 복음서의 내용에 앞뒤가 맞지 않는 점이 많다고 지적했다.

『The Lost Light』라는 책을 보면, 기독교는 책만 불태운 게 아니라 수도원, 사원, 심지어는 도시까지 파괴했다고 적고 있다. 기독교 이전에 지금의 영국 각지에 산재해 있던 게일 문명Gaelic Civilization의 유적들을 닥치는 대로 파괴하였으며 389년에는 기독교의 폭도들이 Bibracte라는 갈리아 사람들의 도시를 뭉개버리고 말았다. 당시 Bibracte에는 4만여 명의 학생들이 공부하고 있는 Druid학원이 있었다. 이 학원에서는 철학, 문학, 문법, 법률, 의학, 천문학, 건축, 비교秘敎종교학 등을 가르쳤다. 또한 270년에는 기원전 2천 년 경에 설립되었다는 'Arles'라는 학원도 파괴되고 말았다. 미치광이 짓 같은 이 기독교의 만행으로 학원들이 파괴될 때 함께 소실된 여러 가지 서적들이나 두루마리가 남아 있었더라면 아마 우리가 지금은 무엇에 쓰는 것인지 전혀 알 수 없는 고인돌이나 선돌 등 거석문화巨石文化를 이해하는 좋은 길잡이가 되었을 것이다.

뭐니 뭐니 해도, 기독교의 폭도들이 파괴한 것 중에 가장 아깝고 안타까운 것은 Alexandria도서관이다. 이 도서관은 알렉산더 대왕의 소년 시절 친구였던 Ptolemy I세가 기원전 300년에서부터 290년까지 10년 동안 마음먹고 이루어 놓은 작품이었다. 이 도서관에는 의학에서부터 천문학, 기하학, 철학, 신학 등 인류의 모든 학문 분야가 총 망라되어 있었으며 고대 그리스의 희곡들, Euripides, Aeschylus, Sophocles를 포함하여 무려 50만 내지 75만 권의 책들과 두루마리들이 소장되어 있었다. 서기 400년에 Alexandria 주교 Theophilus의 명령으로 대부분의 책이 소장되어 있었던 Serapeum사원이 불살라졌고, 415년에는 당시의 주교 Cyril의 묵인 아래 기독교의 수도자들이 앞장선 일단의 폭도들이 나머지 도서관, 박물관 및 사원 건물들을 모조리 불태워 없애고 말았다.

기독교 폭도들이 저지른 만행蠻行은 여기에 다 인용하기 어려울 만큼 많지만 하나만 더 소개하겠다.

Theophilus 후임으로 Cyril이 Alexandria 주교로 취임한 지 4년이 되던 해 'Peter the Clerk'라는 수도자가 이끄는 폭력배들이, 유명한 플라톤 철학자인 Theon의 딸이며 도서관과 박물관에서 강의를 맡고 있던 'Hypatia'라는 여류 학자를 학살한 이야기다. Hypatia는 당시 가장 지혜로운 여성 철학자로, 천문학과 고대 수학에도 조예가 깊은 잘 알려진 유명한 학자였다. 그는 박학다식博學多識하고 우아하며, 최고 수준의 지식을 갖춘 이방인 학자를 대표하는 지성인이었다.

폭도들은 그 여류 학자를 집에서 끌어내어 교회 안으로 끌고 가서 발가벗기고 기왓장으로 때려죽인 다음, 몸을 발기발기 찢고 굴 껍질을 가지고 뼈에서 살을 발라내었다. 그래도 성이 차지 않았던지 다 찢어지고 흩어져서 시체라고 할 것도 없는 뼈와 살 무더기를 'Cinaron'이라는 데로 옮겨서 거기서 불에 태웠다. 이때 Cyril 주교가 그 만행에 직접 가담했는지는 알 수가 없지만, 그 여자의 높은 인기를 몹시 질투했던 것만은 사실이었고 그 여자는 기독교인들로부터 강적強敵으로 여겨지고 있었다. 아무튼, Cyril 주교는 그때 주교의 권한을 이용하여 이방인이나 유대인들을 추적하여 잔인한 방법으로 약탈하고 재산을 탈취했다고 한다. Oxford 대사전의 기독교 항을 보면, "Cyril 주교가 Hypatia를 죽이라고 명령을 했는지는 분명하지 않지만, 살인자들은 분명히 그 주교의 지지자들이었다."고 기록되어 있다.

이것이 대부분 기독교가 로마 제국의 국교로 인정되고 나서 얼마 안 있다가 일어난 일들이다. 다른 것도 아닌 사랑과 용서를 내세우는 기독교 교회가 했다고는 도무지 믿어지지 않는다. 그러나 이것은 모두 역사에 기록된 사실이다.

니케아 공의회에서 제정되어 여러 번 개정을 거듭한 소위 사도신경 끝머리에 가면 "거룩하고 보편 된 교회"를 믿는다는 구절이 나온다. 기독교는 위에 열거한 만행에도 불구하고 맑은 정신과 양심을 가지고 과연 그 자신 "거룩한 교회"라고 자부할 수 있을까?

제 4 장 정직한 성직자들

1. 정직한 성직자

　책을 읽으면서 나는 성직자들 중에는 참으로 정직한 사람들이 더러 있다는 것을 보고 좀 놀랐다. 물론 평소에 성직자들은 일반적으로 보통 사람들보다는 여러 가지 면에서 훌륭한 사람들일 것이라는 생각을 해 오기는 했지만, 공부를 하면서 보니까 예수의 부활이나 승천 같은 기독교의 가장 기본적인 교리가 되는 문제에 이르면 성직자는 알면서도 거짓말을 할 수밖에 없으리라는 것을 이해할 수가 있었다. 그야말로 밥줄과 관계가 있는 일이기 때문이다. 그러나 그렇게 중요한 문제이긴 하지만 아닌 것을 "아니다."라고 용감하게 선언하는 참으로 곧고 정직한 성직자가 있다는 것을 알고 나 자신 매우 깊은 감명을 받았다.

　한스 퀑 Hans Küng(1928~2021, 스위스), 발터 카스퍼 Walter Kasper(1933~, 독일), 빌리 마르크젠 Willy Marxsen(1919~1993, 독일), 리처드 맥브라이언 Richard McBrien(1936~2015, 미국) 들이 바로 내가 말하고자 하는 정직한 성직자들이다.

　처음 세 사람은 책을 쓸 당시(1974~6) 독일의 튜빙엔과 뮌스터 신학교의 교수 신부들이었고, 맥브라이언은 미국 노틀담대학교의 신학대학 학장 신부이며, 물론 신학 교수였다. 이 사람들은 어려서부터 천주교에서 가르치는 모든 교리를 의심 없이 믿었을 것이며, 주임신부나 부모들이 신학교에 갈 것을 권할 만큼 여러 가지 면에서 모범이 되는 학생이었을 것이다. 신부가 되고 더 깊이 연구를 거듭하면서 복음서의 내용들이 역사적 사실은 아니라는 것을 점점 발견하게 되었다. 이것은 물론 교회에서 전통적으로 가르치는 교리 내용과는 일치하지 않는 생각이다. 천주교회의 신부로서, 성직자로서, 예수의 동정녀 탄생이나 부활, 승천이 역사적 사실은 아니라고 발표하기까지에는 많은 검토와 토의와 고민과 망설임이 거듭되었을 것이다. 가끔 동료 학자들의 격려도 있었을 것이고 또는 그와는 반대로 비판도 있었을 것이다. 그러나 마지막 책임을 지고 결정을 내리는 것은 그들 자신이었다. 그리고 그들은 단연코 진리의 편에 서기로 결심하고 사실대로 발표하기에 이르렀다.

나는 50여 년 동안 천주교 신자로 있으면서 이해할 수 없는 문제가 생길 때마다, "내가 잘못 알고 있겠지." 하고 생각하며 더 이상 추구하기를 주저하였다. 내가 아는 것이 너무 모자라기 때문에 그것은 어쩌면 당연한 일이었을 것이다. 2000년 이상 이 세상을 지배해 온 당당한 교회가 틀렸을 리가 없다는 생각이었다. 그러다가 이 성직자들의 책을 보았을 때, 그것은 그야말로 천지가 개벽을 하는 놀라움이었다. "아, 성직자들도 이런 생각을 하는구나." 하는 생각에 한 편으로는 놀라며, 한 편으로는 나를 둘러싸고 있던 보이지 않는 어떤 높은 성벽이 깨져 나가는 듯한 해방감을 맛보았다. 내 생각은 이제 아무 거칠 것 없이 마음껏 날아올랐다. 종교문제나 신앙문제 일지라도 맑은 이성으로 검토하고 비교하며 읽는 태도를 가져도 괜찮다는 생각을 하게 된 것이다.

2. 애비 피에르 Abbe Pierre (1912~2007, 프랑스) 신부

피에르 신부는 神이나 예수의 신성 문제로 이야기를 꺼낸 것은 아니다. 솔직히 말하건대 피에르 신부가 神에 대해서, 또는 예수의 신성에 대해서 어떤 생각을 가지고 있는지 나는 모른다. 다만 그가 명망이 높은 천주교 신부로서 남들이 도저히 생각하지도 못하는 일을 솔직하게 발표했기 때문에, 정직한 성직자의 한 사람으로 이 자리에서 이야기를 해 보고 싶은 것이다.

피에르 신부는 2차 대전 중에는 독일 점령군에 대항하여 싸우는 프랑스의 지하 독립운동에 가담하여 그야말로 목숨을 걸고 활동하던 사람이다. 전쟁이 끝나자 신부가 되어 1949년부터 집 없는 사람을 위한 쉼터를 마련해 주는 엠마우스 운동을 시작하여, 지금은 이 운동이 다른 38개국으로 번져 나가 활발하게 움직이고 있다. 그는 또 결혼한 사제(신부)나 여성 사제 제도에 대해서도 긍정적이다. 피에르 신부가 프랑스 시민들에게 얼마나 잘 알려지고 인기가 높던지, 1989년부터 영화배우, 운동선수, 정치가나 예술인을 포함하는 전국적인 인기투표에서 한두 번 말고는 매년 월등한 차이로 1등으로 선출되었다. 그 한두 번이라는 경우가 유명한 축구선수 Zinedine Zidane 선수다. 번번이 매년 1등으로 당선되는 것이 민망했던지 이제는 좀 자기를 **빼** 달라고 부탁해서 2005년부터는 투표대상에서 **빠졌다고** 한다.

2005년에 이 신부가 책을 하나 썼다. 『나의 하느님…… 어째서입니까?』라는 제목이다. 나이가 92세나 되고, 그렇게 인기가 높은 신부가 쓴 책이어서가 아니라 그 내용이 다시 한번 피에르 신부를 관심의 중심으로 끌어들였다. 그 책에서, 자기는 로마 가톨릭의 신부이지만 동정을 지키지 못했다고 고백한 것이다. 그러면서 부연하기를 "동정을 지키겠다고 한 서원誓願이 성적인 욕망을 없애 주지는 못했다."라고 실토하면서, "아주 드문 일이긴 했지만 나는 이 성욕에 굴복하는 경우가 있었다. 그러나 나는 성욕이 내 안에서 뿌리내리지 못하게 애를 썼기 때문에 그러한 관계가 오래 계속되지는 않았다."고 담담하게 적고 있다. 그는 또 자기가 알고 있는 훌륭한 신부들이 내연의 아내와 함께 살고 있는 경우를 여러 사람 알고 있으며, 교회는 결혼한 신부가 필요하다고 생각한다고 말한다.

이 책에서 피에르 신부는, "예수는 『다빈치 코드』라는 소설책에 나와 있는 것처럼 마리아 막달레나와 결혼했을지도 모른다."고 말하면서, "그렇다고 하더라도 그것이 기독교 신앙에 무슨 상관이 있겠느냐?"는 입장이다.

신부가 성적 욕망을 이기지 못하여 동정서원童貞誓願을 깨뜨렸다고 하는 것은 이제 이야깃거리가 되지는 못한다. 너무나 흔한 일이고, 이제는 세상이 그것에 대하여 넓은 마음으로 보기 때문이다. 그러나 스스로 자신의 이야기를 고백하는 것은 쉬운 일이 아니다. 나는 신부나 수녀에게 동정을 지키라고 하는 교회의 규칙이 잘 못 되었다고 생각한다. 건강하고 젊은 사람으로서는 도저히 지키기 힘든 규칙이기 때문이기도 하려니와 성직자라고 해서 반드시 동정을 지켜야만 할 이유는 전혀 없다고 생각하기 때문이다. 그리고 지킬 수 없는 규칙은 그 규칙만 지키지 않게 할 뿐만 아니라 그것으로 인해서 다른 규칙까지 지키지 않는 습관을 가져올 수도 있다. 또 많은 성직자가 몰래 이 규칙을 지키지 않을 때 반드시 그에 관련이 되는 여성이 있다는 사실도 중요하다. 그 여성은 신부를 사랑하고 그 신부와 관계를 가지면서도 아무에게도 말을 할 수가 없다. 이것은 여성의 인권에도 관계가 있는 중요한 문제다. 왜 그 여성은 그늘 속에서만 살아야 하는가?

나는 피에르 신부와 같은 입장에 있는 적지 않으리라고 생각되는 신부나 수녀들이 망설이지 말고 피에르 신부를 따르기를 권한다. 그래서 그 자신은 물론이고 남몰래 관계를 가지고 있는 사람도 모두 드러내 놓고 밝은 세상으로 나와 함께 거침없이 사랑과 기쁨을 누리기를 바란다. 인생은 두 번 다시 반복되는 것이 아니다.

3. 마더 테레사 수녀

마더 테레사(1910~1997, 인도) 수녀는 너무나 세상에 잘 알려져 있기 때문에 여기에 소개할 필요가 없을지도 모른다. 그러나 테레사 수녀는 살아 있을 때 보다 죽은 다음에 그가 남긴 고백편지가 공개되면서 다시 한번 화제의 중심이 되었다.

원래 세례명은 아녜스, 1910년 8월 유고슬라비아의 '스코프레'라는 시골 마을에서 알바니아계의 부모 밑에 1남 2녀의 유복한 가정에서 태어났다. 꽃다운 나이 열여덟 살 때 천주교의 로레또 수녀회에 입회하여 1929년부터 16년 동안 인도 캘커타의 성모 여고에서 지리학을 가르쳤으며, 뒷날 이 학교의 교장이 된다. 로레또 수녀원과 관계가 있는 인도인 수녀원 성 안나 수녀원의 수련원장으로도 복무한 적도 있었다. 1946년 어느 날, 캘커타 거리의 빈민촌을 지나가면서 가난한 사람들의 비참한 모습을 보고 처음으로 그 사람들을 위해서 일하겠다는 결심이 선다. 자기가 있을 곳은 아름다운 정원과 편리한 숙소, 발랄하고 아름다운 소녀들이 있는 학교나 수녀원이 아니라, 가난하고 병든 사람들이 사는 곳에서 그들과 똑같이 살아야 한다는 생각이 들었던 것이다. 이 순간이 테레사 수녀에게는 "두 번째의 부르심"이었다.

일개 수녀가 그렇게 결심한다고 해서 그것이 곧장 마음대로 되는 일은 아니었다. 원장 수녀에게 허락을 청하고 그 청원이 로마 교황청에까지 올라가서 허락이 내릴 때까지 꼭 2년이 걸렸다. 1948년 미국으로 건너가 병원이 있는 수녀원에서 3개월 동안 간호학을 공부하고 다시 캘커타로 돌아와 빈민촌에서 처음으로 학교설립을 인가받았다. 1950년 10월에는 그의 〈애덕의 전교 수녀회〉가 인가를 받았고 빈민, 고아, 나병 환자 및 죽기만을 기다리는 불쌍한 사람들을 돌보는데 사랑의 손길을 베풀며 인도 전역에 분원을 설치했다. 지금은 남미 베네주엘라, 오스트렐리아, 탄자니아, 로마, 스리랑카 등지에도 분원이 있다.

1971년 교황 바오로 6세로부터 요한 23세 평화상을 받았으며 1979년에는 노벨 평화상을 받았다. 1981년에는 한국을 방문하여 여러 곳에서 강연을 했으며 김수환 추기경의 따뜻한 영접을 받았다.

1997년 9월 5일, 87세의 나이로 세상을 떠났다. 그는 평생 동안 한결같이 가난하고 병든 사람들을 위한 봉사와 희생의 삶을 살아와 "가난뱅이의 성녀"라고 추앙을 받는다.

길거리에 버려진 채, 아무도 돌보는 이 없이 헐벗고, 굶주리고, 병들어 죽어가는 사람들을 "이분이 바로 내 주님이거니"라고 생각하며, 온 정성을 다해서 먹여주고 어루만지고 쓰다듬어 주었다. 노벨상을 받고 나서 한 수상 연설에서도 "예수님은 십자가에 못 박혀 돌아가심으로써 스스로 굶주린 자, 헐벗은 자, 집 없는 자가 되셨습니다. 우리들은 길거리에 버려진 예수님의 굶주리심을 찾아내어 그 고통을 달래 드려야 합니다."라고 역설한다.

그것은 마태오복음 25장에서, 불우한 이웃에게 해준 것이 바로 나에게 해준 것이라고 하며, "너희는 내가 굶주렸을 때 먹을 것을 주었고 목말랐을 때 마실 것을 주었으며 나그네 되었을 때 따뜻하게 맞이하였다. 또 내가 헐벗었을 때 입을 것을 주었으며 병들었을 때 돌보아 주었다."라고 했다는 예수의 말을 그대로 실천해야 한다는 말이었고, 사실 테레사 수녀는 평생 동안 실제로 그렇게 살았던 사람이다.

그런데 알 수 없는 것은 그 수녀가 죽은 다음에 알려진 그의 편지 내용들이다.
앞에서 이야기한 노벨상 수상 연설을 하기 불과 3개월도 안 되는 79년 9월에 그의 고백 신부에게 보낸 편지에서 테레사 수녀는, "예수님은 당신에게 특별한 사랑을 베푸십니다. 그러나 나한테는 …… 침묵과 공허空虛가 하도 짓눌러서 보려 해도 아무것도 보이지 않고, 귀를 기울여도 아무것도 들리지 않고 …… 기도 중에 내 혀는 움직이지만, 말이 되지는 않고 ……"라고 고백하며, 우리가 지난 100년 이래 최고의 성인이라고 알고 있을 만큼 행동으로도 뛰어난 모범을 보여주어 의심 없이 하느님과 가장 가까이 지내는 분으로 생각되었던 분이 뜻밖에도 하느님의 임재臨在를 전혀 느끼지 못하고 개인적으로는 몹시 메마른 영혼의 상태에서 살고 있었음을 보여주는, 마치 1950년대의 실존주위자들의 독백을 듣는 것 같은 고백을 하고 있는 것이다.

66년 이상 테레사 수녀와 고백 신부 사이에 오고 간 편지 내용을 모아서 펴낸 책, 『오셔서 나의 빛이 되소서』Come and Be My Light의 내용을 보면, 테레사 수녀의 공허감은 캘커타에서 불쌍한 사람들을 돌보기 시작하는 바로 그때부터 이미 시작되고 있었다는 것을 알 수가 있다. 겉으로 보기에는 언제나 명랑하고 항상 기쁨에 차 있는 것처럼 보였던 테레사 수녀가 내면적으로는 끊임없이 깊은 고뇌 속에 지냈다는 것은 참으로 믿을 수가 없는 일이다. 그의 편지에 의하면, 거의 반세기가 되는 생애의 후반에서 테레사 수녀는 그의 마음속에서나 성체聖體 안에서 하느님의 임재臨在를 전혀 느끼지 못했다는 것이다.

40편이 넘는 편지에서 수녀는 그가 겪어야 하는 "메마름", "어두움", "외로움" 또는 "고뇌"를 한탄한다. 그는 이러한 고통을 지옥에 비유하며 한때는 천국이나 하느님의 존재 그 자체까지 의심스럽게 한다고, 깜짝 놀랄 말을 하고 있다. 그는 사람들 앞에서 보이는 겉보기 태도와 그의 내면의 상태는 전혀 다르다는 것을 분명히 깨닫고 있었다. 그는 말하기를, "사람들 앞에서 웃는 나의 미소"는 모든 것을 감추는 "가면"이나 "덮개"라고 하며, "내가 마치, 내 마음이 하느님의 자비로운 사랑으로 가득 찬 것처럼 말을 할 때 나는 사람들을 속이는 것이 아닌가 하는 생각도 한다"고 고백하면서, "만일 그 자리에 신부님이 와서 들었더라면, '저런 위선僞善이라니' 하고 놀랐을 것"이라고 그의 편지에 적고 있다.

예수회 잡지, 〈America〉의 편집자이며 『성인들과 보낸 나의 인생 My Life with the Saints』이라는 책을 2003년에 쓴 James Martin 신부는 "테레사 수녀의 의구심"에 관해서 간단하게 쓰면서, "나는 성인들 중에서 그렇게 엄청난 내면의 암흑으로 고통받은 사람의 이야기를 들어본 적이 없었다"고 하면서 "테레사 수녀가 그렇게 심하게 괴로움을 받았다는 것은 아무도 몰랐다"고 말한다. 『Come, Be My Lights』라는 책의 편집자가 테레사 수녀의 편지 하나를 같은 수녀원 수녀들에게 읽어 주었더니, 수녀들은 너무 놀라 입을 다물지 못하더라고 한다.

4. 찰스 템플턴 Charles Templeton(1915~2001, 캐나다)

템플턴은 캐나다 사람으로 캐나다 최대 일간지 토론토 스타의 편집 책임자였으며, 유명한 월간지 맥클린 잡지 및 CTV TV의 편집인을 역임한, 캐나다에서는 잘 알려진 언론인이다.

어려서 아버지가 직장을 구하지 못하고 오랫동안 집을 나가 여기저기 떠돌아다니는 바람에 얼마 안 되는 정부의 구호보조금으로 근근이 살아가는 몹시 가난한 집안에서 자랐다. 그래서 의무교육 과정인 중3까지는 겨우 학교를 다녔으나, 더 이상 공부를 계속할 방법이 없었다.

열여덟 살이 되었을 때, 매주 18달러를 받는 신문사의 스포츠 만화가로 취직되어 네 명의 형제와 어머니 등 여섯 식구의 가장이 되었다.

스물한 살이 되던 해, 어느 날 밤늦게까지 일을 하고 친구들과 어울려 나이트클럽에 가서 술을 마시며 놀다가 새벽 3시나 되어 지친 몸으로 집에 돌아와 현관에 걸려 있는 거울에 비친 제 모습을 보니, 그 몰골이 말이 아니었다. 도무지 스물한 살의 젊은이답지가 않은 것이다. 가슴이 텅 빈 듯 허전한 마음으로 자기 방으로 들어간 그는, 오랫동안 보지 못한 아버지에 대한 그리움, 혼자서 외롭게 사시는 어머니에 대한 동정심, 또 앞날이 아득하기만 한 자신의 신세 등이 한꺼번에 떠올랐다. 그는 두 손으로 머리를 감싸 쥐고 무너지듯 방바닥에 꿇어 엎드려 신음처럼 중얼거렸다.

"주님, 저를 좀 도와주세요. 저에게 와서 저를 좀 도와주세요."

템플턴은 제 귀로 듣는 자신의 애타는 신음소리에 스스로 놀랐다. 그는 그때까지 교회에 다니는 사람이 아니었다.

자기도 모르는 사이에 그렇게 간절하게 더듬거리고 나서 얼마쯤 지나자 온몸을 내리누르듯 억눌리고 답답하던 몸이 점점 풀리면서 환하고 밝은 느낌이 다리에서부터 몸통으로, 그리고 팔과 가슴, 머리까지 번져 올라가며, 온몸이 공중으로 붕 뜨는 것 같았다. 전에는 결코 느껴 보지 못했던 따뜻하고 가벼운 느낌이 온몸을 감싸 몸과 마음이 아주 편안했다. 그는 이번에는 전혀 다른 말로 다시 중얼거리기 시작했다.

"주님, 감사합니다. 주님 고맙습니다."

이날 밤의 경험으로 템플턴은 전혀 다른 사람이 되었다. 그는 그때의 경험을 "다시 태어났다Born Again"고 표현한다. 아마 어떤 기독교인들은 템플턴이 성령의 은사를 받았다거나 아니면 하나님의 임재臨在를 경험한 것이라고 주장할지도 모르겠다. 아무튼 이 일로 템플턴은 신문사를 그만두고 대중 전도사의 길을 걸으며, 대성공을 거둔다. 마침 그때, 1940년대는 〈젊은이들의 그리스도Youth for Christ〉라는 기독교 운동이 북미에서 요원의 불꽃처럼 일어나고 있던 때였다.

템플턴은 〈토론토 젊은이들의 그리스도〉를 조직하고 『Massey Hall』이라는 극장에서 모임을 가졌는데, 모일 때마다 2,500여 명이 넘는 젊은이들이 모여들어 극장은 입추의 여지가 없을 정도였다. 몇 달 뒤에 〈세계 젊은이들의 그리스도〉가 조직될 때는 템플턴은 3명의 부회장 중 하나로 임명되었고, 이 단체가 유럽으로 선교단을 보낼 때, 템플턴은 나중에 대중 전도사로 세계적으로 이름을 날린 빌리 그레이엄Billy Graham(1918~2018, 미국)과 함께 2명의 대표 연사로 선발되었다. 3주 좀 넘게 진행된 유럽에서의 선교활동도 대 성황을 이루어, 가는 곳마다 아무리 큰 건물을 빌려도 모이는 사람들을 다 수용할 수가 없었다. 이 선교여행에는 〈LIFE〉지의 기자와 사진사가 내내 따라다녔고 〈TIME〉이나 〈Newsweek〉지도 관심을 가지고 보도해 주었다.

한편, 템플턴이 토론토에 세운 교회도 나날이 성장했고, 이제 기독교에서 그는 세계적인 명성을 가지게 되었다. 그러나 그의 내부에서는 심각한 갈등이 일어나고 있었다. 처음부터 템플턴은 구약에 나오는, 엿새 만에 온 우주를 창조했다는 천지창조 이야기나 마귀, 영원한 지옥 같은 기독교의 기본 교리에 대해 의구심을 가지고 있었다. 그러나 중3까지 밖에 학교를 다니지 못한 자신의 얕은 지식 탓이거니 하고 생각하며, 템플턴은 시간이 날 때마다 닥치는 대로 책을 읽으며 견문을 넓혔다. 그러나 책을 읽으면 읽을수록, 지식이 늘면 늘수록 그의 의구심도 점점 늘어갈 뿐이었다.

어느 날, 그동안 꽤 친해진 빌리 그레이엄 목사에게 고민을 털어놓았다.
"빌리, 나는 말이야, 성서에 나오는 천지창조 이야기를 믿을 수가 없어. 불과 수천 년 전에 하느님이 엿새 만에 우주를 창조했다는 말을 어떻게 믿겠나? 그건 말이 안 돼. 200억 년 전부터 우주가 진화해 왔다는 것은 이미 증명된 과학적 진리가 아닌가?"

그러나 그레이엄 목사는 대단치 않은 질문인 듯 가볍게 대답하는 것이었다.

"유명한 학자들이 다 믿는데 왜 자네는 못 믿는단 말인가?"

"유명한 학자들이라니? 보수적인 기독교의 학자들 말인가?"

이 질문에도 역시 그레이엄 목사는 간단하게 대답했다.

"나는 창세기에 나오는 천지창조 이야기를 사실이라고 믿네. 왜냐하면 그것은 하느님의 말씀을 기록한 성경의 내용이기 때문이지."

이렇게 되면 더 이야기는 계속할 수가 없었다. 정식으로 대학까지 나왔다는 사람이 어쩌면 저렇게 꽉 막혔을까 싶어 템플턴은 도저히 그래함 목사를 이해할 수가 없었다.

마침내 템플턴은 좀 더 정식으로 공부를 해 보기로 결심하고, 교회에 사표를 내고 프린스턴대학의 신학대학원에 들어갔다. 대학은커녕 고등학교도 나오지 못한 그를 대학원 과정에 받아 줄 리가 없었지만, 캐나다 연합교회의 총회장 조지 피젼Dr. George Pidgeon(1872~1971, 캐나다) 박사의 강력한 추천으로, 공부를 끝내도 학위는 주지 않는 특별 학생으로 입학이 허락되었다. 그러나 대학원 과정을 거의 다 마칠 때 쯤 해서 필라델피아 장로회에서는 B.A. 학위가 있어야 한다는 교회의 규정에 관계없이 템플턴에게 목사 안수를 해 주었고, 바로 그 뒤에 라파예트대학Lafayette College에서는, "치우침이 없는 지성적 신학 논리에 바탕을 둔 복음전도에 기여한 특별한 공로를 인정하여" 명예 신학박사 학위를 수여하였다.

한편, 미국의 대표적 교파를 망라하는 NCC(전국 기독교 협의회): National Council of Churches는 템플턴에게 기독교협의회의 후원 아래 전국 순회전도를 주관해 줄 것을 제의해 왔다. 템플턴은 이 제의를 받아들였다. 그러나 조건이 있었다. 자기 부인의 몫을 포함하여 자신에게는 1주일에 150달러의 임금만 지불하고, 전도 집회에서 모금된 돈에서 임금을 제하고 남은 돈은 그 지방 교회와 NCC가 똑같이 나눌 것 등이었다. 그때 많은 사람을 모아 놓고 하는 대중전도 집회에서는 소위 "사랑의 헌금"이라는 이름으로 엄청난 돈이 모아져서 가끔 관계자들 사이에 좋지 않은 소문이 돌고 있는 것을 알고 있었기 때문에 그는 우선 돈 문제를 명확히 하고 싶었던 것이다.

이 이야기는 바로 여러 언론에서 크게 다루어 보도가 되었다. 특히 타임지의 종교 난에서는 이 기사를 내면서 빌리 그레이엄 목사가 대중선교집회에서 거둔 돈이 꽉꽉 들어찬 큰 자루를 받아 들고 활짝 웃고 있는 사진을 나란히 실어서 은근히 그레이엄 목사를 꼬집고 있었다. 아무튼 그 뒤 그레이엄 목사가 억만장자가 된 것은 누구나 다 아는 사실이다.

NCC와 같이 하는 전도 집회는 가는 곳마다 대성황을 이루며, 날마다 청중의 숫자가 신기록을 세웠다. 이름 있는 언론들이 다투어 이 소식을 보도하였고 미국 사회에 새로운 센세이션이 되었다. 이렇게 되자, 전국에 방송망을 가진 NBC TV에서는 30분씩 네 번에 걸쳐 특별출연을 해 줄 것을 요청해 왔다. 템플턴의 인기가 얼마나 높았던지 그때 〈American Magazine〉이라는 잡지가 현장 취재를 하여 보도한 내용을 잠깐 소개한다.

"『찰스 템플턴』이라는 캐나다에서 온 젊은 전도사는 종래 우리가 알고 있던 것과는 전혀 다른 새로운 종교의 모습을 보여준다. 그는 지옥불이니 마귀니 하는 케케묵은 이야기 대신 종교란 소금과 같이 우리 일상생활에 없어서는 안 되는 필수품이라는 등 재미있는 말로 알아듣기 쉽게 이야기하여 사람들을 설득하며 청중을 끌어들인다. 실제로 인디애나 주 에반스빌이라는 도시는 인구가 128,000명 정도인데 91,000명이 그의 설교에 참석했다고 하며, 교회에 나오는 사람이 그가 오기 전보다 17%나 늘었다고 한다."

그의 전도 여행이 이처럼 대성공을 거둠에도 불구하고 템플턴의 마음은 늘 편하지가 않았다. 그의 마음 속에서 기독교의 가장 기본적인 교리에 대한 믿음이 점점 사라져가고 있는 것을 깨달았기 때문이다. 설교를 해야 하는 아침이면 예외 없이 찾아오는 심한 두통, 진땀, 침대가 흔들릴 만큼 세게 뛰는 심장 등으로 고통이 심했다. 펜실베이니아 주 수도인 해리스버그Harrisburg에 갔을 때는 도저히 고통을 더이상 참을 수가 없어서 그 도시에서 가장 유명하다는 심장 전문의를 찾아가 특별 진찰을 받았다.

그러나 그 의사는 심장에는 아무 이상이 없다고 했다. 그러면서 하는 말이, "당신의 통증은 당신 머릿속에서부터 오는 것이요, 당신이 생각하고 있는 일 중에 무언가 서로 상충相衝하는 것이 있는 것 같소. 그것이 무엇인지 당신 자신이 찾아내서 처리를 해야 합니다."라고 충고해 주었다.

템플턴은 더이상 마음에도 없는 연설을 할 수는 없다고 생각했다. 그렇게 결단을 내리지 못하고 우물쭈물하면서 3년이 지나갔다. 그동안에도 그는 강권에 못 이겨 미국 장로교회 복음전도국 국장이 되었고, 신학교에서 강의를 맡아 목사들과 평신도들을 교육하고 두 권의 책을 썼고, 전국에 중계되는 CBS 방송에서 "위를 보고 살자"라는 프로그램을 맡아서 진행하기도 했다.

이때 예일대학에서는 해마다 이름난 선교사를 초청하여 1주일 동안 아침마다 학생들에게 설교를 하는 행사가 있었는데, 1956년에는 템플턴이 초청되었다. 신학박사 가운과 모자를 쓰고 템플턴이 설교하는 날이면 강당 의자에는 말할 것도 없고 바닥과 문간에도 넘쳐 흘러 복도에까지 학생들로 가득 찼다.

그의 주위에서 돌아가는 모든 일들은 다른 사람들 같으면 스스로 의기양양하기에 충분했지만, 그의 마음 속에서는 오히려 자책감이 계속해서 양심을 찌르고 있었다. 구약의 이야기들뿐만 아니라, 신약의 여러 이야기들, 이를테면 예수의 동정녀 탄생, 예수가 행하였다는 기적 이야기, 부활, 승천 등 기독교의 가장 핵심이 되는 교리들을 도무지 믿을 수가 없었다. 다시 말하면, 자기 자신은 믿지도 않으면서 그것을 믿으라고 다른 사람들, 순진한 학생들, 수천, 수만 명의 군중들에게 떠들어대는 일이 몹시 괴로웠다.

마침내 템플턴은 결단을 내리고 미국 장로교회에 사표를 냈다. 뜻밖의 사표에 깜짝 놀란 장로회에서는 간곡하게 말렸지만 템플턴은 더 이상 자신을 속일 수는 없다고 생각했다. 그렇다고 뭐 다른 일을 하기로 되어 있는 것은 아무것도 없었다. 20여 년 전, 온몸이 뜨겁게 달아오르던 경험을 한 이래 한결같이 일해온 선교 사업 외에 사실 그가 할 수 있는 일이란 아무것도 없었다. CBS TV에서 템플턴이 하던 프로그

램 계약을 갱신하고 계속해 달라는 요청이 왔을 때, 정말 그 제의에 따르고 싶은 유혹이 많았던 것도 사실이었다. 그러나 그는 유혹을 물리치고 단호하게 거절했다.

그의 손안에 남은 것은 별로 없었다. 겨우 600달러가 될까 말까 한 저금통장과 자동차 한 대가 전부였다. 템플턴은 그동안 사귀던 많은 친구, 동료들을 떠나야 했고, 그에게 영향을 받아 신학교에 들어와 그의 지도를 기다리는 많은 신학생들, 평신도들을 그대로 두고 돌아서야 했다. 어떤 점에서는 그는 배신자가 되는 기분이었으나, 그러나 자기 자신을 속이며 다른 사람들에게 자신이 믿을 수 없는 것을 확신에 찬 것처럼 거짓말하는 짓은 더 이상 할 수가 없었다. 그는 자신이 믿는 바에 따라 종교를 떠났고 그 뒤로 한 번도 잘못했다는 생각을 한 적은 없었다.

제 5 장 눈을 뜨고 보다

1. 神은 없고 에너지가 있다

   니체가 말한 것처럼 神은 죽은 것이 아니고 처음부터 없었다. 神은 나약한 인간이 절망적인 상황 또는 철저히 무력한 상태에서 도움을 얻기 위한 대상으로 사람이 만들어 놓은 망상이다. 그것은 마치 원시인들이 동굴 속에 살 때 다른 맹수들에 비하여 그들에게 맞서서 싸울만한 아무 무기다운 것이 없다는 것을 깨달았을 때, 또는 천둥, 번개, 지진 등 도무지 아무런 대책을 강구할 수 없는 천재지변 앞에서, 그 엄청난 위력의 원인이라고 믿어지는, 가장 위대하게 보이는 태양에게 빌며 도움을 청하던 것과도 같다. 종교는 이렇게 시작되었고, 종교란 죽을 수밖에 없이 운명 지워진, 그러면서도 죽어야 한다는 사실을 잘 알고 있는 인간이 영원히 살고 싶은 욕망 때문에 발명한 허구虛構다. 과학이나 예술조차도 오래오래 살고 싶다는, 또는 죽은 다음에라도 이름만이라도 남기고 싶다는 간절한 욕망에서 만들어 낸 도구인지도 모른다. 그 모두가 영원히 살고 싶다는 인간의 몸부림이다. 그러나 이 우주에 영원한 것은 아무것도 없고 오직 무한히 큰 에너지가 있을 뿐이다.

   지구 위에 있는 모든 생물은 태양으로부터 쏟아지는 에너지에 의해서 생명을 유지하고 있다. 그러나 지구에서 1억 5천만 Km 떨어진 태양으로부터 지구에 도달하는 에너지는 태양이 매 순간 발산하는 전체 에너지의 20억 분의 1 밖에 안 된다. 그런데도 1년 동안 지구에 쏟아지는 태양의 에너지는 석탄 2조 7천억 톤을 태워서 얻는 열량과 같다. 온 세계가 1년 동안에 소비하는 총 에너지가 약 1,200억 톤의 석탄의 열량과 같다고 하니 태양에서 나오는 에너지가 얼마나 큰 것인지 짐작이 될 것이다.

지구 위에 있는 모든 생명의 원천은 태양으로부터 쏟아지는 에너지다. 석탄, 석유, 전력도 모두가 태양으로부터 받은 에너지의 변형이다. 이 에너지로 지구상에서 수십만 가지의 동식물이 나고 자라고 활동하며 비행기가 날고 기차와 자동차가 달리며 온갖 공장이 돌아간다. 아무튼 에너지는 온 우주에 가득 차 있고 지구와 태양 사이에 작용하는 인력으로, 바다에 파도가 치고 벌판에 바람이 일며 눈비가 오고 강물이 흘러가는 일뿐만 아니라 원자의 구조 안에서 핵과 전자 사이에 작용하는 힘으로, 삼라만상의 구석구석에 보편적으로 스며들어 있다.

아인슈타인의 특수 상대성 이론 $E=MC^2$ 라는 공식은 물질과 에너지가 서로 바뀔 수 있다는 것을 보여주고 있으며 우리는 물질에서 에너지로 바꾸는 과정을, 원자핵 분열을 통해서 알고 있고 실제로 그 과정을 현실화하여 핵에너지로 활용한다. 오늘날 에너지를 물질로 바꾸어 보려는 노력은 세계의 물리학자들이 공동으로 연구하고 있는 중이며 이미 상당한 성과를 거두고 있다고 한다.

사람들은 꽃이 피고 열매를 맺으며, 벌레들이 기기묘묘한 방법으로 살아가고 새끼를 까는 그 과정을 보며, 흔히 이런 것들이야말로 神이 존재한다는 증거라고 말을 하지만 모든 자연 현상은 그것이 작은 곤충의 움직임이든, 지구가 태양을 중심으로 공전하며 움직이는 것이든 모두가 자연 질서라고 하는 한 가지 원리에 따르는 것이다. 얼핏 보기에는 태풍이 불어 나무가 뿌리째 뽑히고 집이 날아가고 산더미 같은 파도가 몰려오고 하는 것이 엄청난 혼돈이요 무질서인 것 같지만 사실은 그 모두가 어김없이 자연의 질서, 즉 물리적 법칙에 따르지 않는 것은 하나도 없다.

아름다운 꽃이나 예쁜 새의 몸짓은 물론이고 30만 명 이상의 희생자를 낸 수마트라 해안의 쓰나미, 2005년 여름에 미국 남부 해안을 강타하고 엄청난 피해를 준 카트리나 태풍 등도 어김없이 이 대자연의 빈틈없는 질서에 따라 일어난 일이다. 이 자연 질서는 이 세상 온갖 생명체의 시작과 성장, 소멸에 이르기까지 두루 작용하고 있으며, 그 모든 에너지의 시초는 결국 우주 최초의 시작, 즉 빅뱅으로부터 시작된 것이다. 그렇다면 이 보편적인 에너지, 즉 자연적인 질서는 어떻게 생기는 것일까?

뉴턴의 제2운동 법칙, 즉 관성의 법칙은, "어떤 물체에 외부에서 힘이 가해지지 않으면 그 물체는 항상 현재의 상태를 유지하려고 한다."는 것이다. 다시 말하면, 정지해 있는 물체는 정지한 상태로, 어떤 특정 속도를 가지고 움직이고 있는 물체는 항상 그 속도를 유지한 채 움직이려고 한다는 말이다. 이 현재의 상태를 유지하려고 하는 경향은 무생물뿐만 아니라 생물에게도 보편적으로 퍼져 있는 전 우주적이라고 할 수 있는 경향이다. 생물들이 치열하게 종족을 보존하려고 하는 본능이 있는 것도 이 때문이다.

현재 상태를 유지하려는 경향이 오히려 특수한 에너지를 일으키고 그 에너지로 하여금 이 우주를 역동적인 현상으로 유도한다. 태양은 태양을 구성하는 수소 가스를 떨어져 나가지 못하게 붙잡으려는 노력으로 엄청난 중력이 생겨 그 중력으로 중수소가 핵분열을 일으키며 그 작용으로 다시 굉장한 에너지를 발생한다.

물은 아래로 아래로 쉼 없이 흘러서 내를 이루고 강물이 되어 결국 바다로 들어가 가장 낮은 곳에 머물며 안정을 취하려고 한다. 그러나 태양에서 내리쪼이는 햇빛은 물을 증발시켜 구름이 되고 구름은 온도의 차이에 따라 이리저리 움직이다가 찬 공기를 만나면 비나 눈이 되어 다시 땅으로 떨어진다. 물의 성질은 아래로 내려가 안정을 하고 싶지만, 외부에서 작용하는 에너지, 즉 태양열이나 바람, 기온의 차이 등에 따라 끊임없이 움직이지 않을 수가 없다.

식물이나 동물도 현재의 살아 있는 상태를 영원히 유지할 수만 있다면 아마 꽃을 피우거나 새끼를 낳아 후손을 남기려고 극성을 부리지 않을지도 모를 일이다. 그러나 주위의 환경이 생물들로 하여금 어떤 정해진 기간 이상은 생존할 수 없게 하기 때문에 어떤 수단을 써서라도 죽기 전에 후손을 남기지 않으면 안 된다. 이 자연은 끊임없이 변하고 생물들은 그 변화에 따라 적응하며 살아남기 위해서 스스로 변해 보려고 온갖 노력을 다하지 않을 수가 없다. 이러한 변화가 하루아침, 아니면 1, 2년 사이에 일어나는 것이 아니고, 몇만 년 또는 몇십만 년 동안에 조금씩 조금씩 일어나기 때문에 쉽게 눈에 띄지 않아서 알아내기가 쉽지 않다. 이것이 생물학에서 말하는 진화進化라는 현상이다.

동양에서는 일찍부터 이 에너지, 즉 氣에 대한 연구가 활발하게 이루어지고 있었다.

중국 사상의 주류를 이루는 유학儒學은 원래 상대上代(BC 1100~700년 경)에 종교나 철학사상으로 나누어지기 전에는 단순한 도덕 사상이었으며, 춘추전국시대(BC 770~403년)의 공자와 그의 뒤를 이은 맹자가 도덕으로서의 유학儒學을 대표하는 인물이다.

진시황제 때 분서갱유焚書坑儒로 유학은 한때 크게 위축되었으나, 송, 명에 이르러 노불老佛사상을 받아들이면서 이론적으로 깊이를 더해 가며 철학적인 체제를 갖추기 시작한다. 여러 사람들의 이론을 북송의 정호程顥, 남송의 주희朱熹, 朱子가 집성集成하고 정리하여 철학적 체계를 갖추어 놓으니, 이것이 소위 성리학性理學이며, 일명 주자학이라고도 한다.

성리학은 理와 氣의 개념을 구사하면서 우주가 생겨난 구조나 인간 심성의 구조, 이 세상에서의 인간의 자세 등에 관하여 깊이 사색하며 형이상학적, 내성적內省的, 실천 철학적 등 여러 분야에서 전에는 없던 새로운 사상을 수립하였다.

理와 氣의 관계를 살펴보면, 理에는 존재론적 의미와 법칙론적 의미, 두 가지 성격이 있다고 보며, 理는 氣의 안에 항상 존재하는 것이라고 하였다. 氣가 형질形質을 가지고 운동을 하는 반면, 理는 형질도 없고 운동도 없을 뿐만 아니라, 그 실재는 기를 통해서 관념적으로만 파악될 수 있는 것이라고 한다.

이 氣의 작용을 응용하여 몸 안에 氣를 불어 넣는다든지, 새로운 氣

를 온몸 안에 돌게 하여 건강을 유지, 향상하는 방법으로 중국에서는 옛날부터 도인법導引法, 태극공 같은 특수 운동법이 있었고 몸 안에 있는 장기臟器와 연결된 외부의 지점, 즉 경혈經穴을 찾아, 침으로 자극하여 병을 치료하는 방법도 한방漢方에서는 오래전부터 개발되어 지금도 널리 사용되고 있다.

우리나라에 성리학이 소개된 것은 고려 말 충렬왕 때다. 안향安珦(1243~1306)이라는 학자가 원나라에서 『주자전서朱子全書』를 가져와 성균관의 학자들이 공부하면서 이색李穡, 정몽주, 길재, 정도전 등 쟁쟁한 학자들이 나오고 조선에 들어와서는 이 성리학 연구가 한층 더 활발하여 김종직, 김굉필, 조광조 등의 학자가 배출되었으며 16세기 명종 조 때에는 전성기를 맞이하며, 조선 유학의 쌍벽이라고 하는 퇴계와 율곡과 같은 뛰어난 학자들이 나왔다.

이퇴계는 이기이원론理氣二元論을 주장하며, 사람의 마음은 이와 기를 함께 가지고 있지만 이에서 나오는 마음은 이성적理性的이어서 거기에 선악이 있을 수 없지만, 기에서 나오는 마음은 희로애락喜怒哀樂 등 감정적이어서 선악의 구별이 생길 수 있다고 하였다.

이율곡은 퇴계의 이원론二元論을 배척하고 이기이원론적 일원론理氣二元論的一元論을 주장하며 이와 기는 관념론적으로는 구분할 수 있으나 구체적인 마음의 작용에서는 구분할 수 없다고 하였다.

이 두 사람의 논쟁은 후대에도 계속되어 조선의 유학은 주리파主理派 주기파主氣派로 갈라져 학문으로서 만이 아니고, 정치적으로도 대립하여 서로 죽이고 살리는 험악한 당쟁黨爭의 원인이 되기도 하였다. 안타까운 일은 그렇게 훌륭한 학자들을 배출하고서도 뒤를 이은 사람들이 당쟁에만 열심히 매달리는 바람에 좀 더 구체적인 학문으로 꽃을 피우지 못하고 그저 탁상공론으로만 그치고 만 일이다.

에너지와 氣는 전혀 다른 것이라고 하는 사람들이 있으나, 에너지가 물리적으로 나타날 때에는 물건을 움직일 수 있는 힘Power이 되고 형이상학적으로 나타날 때에는 氣가 된다고 나는 본다. 氣는 아직 볼 수도 없고 만질 수도 없고, 그래서 측량할 수도 없지만, 氣가 작용하는 것을 알 수는 있다. 큰 나무 가까이 자라는 작은 나무의 가지가 큰 나무와 서로 닿지 않는데도 가지가 휘어지며 큰 나무에서 밀리는 현상은 氣 말고는 다른 이론으로 설명할 수가 없다.

서양에서는 물리적인 에너지에만 관심을 가지고 발전을 시켰지만, 동양에서는 앞에서 살펴본 바와 같이 氣라는 것이 있다는 것을 오래 전부터 깨닫고 여러 가지로 응용해 왔다. 그러나 아직도 학술적으로는 전혀 연구 실증되지는 못한 상태다.

다만 조선 말에 살았던 최한기崔漢綺(1803~1877)라는 불우했던 학자가 형이상학적인 관점에서 氣에 관하여 매우 깊이 있는 연구를 하고 1857년에 그 결과를 『기학氣學』이라는 책에 담아 발표한 것이 우리의 관심을 끈다.

그 책의 서문에서 최한기는,

"무릇 氣의 성性은 본래가 활동운화活動運化 하는 물건이다. 이것이 우주 안에 가득 차서 터럭만큼의 빈틈도 없는 것이다. 이러한 기가 모든 천체를 운행하게 하여 만물을 창조하는 무궁함을 드러내지만, 그 맑고 투명한 형질形質을 보지 못하는 자는 공허空虛하다고 하고 오직 그 생성의 변함없는 법칙을 깨달은 자만이 道라 하고 또는 性이라 한다. (중략) 만 가지 변화가 모두 氣가 쌓인 것에서 비롯되며 서로 밀고 당기면서 질서정연하게 번갈아 운행하는 것 또한 氣에 편승한 활동인 것이다. 그래서 이 우주에는 오직 이 氣가 있을 뿐 완비되어 결함이 없는 다른 것은 있지 않다는 것을 바야흐로 믿게 되었다."라고 설명한다.

아무튼 그 영향을 받아서인지, 우리나라 사람들은 옛날부터 이 에너지의 한 형태라고 할 수 있는 氣에 대한 개념이 무의식적으로 발달되어 있었던 모양이다. 일상적인 대화에서, '氣가 막히다, 氣가 찬다', '氣를 펴지 못한다', '氣 싸움을 한다'라는 말에서 보는 바와 같이, 氣에 대한 생각이 일상생활에 쓰는 말에서 흔히 나타나는 것을 볼 수가 있다. 氣란 바로 이 에너지의 한 형태다. 한문의 기운氣運, 기세氣勢, 기백氣魄, 기개氣槪, 용기勇氣, 생기生氣, 정기精氣 등의 氣도 에너지다.

새로운 생명이 태어나는 것은 이 우주의 에너지에서 일부가 분리되어 나타나는 것이라고 볼 수 있다. 처음 분리된 이 새로운 형태의 생명 에너지는 조금씩, 조금씩 더 많은 에너지를 받으며 성장한다. 하나의 조그마한 씨앗이 싹을 내어 점점 자라나는 것을 보면 생명체가 우주로부터 에너지를 받으며 성장한다는 것을 눈으로 볼 수가 있다. 그러다가 어떤 시기가 지나면 우주로부터 에너지 공급은 끝나고 반대로 조금씩, 조금씩 가지고 있던 에너지를 우주로 돌려보낸다. 그것이 늙어가는 과정이고 가지고 있던 에너지가 완전히 바닥이 나면 식물이나 동물이나 죽음에 이른다.

이 에너지를 "우주 배후에 존재하는 영적 실재"라고 부를 수도 있겠지만 내가 보기에는 이 에너지에는 어떤 의지意志나 이성적理性的 목적 또는 계획이 있다고는 생각되지 않는다. 많은 과학자와 철학자들이 경외敬畏할 만한 우주의 크기와 그 질서 정연함에 압도되어 어떤 초월적 능력이 있을 것으로 생각하지만, 신비롭게만 보이던 자연 현상도 이제는 하나씩, 하나씩 덮어쓰고 있던 베일을 벗어버리고 참모습을 드러내고 있지 않은가.

2. 생명의 신비에 관하여

나는 50년 동안 천주교 신자로 살았으면서도 神의 존재에 대해서는 확신을 가지지 못하고 마음속으로 늘 방황을 했었다. 마침내 神이 없다는 결론에 도달하고서도 마음에 걸리는 것이 바로 이 생명의 신비라는 문제였다.

거미가 교묘하게 거미줄을 치는 것이라든지 봄이 되면 땅속에서 새싹이 돋아나는 것이라든지 벌레들이 살아남기 위해 보호색을 가지는 것 등의 기묘한 생존 현상들이, 작은 곤충들이나 식물이 스스로 생각하고 짜내는 일은 아닌 것이 분명한데, 그렇다면 어떻게 이런 기묘한 장치가 시작되었을까 하는 의문이 풀리지 않아 걸림돌이 되었다. 神은 분명히 존재하지 않지만, 유신론자들이 즐겨 인용하는 이야기, 시계를 보면 시계를 만든 정밀공이 있어야 한다는, 소위 "궁극적 원인"이라는 것을 어떻게 다른 말로 설명하면 좋을지 알 수가 없었다.

이 자연 속에는 중력, 전자기력, 원자력 등 세 가지 기본적인 힘이 있는 것으로 알려져 있고, 아주 최근에 우주 밖에서부터 오는 제4의 힘이 있다는 것을 찾아냈다고 한다. 중성미자Neutrino라고 하는 아주 작은 입자는 전하電荷를 띠고 있지 않아서 최근에야 발견되었는데, 독특한 여벌의 에너지를 가지고 있는 것으로 알려져 있다. 이 여벌의 에너지는 다른 에너지들과는 성질이 전혀 달라서 있는 줄은 알지만, 오늘의 과학기술로는 밝혀낼 수가 없다고 한다. 생명현상의 신비가 바로 이 에너지와 관계가 있는 게 아닐까 하는 생각을 한다.

중성미자라는 미립자는 태양이 핵융합반응을 일으키는 동안에 발생하거나 또 우주선에서도 검출이 된다고 한다. 그리고 거의 0에 가까운 극히 작은 질량과 전하를 띠고 있지 않은 이유로 지구에 부딪혀도 전혀 걸리지 않고 마치 가는 밀가루가 체 구멍을 지나가듯이 그냥 지구를 관통하고 만다. 아무리 딱딱한 돌이나 철, 또는 다이아몬드라 할지라도 그것들은 원자로 구성되어 있고 원자는 핵을 중심으로 여러 개의 전자들이 주위에 떠돌고 있는데 그 전자와 핵 사이는 중성미자의 크기에 비해서는 엄청나게 큰 공간이 있기 때문에 전자보다도 더 작은 중성미자가 이 공간을 통해서 지나가는 것은 문제가 아니다.

만일 정말로 이 중성미자가 생명현상에 작용하는 에너지를 가지고 있다면 햇빛이 전혀 통하지 않는 깊은 굴속이나 지하 몇백 미터 아래서도 온도와 습도만 있으면 곰팡이나 또는 작은 벌레들이 생존하는 이유를 설명할 수가 있을 것이다.

옛날부터 중력은 작용하고 있었지만 300여 년 전에 뉴턴이 만유인력의 법칙을 발견할 때까지는 물체가 땅으로 떨어지는 것을 수없이 보면서도 중력이 있다는 생각은 하지 못하고 그냥 그러려니 하면서 살아왔다. 모르는 것은 모두가 신비요, 神의 섭리로 생각했다. 천둥 번개나 태풍, 홍수도 神이 노해서 일어나는 일인 줄 알았고 화산, 지진, 해일도 마찬가지다. 그러나 과학은 이들의 정체를 밝혀냈고 더 이상 지진이나 천둥 번개를 神의 노여움이라고 생각하는 사람은 없다. 중성미자가 갖고 있는 이 여벌의 에너지를 규명해 내는 날에는 우리가 신비라고 하는 생명현상의 비밀이 풀릴지도 모른다.

풀뿌리가 땅 속에서 큰 돌멩이 사이에 있는 작은 틈새를 찾아 비집고 들어온다든지 작은 벌레들의 기묘한 생존 방법 등은 이 생명력에 의한 것이 아닐까? 그래서 생명이란 누가 창조한 것이 아니라 주위환경이 생명을 일으킬 만한 조건이 되었을 때 자연적으로 시작되는 것인지도 모른다. 사과가 나무에서 무르익어 때가 되면 누구의 도움도 필요 없이 그냥 저절로 땅으로 떨어지듯이 생명도 자연조건이 알맞게 되면 아무의 도움을 받지 않고 스스로 시작되는 것이다.

씨가 땅에 떨어져 싹이 나고 동물들이 새끼를 까고 환경의 변화에 적응하기 위해 진화하는 등의 생명현상은 그동안 우리가 너무나 당연한 것으로 여기거나, 그저 하기 쉬운 대답으로 神의 오묘한 섭리라고 여기며 더 이상 의심해 볼 생각조차 하지 않고 그저 그러려니 하면서 지냈다. 그러나 생명력 역시 중력이나 전자기력, 원자력 등과 마찬가지로 자연 현상의 하나일 뿐 거기에 무슨 神의 섭리나 의지가 있는 것은 아니라고 생각한다.

생명현상이라는 것은 그렇게 간단하지도 않고 너무나 기기묘묘해서 지금까지 우리는 그것을 "생명의 신비"라는 말로 표현해 왔다. 그러나 오늘날 우리가 보고 있는 현상은 수만 년, 수십만 년 혹은 수백만 년 동안 조금씩 조금씩 진화해서 얻은 결과이다. 그동안 각 생명체는 헤아릴 수 없는 시행착오를 거듭하며 어떤 진화는 그 종種을 멸종으로 이끌었고, 아주 극소수의 종만 살아남아 오늘에 이른 것이다. 지금 우리가 보고 있는 생물들도 진화가 끝난 상태가 아니라 진행 중에 있는 것이다. 지구 환경은 끊임없이 변하고 있기 때문에 이 변화에 적응하기 위해서 계속해서 변하지 않으면 살아남을 수가 없고 결국 도태淘汰되기 마련이다. 완전무결한 상태로 창조되었기 때문에 지금까지 살아남은 것이 결코 아니다.

이런 생각을 한번 해 보자. 큰 강에 둑을 막아 저수지를 만들었다. 땅을 깊이 파고 맨 밑바닥에는 바위를 채워 넣어 든든한 기초를 만들고 그 위에 큰 돌덩어리 자갈, 모래 등으로 산처럼 쌓고 또 찰흙으로 다지고 안쪽에는 두터운 콘크리트로 둘러싸서 물이 새지 않게 했다. 몇 년이 지나 콘크리트에 작은 금이 가고 그 틈새로 물이 스며들기 시작했다. 눈에 잘 보이지도 않을 그 보잘것없는 물줄기는 자갈, 모래나 돌멩이, 바위 틈새를 찾아 꼬불꼬불 실 같은 물줄기를 만들며 끈질기게 아래로, 아래로 흘러간다. 그 작은 물줄기는 틈새를 찾아 요리조리 흘러가다가 큰 바위라도 만나게 되면 한참을 돌아 다시 다른 틈새를 찾아내고 그 틈새를 따라 계속 흘러내린다.

가끔 아무 틈새도 없이 꽉 막힌 자리에 이르렀을 때는 그 자리에 물이 고여 작은 물구덩이를 만들고 있다가 겨울이 되어 온도가 내려가면

얼면서 부피가 늘어나고, 이 힘으로 자갈이나 바위 사이에 틈을 만들기도 한다. 그래서 오랜 세월이 지난 다음에는 엄청나게 두터운 그 둑을 지나 작은 샘물처럼 되어 둑 바깥쪽으로 흘러내린다. 이 작은 물줄기의 끈질긴 흘러내림은 얼핏 보기에 생명이 있는 것처럼 신비할 지경이긴 하지만 그렇다고 그 물줄기에 눈이나 뇌같이, 관찰하고 판단하는 기능이 없기 때문에 어떤 의지나 생각이 있다고 할 수는 없다. 그냥 중력의 작용만 있을 뿐이다. 이것이 神의 섭리가 아니어도 얼마든지 가능한 일이라는 것은 누구나 알 수가 있다.

생명력의 끈질긴 현상도 똑같은 원리다. 땅 속에서 풀뿌리가 작은 틈새를 찾아 파고드는 것이나 거미가 섬세하고 정밀한 거미줄을 치는 것도 거기에 무슨 의지나 생각이 있거나 神의 섭리가 있어서가 아니라 그냥 자연 현상의 하나인 생명력이 작용할 뿐인 것이다. 우주에 작용하고 있는 중력이라는 에너지가 작은 물줄기를 이끌어 주듯이 이 생명력이라는 에너지가 생각이라고는 전혀 할 줄 모르는 미물의 벌레나 눈이 없는 식물을 살아가도록 이끌어 주고 있는 것이다.

가끔 태풍이 몰아친다든지, 산더미 같은 파도가 밀려오는 해일이 일어난다든지 하며 무서운 파괴력을 가진 물 더미 앞에서 사람들이 맥없이 휩쓸려가며 떼죽음을 당하기도 하지만, 그 엄청난 무질서와 혼돈처럼 보이는 소용돌이 속에서 흩어지는, 헤아릴 수 없이 많은 크고 작은 물방울 가운데 어느 한 알갱이도 결코 중력이나 표면장력과 같은 자연법칙에 어긋나 제멋대로 떠도는 것은 하나도 없다. 그렇다고 무엇을 때려 부수거나 어느 누구를 지목하여 해를 끼치려고 작정하고 그런 엄청난 일을 버리는 배후세력 같은 것이 있는 것은 물론 아니다.

만일 이 우주에 그 자연법칙이라고 하는 질서가 없다고 가정해 보자. 그러면 과연 어떤 일이 일어날 것인가?

지구나 태양이 일정 궤도를 돌지 않고 여러 가지 방향으로 서로 다른 일정하지 않은 속도로 제멋대로 떠돌아다니고 그 모양도 한결같이 둥글지 않고 네모가 나거나 삐죽삐죽하거나 혹은 넓적하거나 등 그야말로 가지각색이고 물건을 공중으로 던져도 땅으로 떨어지지 않고 제멋대로 공중을 떠돌아다니고 물은 아래로 흘러내리는 것이 아니라 하늘로 치솟기도 하고 공중에 둥둥 떠서 사방을 돌아다니고, 그런 무질서의 세계라는 것이 가능할까? 만일 그렇게 되었다면, 그렇게 만드는 원리는 무엇이란 말인가? 우리가 생각하는 그러한 무질서와 혼돈의 우주가 있다면 그 우주를 지배하는 원리야말로 얼마나 복잡하고 혼란스러울 것인가?

우리가 신비로운 눈으로 바라보는 이 우주, 생명현상 등의 질서는, 사실은 가능한 한 가장 간단하고 단순한 상태로 되려는 기본적 경향이 있기 때문이고 그밖에 다른 방법은 있을 수가 없었다는 말이다. 해와 달, 지구도 둥글고 공중에 떠 있는 작은 물방울도 둥글다. 원형이나 구형球形 즉 공 모양이라는 모습은 같은 부피를 가지면서도 가장 그 표면적을 작게 하는, 이 우주에서 가장 단순한 형태이기 때문에 모든 자연적 물체가 공 모양으로 되어 있을 뿐이지 어떻게 다른 모양으로 될 수가 없었다는 말이다. 다시 말하면 이 우주의 질서라고 하는 것은 여러 가지 가능한 방법 가운데서 어느 한 가지를 선택한 것이 아니라 지금의 상태로 밖에 다른 길은 전혀 없었다는 말이다.

유신론자들은 이 자연 질서가 바로 神의 섭리라고 말하고 싶겠지만 그 질서에는 아무 의지나 생각이 없고, 우리가 자연 질서라고 부르는 외길로 "자연스럽게" 진행되고 이루어질 뿐이다. 그 질서를 인격적인 神의 모습으로 생각하는 것이야 자유이지만 그러나 아무 의지가 없는 그 자연 질서에 열심히 경배하고 돈을 갖다 바치며, 엄청난 정성을 드리는 것이 무슨 소용이 있을 것인가.

사람이 아무것도 모르던 옛날에는 번개 치고 우렛소리가 울리는 것이나 폭풍우, 해일, 지진, 화산의 폭발 등 모든 자연 현상이 신비하게 보였고, 그래서 있지도 않은 神이 그 신비 뒤에 숨어 있는 줄만 알고 무서워 떨며 경배하고 찬양하기를 마지 않았다. 그러나 이제는 대부분의 자연 신비의 장막이 벗겨지고 있고 따라서 그 뒤에 숨어 있던 神도 점점 그 정체가 아무것도 아니라는 것을 들어낼 수밖에 없게 되고 말았다. 이제는 자연의 신비도 없고 따라서 神도 없다는 것이 명명백백하게 된 것이다.

3. 그러므로 神은 없다

위에서 살펴본 바와 같이 기독교는 로마 제국의 박해로부터 자유를 얻은 바로 그 직후부터 이번에는 다른 종교나 또 그것을 믿는 이교도를 박해하는데 전력을 다했다고 할 수 있다. 인류 문화의 보배라고 할 만한 이교도의 고대 경전을 조직적으로 파괴한 일, 십자군 전쟁, 그리고 마녀사냥이라는 종교탄압, 유럽 대륙과 점령지에서 거의 1,700여 년 동안 기독교는 역사상 그 어느 포악한 독재자보다도 더 잔인하고 가혹한 권력을 휘두르며 군림하고 있었다. 그 시퍼런 서슬 아래서 사람들은 유럽에서는 기독교 이외의 다른 것은 생각조차 할 수가 없었다.

　조금만 이상한 눈치가 보여도 혹독한 종교재판으로 끌려가는 판이었으니까, 다른 의견을 꺼낼 엄두도 낼 수가 없었다. 기독교는 하나의 종교적 믿음이 아니라 우리가 머리 위에 이고 있는 하늘과도 같은 것이었으며, 숨 쉬는 공기처럼 절대적인 것이었다. 그러한 가운데 많은 학자들과 예술가들이 앞다투어 神의 존재를 역설하고 미화美化하기에 여념이 없었으며, 동네마다 우뚝 선 교회 건물 안에서 모든 사람들이 한결 같이 神을 찬양하고 神에게 머리를 조아리며 경배를 드렸다.

　그러나 시간이 지나면서 사람들이 더 넓게 더 깊게 지식과 지혜를 쌓아가면서 차츰 神에 대해서 의구심을 가지고 보는 사람들이 나오기 시작했다. 스피노자, 볼테르 같은 철학자들은 神의 존재에 대해 회의를 하면서도 교회가 무서워 드러내 놓고 말하지는 못했지만, 그래도 조심스럽게 책으로 의견을 담아내기는 했다.

　그 뒤, 니체, 칼 마르크스, 프로이트, 버트런드 러셀 때에 와서는 제법 큰 소리로 말을 하기 시작했으며, 사르트르, 하이데커, 알베르 카뮈 등에 이르러서는 神이 없다고 당당하게 주장을 해도 교회가 어쩌지 못하는 정도가 되었다. 그래도 대부분의 사람들은 눈치만 보고 있을 뿐, 감히 무신론에 관심을 가지는 것조차 조심스러웠다. 참으로 부당하게도, 무신론자는 삶에 있어서 부도덕할 뿐만 아니라, 사려 깊지 못한 경망한 사람으로 비판되기 일쑤였다. 그러나 가장 진심으로 神을 믿는다고 자처하는 성직자들 가운데, 스스로 무신론자임을 밝히는 프로이드나 버트런드 러셀 같은 사람들보다 더 정직하고 더 성실하게 살았다고 자부할 수 있는 사람이 과연 몇이나 될까?

그러나 20세기 말에서부터 21세기로 넘어오면서 봇물이 터지듯이 무신론자들의 책이 쏟아져 나왔다. 처음엔 소설의 형식을 빌려서 완강한 기독교로부터 직접적인 공격을 피해 보려는 눈치가 있었다. 『다빈치 코드』, 『마지막 유혹』 등이 그 한 예다. 그러다가 픽션Fiction이 아닌 학술서적으로서 무신론적 논리를 전개하는 책들이 쏟아져 나왔다.

대강만 훑어보아도,
Richard Dawkins의 『만들어진 神: The God, Delusion』,
Christopher Hitchens의 『God is Not Great』
Christopher Hitchens의 『The Portable Atheist』,
Christopher Hitchens & Victor Stenger의 『God: The Failed Hypothesis』,
Dan Barker & Richard Dawkins의 『Godless: How an Evangelical Preacher Became One of America's Leading Atheists』,
Sam Harris의 『Letter to a Christian Nation』,
Sam Harris의 『The End of Faith』,
David Mills의 『Atheist Universe: The Thinking Person's Answer to Christian』,
John W. Loftus의 『Why I became an Atheist: Former Preacher Rejects Christianity』,
Russ Kick, Neil Gaiman and Richard Dawkins의 『Everything You Know About God Is Wrong』,

Michel Onfray의 『Atheist Manifesto: The Case Against Christianity, Judaism and Islam』 등.

본격적인 무신론을 역설하는 책들이 수없이 쏟아져 나왔다. 그 밖에도 진화 심리학적 관점에서 보는 스티븐 핑거의 『마음은 어떻게 작동하는가?』, 데즈먼드 모리스의 『털 없는 원숭이』, 리처드 도킨스의 『이기적 유전자』라는 책도 본질적으로 무신론이다.

왜 갑자기 무신론을 주장하는 책들이 이렇게 쏟아져 나올까? 과거 2000년 동안 부당하게 억압되어 있던 것이 사람의 지혜가 발달함에 따라 자연스럽게 풀리면서 터져 나오는 것이라고 할 수 있다. 그것은 마치 겨우내 땅속에서 추위를 견디며 숨어 있다가 봄날의 햇볕이 쪼이자마자 움터 나오는 새싹과도 같은 것이다. 교황청은 아직도 건재하고, 기독교도들에게는 지대한 영향력을 미치지만 이제 세상을 대상으로 종교재판을 할 수 있는 권한을 잃어버린 지는 이미 오래다.

흔히 말하기를, 神은 있다고도 할 수가 없고 없다고도 할 수 없다는 말을 한다. 왜냐하면 그 어느 쪽으로도 증명을 할 수가 없기 때문이다. 그러나 일반적으로 있는 것을 있다고 증명하는 일은, 없는 것을 없다고 증명하는 일보다는 훨씬 쉬운 법이다. 버트런드 러셀은 神의 존재를 부정하면서 그의 유명한 "찻주전자 우화"를 예로 든다. 그 이야기를 들어보자.

"내가, 지구와 화성 사이에 타원형 궤도를 따라 태양을 도는 중국 찻주전자가 하나 있다고 주장하면서 그 찻주전자가 우리의 가장 강력한 망원경으로도 보이지 않을 만큼 아주 작다는 단서를 신중하게 덧붙인다면 아무도 그런 찻주전자는 없다는 증명을 할 수는 없을 것이다. 그러나 내 주장이 반증 될 수 없다고 해서 그것을 의심하는 것은 인간 이성에 대한 용납할 수 없는 억측이라고까지 내가 주장한다면, 그건 헛소리로 여겨져야 옳다. 그러나 그 찻주전자가 존재한다고 옛날 서적에 명확하게 나와 있고 일요일마다 그를 신성한 진리라고 가르치며 학교에서도 아이들의 정신에 계속해서 주입 시킨다면, 그 존재를 믿지 않는 사람은 괴짜 취급을 받을 것이고 옛날 같으면 종교 재판관의 주목을 받게 될 것이다."라고 말하면서, 기독교의 경전을 야유하며 神이 없다는 증명을 할 수가 없기 때문에 神이 있다고 주장하는 것은 말도 되지 않는 일이라고 말한다.

그러나 그 찻주전자가 아무리 작아도 정말 있기만 하다면 찾아내기가 아주 불가능한 일은 아니다. 있기만 하다면 있다는 것을 증명하는 방법을 찾아내는 것이 절대 불가능한 일은 아닐 것이다. 그러나 없는 것을 없다고 증명하는 일은 결코 쉬운 일이 아니다. 그래서 옛날부터 많은 사람들이 아무 죄도 없이 재판소에 끌려가 죄가 없다는 것을 증명할 수가 없어서 감옥에 가거나 심지어 사형을 당한 사람도 한 둘이 아니다.

예를 하나 들어보자.
어떤 사람이 정말 돈이 없는데 돈이 없다는 것을 증명해 보라고 한다면 어떻게 해야 할까? 호주머니를 뒤집어 아무것도 없다는 것을 보여주어도 "집에 두고 왔지."라고 반박하고, 집에 가서 온통 뒤져보고 나서도 못 찾아내면 "땅에 묻어 두었지."라고 반박한다면, 끝내 그는 돈이 정말 없다는 것을 증명할 길이 없어지고 만다. 없는 것을 없다고 증명하는 길은 없는 것이다. 그러나 우리는 가난한 사람이 정말 돈이 없다는 것을 뒤져보지 않고도 안다. 그 사람이 사는 집, 입은 옷 또는 먹는 음식을 보아도 알고 그 사람의 아이들의 영양 상태나 표정을 보고서도 짐작을 한다.

유신론과 무신론은 서로 팽팽하게 맞서서 얼핏 보기에는 어느 것이 옳은지 우열을 분간하기가 어렵다고 하지만 두 개의 의견이 그렇게 팽팽하도록 맞설 수 있다면 위에서 든 이유로 무신론 쪽이 훨씬 논리적이며, 설득력이 있다. 神이 있다면 주머니 속의 구술을 꺼내 보여주듯이 그 증거를 보여주기만 하면 더 이상 지루한 논쟁이 필요 없이 간단하게 끝이 나는 것이다. 그토록 위대한 神이 정말 있다면 그 증거가 될 만한 것이 그렇게 없을 수가 없고, 또 神이 있다는 믿음이 그렇게 절대적으로 중요하다면 왜 있다는 것을 증명해 보이지 못하는가?

또 한 가지 결정적으로 神이 존재하지 않는다는 것을 증명하는 것은 소위 神을 믿는다는 성직자들과 자칭 신앙인입네 하는 사람들의 이해할 수 없는 태도. 만일 정말로 이 세상을 창조하고 사람이 죽은 다음에도, 神을 믿고 받들어 온 공로에 따라 지옥이나 천국에 가서 영원히 살리라는 것을 굳게 믿는다면 백 년도 못 되는 이 지구상에서의 삶은 그야말로 순식간에 지나지 않으니까, 다른 일은 쳐다볼 생각도 하지 말고 평생 동안 神을 섬기는 일에만 매진해도 모자랄 지경인데 神을 믿는다는 사람들은 무엇 때문에 다른 일에 기웃거리며 세월을 보낸단 말인가?

어째서 소위 성직자라는 사람들이 돈이나 명에 또는 인기에 그렇게 연연한가? 잠깐 왔다 가는 이 세상에서는 아무것도 하지 말고 옛날의 은자隱者들처럼 깊은 산속이나 동굴 속에 들어가서 그저 神을 섬기는 일에만 온 정성을 다 바쳐야 할 것 아닌가? 神을 믿는 사람들이 믿지 않는 사람과 아무 다를 것 없이 이 세상에서의 일에 관심을 가지고 열을 올리는 것을 보면 그들이 과연 神을 믿는 것인지 아닌지 알 수가 없다. 병이 들었을 때, 믿음이 깊은 사람이라고 해서 병원에 가는 것을 그만두고 전능하다는 神에게 기도만 하는 사람이 있을까? 아니면 어서 죽어서 천국에 가기를 간절히 바라며 치료하기를 거부하는 사람이 있을까? 그렇게 하지 않는다면 그 이유가 무엇일까? 기도의 효과를 믿을 수 없다는 것은 결국 神을 믿을 수 없다거나 아니면 자신의 믿음을 믿을 수 없다는 뜻이 아닌가?

앞 장章에서 내가 장황하리만큼 예를 들어 보인 일들, 잔인하고 포악한 교회의 만행들이 버젓이 종교의 이름으로 자행되고 있을 때, 만일 전능 전지하고 착하며 공의公義하신 神이 정말로 있었다면, 그들의 神은 왜 그 못된 짓들을 말리지 않았단 말인가? 이러한 교회의 만행은 그 자체가 神이 없다는 뚜렷한 증거가 아닌가? 그것은 마치 가난한 사람들이 먹는 것, 입는 것을 보아서 그 사람들이 정말로 돈이 없다는 것을 아는 것과 똑같은 이유로, 오랫동안 실로 1천 년이 넘도록 계속된, 그 처참한 종교적 만행을 보며 도저히 神 같은 존재가 있으리라고는 생각조차 할 수가 없는 것이다. 그리고 일단 神이 없다는 것을 확신하고 나면, 그동안 풀리지 않던 여러 수수께끼가 쉽게 풀리고 만다. 끈질기게 자행된 기독교의 만행도 이상할 것이 하나 없고, 테레사 수녀의 공허감도 당연한 것이 된다. 있지도 않은 神을 붙들고 믿었으니 무슨 정의가 실현되고, 무슨 응답을 기대한단 말인가?

위에서 살펴본 바와 같이, 만일 神이 있다면 결코 일어나서는 안 될 여러 가지 일들이 일어난 역사적 사실들을 오늘날 우리가 뚜렷하게 보는 바이지만 반대로, "만일 神이 없다면, 이런 일이 어떻게 일어난단 말인가?" 하고 의아하게 생각되는 일이 인류 역사상 일어난 적이 한 번이라도 있었는가? 구약에 나오는, 홍해가 갈라져서 유대인들이 무사히 이집트를 빠져 나온다는 이야기? 아니면 하느님의 아들이라는 예수가 동정녀한테서 태어나 죽었다가 다시 살아나 하늘로 올라갔다는 이야기? 이런 이야기는 역사적 사실이 아니라고 기독교의 신학자들이 증언하고 있다는 말은 앞에서 이미 밝혀 두었다.

나는 오랜 번민과 망설임 끝에 50여 년 동안 다니던 교회를 떠나지 않을 수가 없었다. 교회를 떠나면서 나는 많은 것을 포기해야 했다. 그 동안 나에게 다정하게 대해준 많은 친절한 사람들, 오랫동안 형제처럼 사귀어 온 친구들과 평생 동안 내가 진심으로 존경하며 따랐던 선배들, 돈으로는 결코 그 가치를 가늠할 수 없는 이 귀하고 값진 보물들을 나는 버릴 수밖에 없었다. 나는 사실이 아닌 것을 사실인 체하며, 믿을 수도 없는 것을 믿는 체하며, 교회가 하는 옳지 않은 행위를 못 본 체하며 남은 인생을 거짓으로 살 수는 없었다.

神은 인간이 상상으로 만들어 낸 허상이요 환상일 따름이다. 그러므로 神은 죽은 것이 아니라 처음부터 아예 존재하지 않았다.

4. 神은 없다. 그러나 …

앞에서 여러모로 살펴본 바와 같이 神은 본래부터 없었다. 실체가 없는 것을 가지고 인류는 거의 처음 이 지상에 나타났을 때부터 지금까지 신이 있는 것처럼 허상을 붙들고 살아왔다. 그냥 신이 있다고 믿기만 한 것이 아니라 그 허상인 신에게 사람이 할 수 있는 최대의 공경과 희생을 바치며 살았다. 엄청난 재물을 가져다 바쳤으며 헤아릴 수 없는 시간과 정성을 쏟아부었다. 기독교가 번창했던 유럽 전역에 널려 있는 그 어마어마하고 화려한 교회 건물들, 불교나 이슬람교를 믿었던 지역에 건설된 그 놀라운 사원과 모스크, 그 밖에 기원전 5000년 전에 만들었다는 이집트의 피라미드와 스핑크스 등, 그 엄청난 유적들이 모두 있지도 않은 신이 있다고 생각하고 온갖 희생을 다 바쳐가며 만들어 놓은 것이 아닌가? 때로는 그 신에게 하나밖에 없는 자신의 생명을 바치는 일도 마다하지 않았다. 지난 일을 돌이켜보면, 어떻게 그렇게 오랫동안 있지도 않은 허상을 붙들고 온갖 정성과 끝도 없는 시간과 헤아릴 수 없는 재물을 바치며 살지 않으면 안 되었는지 참으로 어처구니가 없다.

神이 맹수에서 태양으로, 또 다신교로 바뀌면서 따라서 예배와 기도의 대상도 달라졌다. 그 기도가 효험이 있었을 리가 없지만 다른 데 기대 볼 데가 전혀 없는 인간은 효험이 있다고 믿으며 위로를 받았다.

지금은 21세기, 과학이 고도로 발달해서 웬만한 사람이면 이 세상에 있는 모든 생물체뿐만 아니라 무생물까지도, 지구도 달도 태양도 언젠가는 모두 없어지리라는 것을 알고 있는데 유독 사람의 생명만, 그것도 어떤 특정 종교를 믿을 때만 영원히 살 수 있다고 주장하는 것이 얼마나 가소로운 일이며 사람이 얼마나 죽지 않기를 바라면 그런 허망한 말을 믿으며 매달리는 것일까 싶어 측은한 생각이 들기도 한다.

앞에서 살펴 본 바와 같이 나는 오랫동안 남들의 의견에 귀를 기울이기도 하고 혼자서 깊이 생각해 보기도 하며 결국 "신은 없다"는 결론에 이르게 되었다. 그러나 그렇게 결정을 내리지 않으면 안 되었을 때 가장 어려웠던 일은, "그렇다면 그 대안代案은 무엇인가?"라고 하는 숙제를 풀어야 한다는 책임감이었다.

과학과 물질문명이 고도로 발달한 지금 세상에도 가난하고 고통받으며 핍박 속에 있는 사람들이 없어지지 않고 있는 것이 현실이다. 신이 없다고 밝혀내는 것은 좋은데 이 절망하는 사람들에게 그 신 대신 위로를 줄 수 있는 것은 무엇인가?

"그러므로 神은 없다"라는 책을 출판한 지 10년이 지났다

그동안 내 생각이 달라진 것은 조금도 없지만, 책의 끝머리에 "맺는말"을 쓰면서, 그럼에도 불구하고 아직도 세상에는 많은 사람이 절망하고 슬퍼하고 핍박받으면서 고통 중에 있다는 사실을 잊을 수가 없었다. 神이 없다고 주장하면서, 神 대신 이 고통받는 사람들 손에 쥐여줄 무엇이 있을까 하고 참 많이 생각하며 열심히 찾아보았다. 10년이 지난 지금도 그 없다는 神 대신 쥐여줄 것은 아무것도 없다는 것을 깨달으면서 나 또한 어찌해야 좋을지 알 수가 없었다.

그러다가 문득, 50년 신앙생활을 하는 가운데 만날 수 있었던 훌륭한 성직자들이 생각났다. 김수환 추기경, 윤형중 신부님, 최민순 신부님, 서공석 신부님 등 이분들은 신학적인 면에서나 인격적인 면에서나 나하고는 비교도 할 수 없을 만큼 공부를 많이 하고 훌륭한 분들이다. 이분들이 과연 神이 없다는 것을 몰랐을까? 알았으면서도 다른 대책이 없으니 그냥 그 자리에 머물러 있기로 작정한 것은 아닐까? 그것이 가장 좋은 방법은 아닐지라도 그래도, 사람들에게 위로를 줄 수 있는 유일한 방법, 神의 존재 여부와는 관계없이, 가난하고 절망하고 핍박받는 불쌍한 사람들을 따뜻하게 위로할 방법을 택한 것은 아닐까?

여기에, 소설일 수도 있고, 사실일 수도 있는 이야기를 하나 해 보려 한다. 그야말로 "믿거나 말거나"다. 이야기에 나오는 사람들은 모두 가명假名이다.

최민국 신부가 주인공이다

민국은 중학교 때, 상속받은 시골의 야산 근처로 고속도가 뚫리면서 땅값이 많이 올라 한꺼번에 큰돈을 거머쥐게 된 아버지가 정신이 나가 협잡꾼들과 어울리며 흥청거리다가 온다 간다 하는 말도 없이 집을 나가고 끝내 살던 집마저 빚쟁이에게 빼앗기고 거리에 나 앉는 신세가 되었다. 아무것도 모르는 어머니가 두 남매를 데리고 먹고 사는 문제, 아이들을 학교에 보내는 문제가 당장 눈앞에 떨어진 큰일이었다. 친정집과 교회의 도움을 받아 동네 입구에 작은 구멍가게를 열고 근근이 목숨을 이어가는 신세가 되었다. 졸지에 막막한 신세로 주저앉은 어머니는 돈이 없다는 슬픔보다도 남편의 허망한 배신에 더 치를 떨었다.

하얗게 밤을 새우며 자신의 신세를 한탄하면서도 낮에는 남매를 키우기 위해 물불을 가리지 않고 억척으로 일을 했다.

그러던 어느 날, 가게에서 팔 물건을 받으러 읍내로 가다가 길가에서 쓰러졌다. 황급히 응급실에 실려 가 진찰을 해 보니 췌장암 말기, 한 달이나 더 살 수 있을까 말까 한 상태였다. 그렇게 어머니도 잃고 두 남매는 속절없이 천애天涯의 고아가 되었다. 그때 민국이는 고3에 막 진학한 때였다. 학교에서는 늘 1, 2등 다투는 우수한 학생이었지만 대학에 진학할 꿈도 꿀 수가 없었다.

이 사정을 알게 된 주임신부가 간곡하게 권해서 천주교 신부가 되는 신학교로 진학하게 된다. 학비와 숙식비까지 모두 학교에서 부담해 준다는 바람에 민국이는 어찌 됐든 공부를 계속할 수 있다는 말에 망설이지 않고 주임신부의 제의를 받아들였다. 하나밖에 없는 피붙이, 누이동생 민영이는 외할머니댁에 맡기고 참으로 가슴 아픈 이별을 한다.

신학교에서도 민국이는 뛰어난 성적으로 교수들의 눈길을 끌었다. 3학년이 되자 한국 천주교회에서는 최민국 학생을 앞으로 한국 천주교회의 지도자로 키울 생각으로 프랑스 유학을 보낸다.

처음에는 마지못해 신학교에 진학한 민국에게는 그렇게 독실하다고 할 만한 신앙심이 있었던 것은 아니었다. 그러나 더 이상 공부할 꿈도 못 꾸는 자기에게 기대하지 못했던 놀라운 도움을 주고 기회를 마련해 준 천주교회에 대해서 고마운 마음을 가지지 않을 수가 없었다. 그 은혜를 조금이라도 갚는 일은 다만 자신이 열심히 공부하는 것이었다.

그는 정말로 열심히 공부했다. 밤늦게까지 잠을 안 자고 공부하는 것을 금지하는 학교 규칙 때문에 민국이는 가끔 밤늦게 몰래 화장실에 가서 책을 읽기도 했다.

프랑스에서 신품神品을 받고 신부가 된 뒤에도 대학원에 진학하여 박사학위도 받는다. 그뿐만 아니라 프랑스에서 공부가 끝나고 독일 뮌헨에 있는 신학교로 가서 더 연구를 한다. 이러는 동안에 최민국 신부는 프랑스와 독일의 유명한 신학자·철학자들한테서 수준 높은 교육을 받게 된다.

가끔 진보적 신학자들이 자신이 믿고 있는 것과 차이가 나는 이야기를 할 때, 예를 들면, 예수의 부활은 실제로 예수의 사체가 부활한 것이 아니고 예수의 죽음을 보고 걷잡을 수 없는 실망에 빠졌던 제자들의 마음속에서, "우리의 주님이신 예수께서 그렇게 허망하게 죽고 말 분이 아니다."라는 각성이 일어나면서 제자들의 마음속에서 부활하신 것이라고 설명할 때, 좀 의아해한 적이 있었지만, 그렇다고 자신의 신앙이 흔들리지는 않았다. 그다음, 예수의 신성이 로마 황제가 소집한 공의회에서 결의되는 사실에 결정적으로 깊은 회의에 빠졌다. 예수의 신성이 공의회에서 결정되다니? 하는 의구심이 들기 시작한 것이다.

그러는 중에, 외가에서 눈칫밥을 먹으며 자란 동생 민영이가 그럭저럭 2년제 초급대학을 졸업하고 외가의 주선으로 시집을 갔다. 가끔 외국에 나가 있는 오빠한테서 오는 편지를 받아보는 것이 유일한 낙이었던 민영은 이제 신랑을 만나 자기 가정을 갖게 되어 어느 정도 마음의 안정을 찾아가고 있었다. 오매불망寤寐不忘 두고 온 누이동생의 안위를 걱정하던 민국이도 일단 시집을 간 뒤에는 좀 마음을 놓을 수가 있었다.

시집을 간 지 2년이 지나자, 이상하게 가끔 아랫배가 아프고 체중이 빠지는 것 같아 아이가 서는가 하고 기대하고 기다렸는데, 서너 달이 지나도 임신과는 관계도 없이 대변에 혈흔이 보이고 점점 더 배가 거북한 느낌이 들었다. 아무 소리도 안 하고 참기만 하던 민영이는 더 참을 수가 없어 남편에게 말을 했더니, 당장 병원에 가서 진찰하게 되었다. 대장암 3기, 암세포가 대장 밖으로 퍼져서 이미 다른 장기에도 전이되고 있었다.

민국이는 이 소식을 듣고 어찌해야 좋을지 몰랐다. 그야말로 속수무책束手無策이었다. 민국은 하느님에게 매달렸다. 하느님은 전능하신 분이 아닌가. 그는 간절히, 간절히 기도했다. 그의 사정은 설명할 필요도 없이 하느님은 이미 다 알고 있는 일, 하나밖에 없는 동생을 살려달라고 틈이 날 때마다 정성을 다해서 기도했다. 마지막에 가서는, 꼭 동생을 데려가야 한다면 차라리 자기를 데려가라고도 했다. 그러나 민영이는 죽었다. 아무리 울고불고하면서 기도해도 아무 소용이 없었다. 그때가 민국이 박사학위를 준비하는 마지막 학기였다. 결국, 박사학위는 받았지만 정말로 기뻐해 줄 사람은 이미 이 세상 사람이 아니었다.

민영의 죽음을 겪고 나자, 민국은 "간절히 기도하면 들어주신다고 했는데? 자기만큼 간절하게 진심으로 기도할 수가 있을까 싶을 정도로 정말 간절하게 기도했는데? 왜 자기의 기도는 안 들어 주시는가? 내가 무슨 잘못이라도 저질렀을까?" 하고 처음에는 자신의 허물에 초점을 맞추어 반성하다가, 나중에는 "일생을 신부로 살며 하느님 사업에 평생을 바치기로 맹세한 자신이 이렇게 간절하게 기도해도 들어주지 못하는 하느님이라면 무슨 소용이 있는가?"라는 생각을 하게 되고, 결국 이 일로 神의 존재에 대한 의문이 생기기 시작하는 계기가 되었다.

어머니마저 잃고 고아가 되어 절망적이었던 그에게 학비와 기숙사비까지 면제되는 신학교에 진학하여 공부를 계속할 수 있게 해주고 프랑스와 독일까지 보내어 최고의 교수진들한테 신학을 공부할 수 있게 해준 천주교회에 대한 감사는 아무리 강조를 해도 모자랄 지경이었다. 민국은 그 은혜에 보답하기 위해서는 어떠한 일이 있어도 공부를 열심히 해서 교회가 기대하는 훌륭한 학자가 되어야 한다고 항상 마음속에 다짐하며 살아왔다. 그래서 마음속 밑바탕에서 조금씩 꿈틀대는 무신론의 생각을, 자기의 무식한 소치라 여기고 의식적으로 꾹꾹 눌러 참으며 공부를 마쳤다.

한국으로 돌아와서는, 모든 것이 어설픈 남의 나라에서 내 나라로, 항상 배우는 입장이었던 학생에서 남을 가르치는 교수로, 이렇게 전혀 달라진 환경 때문에 더 깊이 생각할 여유도 없이 주어진 일에 묵묵히 일하면서 세월이 흘러갔다. 그러나 "과연 하느님이 계시기는 계실까?" 하는 의문이 가끔 마음속에서 고개를 쳐드는 것을 그로서도 어찌할 수가 없었다. 사람들이 가끔 절망적인 상태에 빠져 울부짖을 때 그는, "하느님께 기도하세요."라고 틀에 박힌 말을 했지만, 그 기도가 아무 효험이 없다는 것을 경험을 거듭하면서 점점 깨달아 갔다.

나이가 50을 넘어서면서 주위에 있는 다른 성직자들을 관찰하는 버릇이 생겼다. 학생 때부터 참다운 성직자의 표본으로 알고 존경하던 교수 신부님들 몇몇, 오랫동안 시골교회의 주임신부 일을 맡아 하면서 평생동안 가난에 찌든 사람들, 죽음을 앞둔 절망적인 사람들과 어울려 살면서 그들의 고달픈 삶을 직접 몸과 마음으로 겪으며 살아가는, 진짜 성직자다운 신부들을 찬찬히 관찰하며 가끔 만나면 에둘러 슬쩍 물어보기도 했다. "정말 하느님이 계시는 것 같으냐?"고.

아무도 이렇다 저렇다 확실하게 대답해 주는 사람은 없었다. 그러나 그들의 말 없는 웃음 속에는 쉽게 알아듣기 힘든, 어려운 말이 숨어 있는 것 같았다. 그러던 어느 날, 김수환 추기경의 부활절 메시지가 신문에 난 것을 보았다. 처음에는 별로 큰 관심 없이 무심히 읽어 내려가다가, 예수의 육신이 부활했다는 사실을 강조하는 말이 전혀 없다는 것을 알게 되었다. 그 뒤로도 매년 발표되는 추기경의 부활절 메시지에 한 번도 육신의 부활을 말하는 적이 없다는 것을 알았을 때, 최민국 신부는 속으로, "이분도 혹시 하느님이 없다고 생각하는 것은 아닐까?" 하는 생각을 해 보았다. 하기야 그 전에, 프랑스의 신학교에서 유명한 교수 신부님이 죽은 사람이 사흘 만에 다시 살아나서 영혼뿐만 아니라 육신까지 고스란히 하늘로 올라갔다는 것이, 사실일 수는 없다는 것을 은근히 암시하는 것을 이미 들었기 때문에 새삼스러울 것은 없었다.

결국, 하느님의 존재에 의문을 가진 채 신학교의 교수로 성직자를 양성하며 가르치는 일이 마음에 걸려 교수직을 사임하고 시골교회의 사목 신부로 갈 것을 자원하여 고향의 한 작은 성당의 주임신부가 되었다.

같은 성직자이면서도 신학교의 교수 신부라는 자리와 시골교회의 주임신부 자리는 매우 달랐다. 상아탑이라고도 하는 대학의 분위기는 마치 이 사회와는 동떨어진 외딴 섬과 같이 조용한 반면, 시골교회는 밤낮으로 항상 일반 백성들의 애환을 몸으로 부딪쳐야 하는 번거로운 생활이었다. 결혼이나 출생과 같이 인생살이에서 경험하는 기쁜 일도 있지만 병들고 죽고 장례를 치러야 하는 어려운 일도 많았다.

60이 넘은 어떤 할머니는, 청상과부로 아들 하나를 키우면서 온갖 험한 일을 마다치 않고 해내며 그 아들을 일류대학교까지 마쳐놓았더니 장가를 간 지 1년이 지나자 마누라만 데리고 훌쩍 미국으로 이민을 가 버렸다고 한다. "신부님, 나는 이제 무슨 희망을 가지고 사나요?" 하고 울먹이는 그 할머니에게 무슨 말로 위로를 해야 할지 정말로 난감했다.

40 초반인 한 어머니가 암에 걸려 죽음을 눈앞에 두었는데, "신부님, 제가 죽는 것은 두렵지 않아요. 그런데 저 철없는 아이들이 계모 밑에서 구박을 받아야 할 생각을 하면…"이라고 하며 목이 메여 말끝을 얼버무릴 때, 무슨 말을 하면 그에게 위로가 될지 도무지 알 수가 없었다.

"하느님만 믿으세요."라든가, "기도하세요. 열심히 기도하면 주님께서 다 들어주신다고 하셨잖아요."라는 말을 하기에는 그의 양심이 허락하지 않았다. 최민국 신부는 그저 그 사람들의 손을 붙잡고 하소연하는 그들의 말을 말없이 들어주는 것으로 위로가 되기를 바랄 뿐이었다. "무슨 말이든지 다 나한테 하세요. 내가 다 들어 드릴게요."라는 자세로.

예수는, "가난한 사람들아, 너희는 행복하다. 하늘나라가 너희들 것이다. 지금 우는 사람들아, 너희는 행복하다. 너희가 웃게 될 것이다."라고 2천여 년 전, 그 당시 도무지 희망이라고는 눈곱만큼도 찾아 볼 수 없었던 사람들을 위로했다고 성경에 기록되어 있다. 예수도 그 방법 말고는 다른 방법이 없었을 것이다. 최민국 신부는 얼핏, "예수님은 하느님이 있다는 것을 과연 믿었을까?" 하는 의문이 들었다. 그 불쌍하고 절망적인 사람들을 위로해 줄 방법이 아무것도 없었을 때, 예수는 죽은 다음에 너희가 하늘나라에 갈 것이라고 하며 위로해 보려고 했던 것은 아닐까?

성경에는 예수가 열두 살 때까지의 기록만 있고, 그다음 18년 동안의 기록은 아무 데도 없다. 어떤 사람들은, 그동안 인도의 고승을 찾아가 수련을 했다고 하는 그럴듯한 이야기를 한다. 30세에 갑자기 나타난 젊은 예수가 한 행적을 보면, 나이 30 젊은이로서는 도저히 할 수 없는 놀라운 말과 행동을 보인다. 역사상 3대 성인으로 추대되는 이, 3년 동안의 자비와 사랑이 가득한 그의 가르침에는 오래된 불교나 힌두교의 가르침과 같은 맥락의 기록이 많이 보인다.

"일곱 번씩 일흔 번이라도 용서하라."라든지, "왼쪽 뺨을 때리거든 오른쪽 뺨도 내주어라."는 말은 원래 기독교의 모태인 유대교에서는 볼 수 없던 말이었다.

요한 세자에게서 세례를 받고, 공인으로서의 생활을 시작하기 전에 예수는 광야에 나가 홀로 40일 동안 명상에 잠긴다. 그 명상의 시간 동안 예수는 저 불쌍한 백성들을 어떻게 구원할 것인지 깊은 고뇌에 빠졌을 것이다.

"무엇으로 저들에게 희망을 줄 것인가?"

그에게는 돈도 없고 권력도 없었다. 그는 그저 조국 이스라엘 백성을 사랑하는 피 끓는 젊은이일 뿐이었다. 아무리 생각해도 뾰족한 수는 없었다. 40일 동안 깊이 고뇌하며 생각한 끝에 얻은 결론은, "하늘나라가 너희들 것이다." 즉 "너희들이 하늘나라의 주인이다."라는 것이다. 이것 말고는 달리 방법이 없었다.

神이 없다고 결론을 내린 최민국 신부는 때를 보아 신부 옷을 벗으려고 작정했다. 신학교에 있을 때, 바로 그 자리에서 옷을 벗을 생각도 했었지만, 명색이 신학교 교수인 자기가 옷을 벗는다면 교회에 미치는 충격이 너무 클 것 같아서 한 이름 없는 시골 신부로서 조용히 신부직을 그만두려고 시골로 내려왔던 것이다. 그런데 막상 그만두면 그 다음엔 어떻게 할 것인가? 저 불쌍한 사람들에게, 하느님 대신 그 손에 무엇을 쥐어 줄 것인가? 무엇으로 저 사람들을 위로해 줄 것인가? 하는 엄숙한 문제가 최 신부의 발목을 잡았다. 최민국 신부는 아무리 생각해도 "하느님"이라고 하는 가상의 해결책보다 더 좋은 방법을 찾아낼 수가 없었다.

최 신부는 새로운 결심을 하기에 이른다.

"그래, 그냥 남아 있자. 내가 교회 밖으로 나간들 이제 몇 년을 더 살 것인가? 오래 보았자 2~30년? 그 2~30년을 나 혼자만 잘살겠다고 저 불쌍한 사람들을 외면하고 옷을 벗는다? 그건 차마 못 할 짓이다.

최민국 신부는 비로소 저 훌륭한 성직자들이, 예수님 조차, 神은 없다고 확신하면서도 교회에 남아 불쌍한 사람들을 위로하며 살아가고 있는 이유를 깨달은 것 같았다. 예수님 같은 분이, 神이 없다는 이 엄연한 사실을 몰랐을 리가 없다고 생각되었다.

이렇게 생각을 다듬고 나니, 원래 神이란 있지도 않은 건데 어떻게 그렇게 오래 동안 교회가 유지되어 왔는지 짐작이 갔다.

이것이 최민국 신부의 이야기다. 또 이것이 내가 무신론자가 되었으면서도 마음이 놓이지 않는 이유이기도 하다.

과연 언제까지 힘들고 절망하는 이 세상 백성들을 위로한답시고 있지도 않은 神을 붙들고 거짓말을 할 것인가? 神 대신 저 불쌍한 백성들의 손에 쥐여줄 것이 정말 없단 말인가?

나는 그것이 분명 있으리라고 생각한다. 아직 우리가 찾지 못했을 뿐, 그 귀한 보물 같은 열쇠는 분명코 어디엔가 있을 것이라고 나는 확신 한다. 나의 남은 생애가 얼마 안 되지만 죽는 날까지 나는 계속해서 그 열쇠를 찾으러 헤매고 다닐 것이다.